新文科建设教材 创意管理系列

现代文化经济学
MODERN CULTURAL ECONOMICS

杨永忠 编著

清华大学出版社
北京

内 容 简 介

本书以微观经济学作为最基本的切入点，对文化经济的深入探讨既包括稀缺、偏好、效用、需求、供给等经典的现代经济学内容，又包括了产权理论、激励理论、博弈理论、公共治理理论等不断发展的现代经济学思想，同时，也涵盖了现代经济学有关图像模型和数学模型等一系列强有力的分析工具的应用。在学科特色上，围绕文化创意、文化资本、文化企业家深入分析文化经济的特殊性。在学术视野上，充分呈现国际文化经济学发展的前沿理论。在学科创新上，提供系列中国文化经济实践的原创案例，为当下文化经济学的理论创新提供思考空间。

本书可作为文化产业管理专业本科生、研究生的教材使用，也可供文化产业从业人员阅读参考。

本书封面贴有清华大学出版社防伪标签，无标签者不得销售。
版权所有，侵权必究。举报：010-62782989，beiqinquan@tup.tsinghua.edu.cn。

图书在版编目（CIP）数据

现代文化经济学/杨永忠编著. —北京：清华大学出版社，2022.4
新文科建设教材. 创意管理系列
ISBN 978-7-302-60472-3

Ⅰ．①现… Ⅱ．①杨… Ⅲ．①文化经济学–教材 Ⅳ．①G05

中国版本图书馆 CIP 数据核字(2022)第 053984 号

责任编辑：陆浥晨
封面设计：常雪影
责任校对：宋玉莲
责任印制：宋　林

出版发行：清华大学出版社
　　网　　址：http://www.tup.com.cn，http://www.wqbook.com
　　地　　址：北京清华大学学研大厦 A 座
　　邮　　编：100084
　　社 总 机：010-83470000
　　邮　　购：010-62786544
　　投稿与读者服务：010-62776969，c-service@tup.tsinghua.edu.cn
　　质 量 反 馈：010-62772015，zhiliang@tup.tsinghua.edu.cn
　　课 件 下 载：http://www.tup.com.cn，010-83470332
印 装 者：北京嘉实印刷有限公司
经　　销：全国新华书店
开　　本：185mm×260mm　　印　张：13.75　　字　数：292 千字
版　　次：2022 年 4 月第 1 版　　印　次：2022 年 4 月第 1 次印刷
定　　价：49.00 元

产品编号：088642-01

编 委 会

顾　问：熊澄宇　雷家骕　陆蓉之　阳丹

总主编：杨永忠

编　委：（以汉语拼音为序）

陈玉和　杜传忠　方竹兰　傅兆勤　高长春
葛宝山　韩春佳　解学芳　李伯一　李康化
廖民生　刘洪伟　刘志迎　卢　晓　苏　勇
孙永龙　王立新　魏　建　吴承忠　向　勇
谢明宏　解学芳　许燎源　杨洪涛　臧志彭
张庭庭　张耀辉　赵　力　赵红川

　　创意管理在中国是一个比较新的学科。我们以前谈得更多的是文化产业管理，文化产业管理和创意管理有相同之处，也有不同之处。我做文化产业管理研究二十多年，今天我们谈谈创意管理和现在正在推动的新文科建设。这两个话题之间，可以找到一个关联度。

　　"创意""管理"这两个词在一定程度上是对立的。创意更多的是在思想层面，是在出主意，讲究的是个性，是创造性、唯一性，做前人没有做过的事情。管理，研究的是共性，寻找现象背后的共同规律。或者说管理就是决策，无论是计划、组织、领导、控制，都是面对一个群体而言，讲究的是统一性和规则。所以，创意与管理这两个概念，在一定程度上是对立的。我们现在把它们放在一起，就是要寻找这种对立的统一，实现个性与共性的融合。

　　在最近的学科讨论中，大家对文化创意产业在教育部的学科目录里隶属于工商管理学科有些不同的想法。从教育部学科目录的变化来看，它实际上是从2004年的公共管理学科转到了2012年的工商管理学科。但在工商管理学科下面，标注允许在两个学位里选择，可以授管理学学位，也可以授艺术学学位。从现在的实践来看，创意管理放在工商管理学科下面，84%的学校授予的是管理学学位，16%的学校授予的是艺术学学位，反映出学科融合过程中的成长与发展。

　　教育部现在组织讨论新文科建设。我们知道世界范围内的学科体系大体分三大领域，一是人文科学，二是社会科学，三是自然科学。所谓新文科，主要涉及人文科学与社会科学两大门类。人文科学按照中国目前的划分方法，大概有四个领域，即文学、历史、哲学、艺术。社会科学也有四个领域，即经济、法学、管理、教育。这两个大的门类放在一起，就是现在提出来的学科交叉与整合。而创意管理学，一定程度上正好在新文科的两大门类的交叉基础上发展而来。

　　比如说，创意跟文史哲艺术之间有着密切的关系，没有文史哲和艺术的基础，很难说创意管理有深厚的学术积淀。而作为一种文化过程，创意管理如果没有经济学、法学基础，也很难说是一个完整的管理。所以，今天我们谈论的创意管理，反映了新文科的交叉关系。

　　在厘清创意管理的概念基础上，我们进一步探讨创意管理的模式。以我自己亲身考察、交流总结的经验来看，目前的创意管理有三种不同的模式。

第一种是百老汇的演艺模式，所有的剧目都是原创且拥有知识产权，所有的演职人员都需要签合同，既保证了整个演出的完整性，也保证了演员自身的权利。当然更重要的，它是一种市场行为，有着一整套完整的制度和体系。

第二种是迪士尼主题园区的创意管理模式。首先它有一个价值观，强调的是亲情友爱，惩恶扬善。这种价值观可以跨地域、跨民族、跨文化。其次，它是一个完整的产业链，从开始的剧本、演出、主题乐园，到衍生产品，构成一个完整的产业链和生产过程。最后，也是更重要的，它构成了一个完整的社会生态，即不分年龄、种族都可以接受迪士尼的文化。

第三种是好莱坞模式。以好莱坞的狮门影业公司为例。这个1998年在加拿大注册的公司，现在已经在美国八大电影集团中排名第四。虽然是电影公司，但公司董事没有一个做电影，主要做资本管理。我和公司董事会成员及其高管30多人开了十几场座谈会，讨论下来，发现他们的主要特点是资本驱动、市场驱动、科技驱动。董事会由搞资本的人主导，买了一万多部电影的版权，然后做市场、做新媒体、做网络。

从创意管理的概念到创意管理的模式，再进一步讨论创意管理学科。通常一个学科是由史、论、方法、应用四个方面构成。

第一个是史，历史是学科发展的基础。要找到学科的来源，需要从两个主要门类去梳理这个学科的构成历史。目前创意管理学学科本身的历史并不长，但是与它相关的学科历史很长，需要进一步梳理。

第二个是论。现在我们这个领域里面有一些著作，但是还没有构成完整的学科体系。杨永忠教授所写的《创意管理学导论》是目前国内为数不多的创意管理著作之一，具有开创性。创意管理学就理论而言，从概念到体系还需要进一步深化，需要在这方面积极创造。

第三个是方法。在目前社会科学领域，许多方法创意管理学都可以拿来使用，但是更重要的，还是要找到人文科学和社会科学交叉以后的方法，能够有助于这一新兴学科的分析发展。

当然，更重要的，学科建构需要进入社会评估，这种评估就是学科在实践中的应用。我们经常说理论走在前面，但实际上现在很多理论是走在后面的。理论是在实践的基础上梳理、总结、提炼出来。所以，创意管理学这一学科的构成，还需要我们从方方面面努力，不管是学者、企业家，或是管理者，需要共同推动。

从四个不同的方面，不管是创意，还是管理，都有拓展的空间，每个研究者都可以从自己的角度找到一个切入点。

习近平总书记对文化有一个很好的解读，在联合国教科文组织总部会议上，他提出了多元、平等、包容、互鉴的观点。所谓多元，强调的是差异，大自然是多彩的，人类社会是多元的，呈现形态可以是不同的。平等，意味着不管是东方文化、西方文化，还是哪种模式，都可以在并存的基础上发展。包容也很重要，没有包容就不能并存。最重要的还是互鉴。互相借鉴、并存互补、融合创新，应该是创意管理学的可行的发展道路。

今天，我们看到了人文科学和社会科学的融合，也就是我们现在说的创意和管理。我们还希望人文科学、社会科学和自然科学融合，同时希望所有的学科融合完成以后，还要和社会发展的实践融合，这就是我们这个学科的发展方向。我们不仅要做案头研究、理论研究、战略研究，还要落实到应用层面。希望通过我们的研究、我们的探讨，能够推动创意管理在全世界范围内、在实践层面上帮助人类社会向前发展，为人类和平发展做贡献。

我愿意和大家一起参与创意管理教材的出版，也愿意见证创意管理的进步和成功。

熊澄宇
欧洲科学、艺术和人文学院院士

中国当前的产业技术创新面临着突破,期待着创意的活跃。

创意决定创新的独特性

创新管理学家库珀在 20 世纪 80 年代即提出了"前端活动在相当程度上决定着新产品研制能否成功"的观点。他发现,产品研制的模糊前端产生的 3000 多个创意中,只有 14 个能够进入开发阶段;最终能够商业化并取得市场成功的创意仅有 1 个。也就是说,从创意产生到产品开发成功的概率只有 0.47%,从产品开发到商业化成功的概率仅为 7.14%。可见产品创新的成功率是非常低的。而导致产品开发失败的主要原因在于从创意产生到产品开发这一阶段。这正如一些学者所讲的:绝大多数产品研制在"起点"就注定将会失败,这个起点就是"创意"。

模糊前端是创意产生和筛选的阶段,也是产品创新过程中最不明确的阶段。此阶段最重要的特征就是模糊性,这个模糊性充满不确定性。模糊前端的模糊性分为环境和资源两大维度:环境维度包括需求模糊性及竞争模糊性;资源维度则包括技术、管理及资金需求的不确定性。创意对于产品创新的重要性,既表现在决定产品创新的成功率上,还表现在决定产品的独特性上。市场中,某个企业的产品与其他企业的同类产品能不能形成差异化优势,就是由独特性决定的。

技术创新越来越期待活跃的创意

改革开放 40 多年来,我国的技术创新范式经历了四个阶段的演变。1978 年前我们的经济是"短缺经济"。那时经济学界都在读匈牙利经济学家科尔内的名著《短缺经济学》,不少人感觉这本书好像写的就是中国。故 1978 年到 1988 年,我国技术创新的基本范式是"学习+引进+补短",补市场供给之"短",补创新能力之"短"。两种"短""补"到一定程度后,从 1988 年到 1998 年,我国技术创新的基本范式转变为"引进+模仿+提升"。

1998 年前后,随着对"以市场换技术"政策的"利弊得失"的讨论,国家提出了"自主创新"的大思路。由此,从 1998 年到 2008 年,我国技术创新的基本范式转变为"整合式自主创新",即将国内外相关先进技术整合到一起,形成具有部分自主知识产权的新产品。2008年后到现在，随着自主创新能力的提升，我国技术创新的基本范式更多地转变为"迭代式自主创新"。企业对同一产品持续进行技术迭代，经过几轮迭代，即将同一产品提升为具有完全自主知识产权的新产品。

这四个阶段的技术创新范式中，创新者的创意起了很大作用。因为若无创意，创新者就不会想到应该这样做。创意是关于产品功能、实物造型、工艺方法、制造流程、实用发明、商业活动、文化及艺术作品的构思。创意有三大特征：一是创新的想法；二是有商业价值或社会价值；三是有科技、文化、艺术的内涵。

现在我国正在实施"创新驱动发展、科技创新引领发展"的战略，业界要把创新做得更有特点、内涵、质量，形成更为强大的经济社会发展的新动能，全社会的创意首先要活跃起来。更有创意的意识、思维和能力，才会有在人类发展历史层面的创新。

加强创意管理教育乃当下之急

随着创意的专业化程度的提升，现在的"创意活动"也逐渐成为一类"产业"。联合国于2008年和2013年皆发布了创意经济报告，认为创意经济不仅在世界经济中增长最为迅速，而且在创造收入、创造就业机会和出口收入等方面极具变革意义。联合国2019年发布的《创意经济展望：创意产业国际贸易趋势》报告显示，全球创意产品贸易增长迅速，中国在其中占据了主导地位。创意产业越来越成为国家经济发展的新引擎，在驱动创新发展方面的作用越来越重要。

创意从源于个体头脑中的灵感衍变为消费者可以体验的创意商品，经历了初始创意源产生、创意方案形成、创意产品化等多个阶段。在这个过程中，创意以不同形式在创意主体间扩散，从而产生经济效益和社会价值。由此，创意管理及创意管理研究的重要性日益显现，进而要求教育界积极发展创意管理学科。创意管理是管理学的一个新兴领域，也是管理学术研究的"金矿"，有待于我们精心挖掘。

两年前，杨永忠教授找到我，提出出版创意管理教材，厘清创新的模糊前端，打开创意管理的"黑箱"，形成完整的创意、创新、创业体系，我非常赞同。如今，十分高兴看到国内首套创意管理前沿教材的如期出版，希望通过这些教材的出版，加强创意管理的教育，加快创意管理思想的普及，加速国内创意管理学科的长足发展，促进中国的大国发展战略。愿与同行共勉，期待创意管理更美好的明天！

雷家骕

清华大学教授

序三

从文化到创意,从产业管理到创意管理,透视着文化创意产业的发展变迁。到今天,学界和业界越来越形成共识:文化创意产业的灵魂是创意,文化创意产业的关键是管理,由此滋生的创意管理也就成为文化创意产业发展的新兴领域和核心命题。

然而,仅仅十年前,创意管理这一概念是多么陌生,以创意管理命名的组织、机构凤毛麟角。犹记得,在成都首届创意设计周论坛上,我以四川大学创意管理研究所所长的身份,与台湾苏荷创意管理公司的总经理张庭庭相逢,交换名片的瞬间,彼此间的欣喜与惺惺相惜。我们是她所知道的两岸第一个以创意管理命名的研究机构,而它们也是我所知的首家注册创意管理的实践组织。因为这一领域的鲜见,随后由我发起并联合张庭庭推进的系列创意管理普及性活动,如"创意成都夜话""文化企业家讲坛",在媒体的报道里,有创意管理"东张西杨"之说。

2012年3月我从澳大利亚公派访学回来,基于文化资本这一新兴资本的创造性力量的洞察,以起于青萍之末的第二次文艺复兴为社会变迁背景,我将创意管理定位为一个新兴的工商管理学科分支领域与交叉学科,开始着手创意管理的持续推动。在四川大学社科处和商学院的支持下,出版了中国第一套创意管理前沿研究系列丛书,在工商管理学科增设了第一个创意管理博士培养点(方向),创立了《创意管理评论》学术集刊,发起首届中国创意管理论坛。一系列成果和一系列活动,产生了广泛的社会影响。2016年在教育部新世纪优秀人才项目结题评审中,中国人民大学金元浦教授认为,四川大学创意管理研究所在国内创意管理领域所展开的前沿性探索,体现了理论演进的国际转化路径。到今天,我们欣喜地看到,有关创意管理的研究和活动已经风起云涌。这些研究也越来越广泛,涉及文化创意的价值管理、创意实施的跨层次传导、网络众包模式下用户创意质量、数字创意产品多业态联动开发、创新模糊前端创意扩散、创业团队创意方案知识寻求等诸多领域。据统计,最近8年,国家社科基金管理学科有关创意的立项有8项,最近3年国家自然科学基金管理学部有关创意的立项达到10项。

有了相关的研究基础,创意管理的教学按照学术创业的思路开始启动。学术创业不仅包括学术创新、学术的商业转化,也包括学术的教学转化,而教学转化常常被忽略。我们从 2012 年开始在四川大学商学院开始"创意与创新管理"的本科教学，采用自编的讲义。2014 年起开始，在 MBA 开设"文化创意产品开发"选修课程。2018 年，《创意管理学导论》正式出版，终于解决了国内教材空白的问题。记忆犹新，2018 年我非常忐忑地邀请熊澄宇教授参加我们的第二届中国创意管理论坛。熊老师放弃了江西的一个重要活动，欣然而至，并要我在《创意管理学导论》上签名留念，说"你这是中国的第一本"，"所以我要来支持"。大家风范、期盼之情，感怀于心。时至今日，我们在教学上也取得了一系列的成果。其中最具代表性的，是 2020 年"创意与创新管理"荣获首批国家级社会实践一流课程，同时，列为四川大学商学院重要成果荣获国家级教学成果二等奖。

十年来，通过教学的辛勤耕耘，我们发现，创意对人的成长，对组织的发展，何其重要。没有创意，哪有创新呢？没有卓越的创意，哪有划时代的创造呢？创意是一个人成长的开启。从"钱学森之问"，我们发现，中国之所以缺乏伟大的创新，很大原因是缺乏创意。创意需要激发，创意需要转化，创意需要管理。但创意怎么管，管的边界、管的思维、管的方法、管的技术、管的规律，需要通过教学普及，需要通过教学深化。但国内乃至国际，有关创意管理的教材却少之又少，更缺乏系列。面向高校的专业教材，面向产业人士的培训教材，面向政府部门的管理教材，甚至面向中小学生的启蒙教材，都是空白。

清华大学出版社远见卓识，比较早就了解到我从事文化产业和创意管理方面的研究，陆浥晨编辑到成都与我做过交流。2019 年在东华大学召开第三届中国创意管理论坛之际，她从北京到杭州开会又专程绕到上海，与我见面。感动之下，初步达成了出版创意管理系列教材的意向。这一想法，很快得到清华大学经济管理学院雷家骕教授的赞赏与支持。雷老师掷地有声："我们有创新、创业，就缺乏创意；有了你的创意管理，三创就打通了。"水到渠成，2019 年 12 月 28 日，在中国技术经济学会指导下，我们在清华大学成立了国际创意管理专委会，雷家骕教授、熊澄宇教授、葛宝山教授等担任顾问，我担任专委会主任。专委会的第一个成果，就是与清华大学出版社达成战略合作，我与出版社刘志彬主任共同签署了"创意管理系列教材"出版协议。在专委会的组织下，专委会委员的参与下，《人文品牌创意管理》《文化遗产的创意管理》《乡村旅游创意管理》《区块链创意管理》《新媒体内容创意与营销》《创意消费市场调研》《品牌创意传播策划》《现代文化经济学》等教材陆续立项，开启了中国创意管理教材系列建设的序幕。

我们希望，通过不懈努力，这套教材的出版能够实现三个方面的心愿。

第一，开启创意。作为文化的后端裂变，作为创新的模糊前端，创意关乎国家的未来，关乎组织的发展，关乎每一个人的成长空间。因此，启迪心灵，激发创意，提升民族的创意素养，是我们的初心。毋庸置疑，我们为自己身处这样一个充满可能的伟大时代而自豪。

第二，推动教学。创意如何激发，创意如何共创，创意如何运营，创意如何营销，创意如何评估，我们希望探寻其中的管理之道，并进行系统化的总结与呈现，为创意管理从理论研究到教学转化，提供有力支撑。毫无疑问，开启一个新兴领域，这也是一种令人鼓舞的教学创业。

第三，共同发展。中华文化博大精深、源远流长，构建起了创意的坚实基础。这些灿烂的文化，如果能够通过创意有效的活化，无疑将极大提升民族的自豪感和竞争力。所以，教材建设本身，也是在努力探索中华文化创造性转化的机制和模式，并为全球文化的可持续发展做出中国贡献。

杨永忠

四川大学教授

文化的经济学研究,既传统,也现代。从传统而言,涵盖了经济学的基本命题、经典命题;从现代而言,文化滋生的许多新现象,需要系统性地阐释。

本书从现代经济学的视角出发,对文化经济的系列问题,沿着市场分析、要素分析、区位分析和市场失灵逐一展开。

全书共十二章。第一章主要探讨了文化的需求问题,内容主要涉及文化需求函数、文化效用、消费上瘾与文化消费偏好,以及消费弹性,并在开放经济下,探讨了文化的跨国消费。文化距离和文化多样性,构成了跨国消费中的特殊性,也为跨国消费留下了精彩的发展空间。

第二章回到市场的供给层面,探讨了文化的供给问题,涉及供给函数、文化与文化产品、文化生产与生产决策,并从鲍莫尔经典的成本困境引出生产成本与"成本疾病"、技术效率与技术变迁的讨论。"成本困境"是引发文化经济学这一经济学重要分支的理论源泉,为文化经济学的蓬勃发展带来了痛并快乐着的深刻思考。

第三章同时考虑需求与供给两种市场力量,探讨了文化的市场问题,内容包括市场均衡、市场结构与市场组织、一级市场与二级市场,以及双边市场。很显然,对一级市场、二级市场、双边市场的分析,反映了文化市场的独特性。这种独特性必然引发文化市场存在的信息不对称问题,以及解决信息不对称问题的讨论。

第四章专注于文化市场的定价问题。在现代经济学中,供给与需求之间的相互影响产生了价格。本章分析了文化产品定价的一般影响因素和一般定价方法,具体探讨了艺术品与工艺品定价、表演艺术定价。基于经济学的策略理论发展,在一般定价方法的基础上,考虑竞争者的决策和行动,进一步分析了定价策略,以促进文化组织在市场竞争中获得更好的生存和发展,并更好地完成文化组织的艺术使命。

在基本的文化市场分析基础上,从第五章到第十章,对要素市场进行了展开分析。主要内容包括艺术家劳动力市场、文化企业家、超级明星、文化资本与文化的数字化。这些问题是文化经济与其他经济具有显著差异的地方,也是文化经济学富有魅力和令人着迷的标签。

第五章分析了艺术家劳动力市场,内容包括闲暇劳动力的供给与需求、艺术家及其市场特征、艺术职业与艺术人才过度供给这些经典问题，也考虑创意经济的发展，分析了创意阶层的崛起。研究发现，与传统的劳工阶层和服务阶层主要依靠执行规则获取报酬不同，创意阶层更强调通过打破规则和创造规则获取报酬，由此更加清晰地揭示了艺术家的劳动力特征。

第六章分析了文化企业家。文化企业家是文化经济蓬勃发展下由企业家脱颖而出的特殊群体，是艺术家的梦想与企业家的冒险的创新结合。本章分析了文化创业、文化企业家现象、文化企业家的市场角色与市场行为、文化企业家资本，在考虑企业经济价值和文化价值的双重目标函数下，探讨了文化企业家的决策空间。

第七章分析了超级明星这一文化要素市场上的"超级要素"。这些极少数的在其领域具有绝对优势并且能获得巨额薪酬的超级明星，对文化市场的效率将产生重要影响。超级明星现象何以形成？研究提供了需求与供给上的解释、技术环境与制度环境的解释。在此基础上，分析了超级明星才华的度量与市场的有效性，集中探讨了中国超级明星市场的效率问题。中国超级明星市场存在的低效问题，反映了中国超级明星市场的制度缺失与规制不足。

第八章关注了文化要素市场的资本问题，集中关注文化资本这一特殊资本。文化资本作为一种"身体化"的文化资源，对人的发展和社会地位具有重要影响。本章分析了文化资本的崛起、文化资本的估值、创意与文化资本的形成，以及文化资本的开放、保护与可持续管理。全球化可能削弱文化的差异，对文化资本的发展和管理，将有利于促进全球文化表达的多样性。

第九章从技术要素的角度，探讨了文化的数字化问题。在新一轮科技革命浪潮中，人们的生活方式与以往相比发生了巨大改变，这种改变很大程度上是由数字化推动的。这一章集中分析了数字艺术、数字音乐、数字出版、数字娱乐，以及虚拟博物馆。基于数字艺术家 Beeple 的天价作品拍卖，我们发现，加密艺术 NFT 本质上是一种新的价值创造模式，对经济学的理论和实践必将带来新的思考。

要素市场分析后，第十章是在区位选择和开放经济条件下，专题探讨文化的地理与贸易问题。毋庸置疑，最近 20 年来，文化产业园区已经成为地方或国家经济增长的重要力量。基于文化或艺术的特殊性，本章从区位角度分析了艺术的毁灭问题，探讨了创意区的形成与文化产业景象，研究了创意区与地方经济和社会发展的内生关系，分析了国际文化贸易的基本格局与演变规律。

按照经典的经济学结构，最后两章回到市场的一般批判，集中关注了文化经济领域的失灵问题和效率改进。其中，第十一章在文化市场失灵分析的基础上，剖析了规制、版权保护、私人支持和公共治理问题，关注了文化领域在失灵状态下的相关利益主体的行为、特征，以及可能的解决方法。第十二章进一步从效率与公平角度，探讨了文化的福利经济学，分析了艺术家是否需要公共支持，以及保证文化公平的设计。这些讨论，对于文化市场高质量发展的政策优化，无疑具有重要意义。

综观全书，具有以下三个方面的显著特点或创新。

第一，基于现代经济学视角的分析。本书以微观经济学作为最基本的切入点，既包括稀缺、偏好、效用、需求、供给等经典的现代经济学内容的讨论，又引入了产权理论、激励理论、博弈理论、公共治理理论等不断发展的现代经济学内容的分析，也涵盖了现代经济学有关图像模型和数学模型等一系列的分析工具的应用。在以上分析基础上，本书提出了一系列具有创新性的论点，如文化价值转化的铜钱模型、加密艺术NFT的管理学注解，推动了文化经济学的创新性发展。

第二，基于国际文化经济学的发展。文化经济学作为经济学的一个年轻的分支学科，其奠基被西方学者公认为是鲍莫尔和鲍文1966年出版的《表演艺术：经济困境》一书。本书既立足于"成本困境"这一文化经济学的基本命题，又吸取了文化经济学的最新研究成果，参考了国际一流的文化经济学家的著作，将文化企业家、超级明星、文化资本、文化的数字化等热点领域的发展单列专题呈现，深化了文化经济学的理论。

第三，基于中国文化经济实践的观察。除全书各个部分的理论分析中涉及的中国文化经济实践外，本书在各章中特别设置了案例观察和案例分析。案例观察侧重文化现象，引入经济思考。案例分析重在经济问题，引出经济讨论。这些案例主要基于作者长期的调研访谈，部分来自代表性的资料收集，真实和生动地反映了中国文化经济的实践足迹，为我们更好地理解文化经济的理论问题提供了现实参考。同时，这些实践提供的写照，在坚持马克思主义的立场观点、基本方法和中国国情的基础上，也为文化经济的理论创新提供了想象的空间。

杨永忠

2021年秋

第一章 文化需求 ... 1

- 第一节 需求函数 ... 1
- 第二节 文化效用 ... 3
- 第三节 消费上瘾与文化消费偏好 ... 6
- 第四节 消费弹性 ... 8
- 第五节 跨国消费 ... 10
- 小结 ... 13
- 思考与练习 ... 14

第二章 文化供给 ... 15

- 第一节 供给函数 ... 15
- 第二节 文化与文化产品 ... 17
- 第三节 文化生产与生产决策 ... 31
- 第四节 生产成本与成本疾病 ... 35
- 第五节 技术效率与技术变迁 ... 37
- 小结 ... 39
- 思考与练习 ... 40

第三章 文化市场 ... 41

- 第一节 市场均衡 ... 41
- 第二节 市场结构与市场组织 ... 42
- 第三节 一级市场和二级市场 ... 44
- 第四节 双边市场 ... 47
- 第五节 信息不对称问题 ... 49

小结 ··· 52
　　思考与练习 ··· 52

第四章　文化产品定价 ··· 54

　　第一节　文化产品定价的一般影响因素 ··· 54
　　第二节　艺术品与工艺品定价的影响因素 ·· 57
　　第三节　表演艺术定价的影响因素 ·· 60
　　第四节　文化产品定价的方法 ··· 62
　　第五节　文化产品定价策略 ··· 64
　　小结 ··· 66
　　思考与练习 ··· 67

第五章　艺术家劳动力市场 ··· 68

　　第一节　闲暇劳动力的供给与需求 ·· 68
　　第二节　艺术家及其市场特征 ··· 70
　　第三节　艺术职业与艺术人才过度供给 ·· 72
　　第四节　创意阶层的崛起 ··· 75
　　小结 ··· 77
　　思考与练习 ··· 78

第六章　文化企业家 ·· 79

　　第一节　文化创业 ··· 79
　　第二节　文化企业家现象 ··· 82
　　第三节　文化企业家的市场角色与市场行为 ·· 84
　　第四节　文化企业家资本 ··· 85
　　第五节　文化企业家的决策 ··· 87
　　小结 ··· 89
　　思考与练习 ··· 90

第七章　超级明星经济学 ··· 91

　　第一节　需求与供给上的解释 ··· 91

第二节	技术环境与制度环境的解释	93
第三节	超级明星才华的度量与市场效率	95
第四节	中国超级明星市场的效率	96

小结 ········· 103

思考与练习 ········· 104

第八章 文化资本 ········· 105

第一节	文化资本的出现	105
第二节	文化资本的估值	108
第三节	创意与文化资本形成	110
第四节	文化资本的开放、保护与可持续管理	112

小结 ········· 114

思考与练习 ········· 114

第九章 文化的数字化 ········· 116

第一节	数字艺术	116
第二节	数字音乐	120
第三节	数字出版	126
第四节	数字娱乐	129
第五节	虚拟博物馆	132

小结 ········· 136

思考与练习 ········· 137

第十章 文化的地理与贸易 ········· 138

第一节	艺术的毁灭问题	138
第二节	创意区的形成与文化产业景象	140
第三节	创意区与地方发展	147
第四节	国际文化贸易	149

小结 ········· 153

思考与练习 ········· 153

第十一章 文化市场失灵 ····· 154

第一节 文化市场的失灵分析 ····· 154

第二节 规制 ····· 159

第三节 版权的保护 ····· 168

第四节 私人支持 ····· 172

第五节 公共治理 ····· 174

小结 ····· 177

思考与练习 ····· 178

第十二章 文化的福利经济学 ····· 179

第一节 效率与公平 ····· 179

第二节 艺术家需要公共支持的争论 ····· 180

第三节 保证文化公平的设计 ····· 183

小结 ····· 187

思考与练习 ····· 188

参考文献 ····· 189

后记 ····· 195

第一章 文化需求

> 我们在这个世界上辛苦劳作，来回奔波是为了什么？归根结底，是为了得到他人的爱和认同。
>
> ——亚当·斯密《道德情操论》

上至六七十岁的老人，下到八九岁的孩童，玩抖音已经成为当下的一种必需、一种时尚。工作闲暇、茶余饭后、候车排队，只要有空，人们就会随时随地随手划拉，沉浸在这虚拟和现实的交互之中，忘乎所以，乐不思蜀，不能自拔。

刷抖音的某一类内容多了，就会发现，下次再打开 App 时会收到推送的自己浏览过的相关产品的广告，这就是智能时代的智能推荐。智能推荐越来越司空见惯，或者说它已经渗透到人们生活的方方面面。只要你用电子产品，特别是手机和电脑，算法就会收集你搜索的关键词、访问了哪些页面、在每个网页的停留时间等信息。利用这些信息，算法可以了解你的行为，分析你的个人兴趣，然后给你打上一个标签，再将同类标签的内容生产者的内容推荐给你，然后广告就会随之而来。

推荐算法会为消费者匹配到想要的东西，为生产者匹配到精准的用户，为消费者和生产者提供个性化服务。但是，你可能会发现，尽管你经常浏览艺术图片，却很少收到佳士得、苏富比拍卖的艺术品信息。这是为什么呢？

第一节 需求函数

一、需求与需求法则

一种商品的需求是在某一具体时期，消费者在各种价格水平下愿意并且能够购买的商品数量。如果将购买意愿和购买能力视为需求的两个条件，那么只有当消费者既有购买意愿又有购买能力时，才是一种有效需求。如果消费者只有购买意愿而不具有购买能力，或者具有购买能力而没有购买意愿时，则只是一种潜在需求。但这种潜在需求可以通过厂商开发或引导为有效需求。比如，苏轼的水墨画《木石图》在香港佳士得"宋代美学一千年"专场拍卖中，以 4.636 亿港元拍出，其高昂的价格，对许多艺术爱好者来说，只能是潜在需求。但在类似"一条"这样的 App 上拍卖的中国山水画，价格一般在几千元到几万元不等，就会构成有效需求。

在需求理论中，最基本的概念就是需求法则或需求定律。这一法则认为，假定其他条件不变，商品的价格和需求量之间呈现一种反向变化，即价格上升，需求量下降；价格下降，需求量上升。比如，刘德华2018年巡回演唱会的门票价格与需求量之间就是一种反向变动关系，这种关系如果用坐标轴表示，可以得到对应的需求曲线，如图 1-1 所示。通常的需求曲线，不管是线性还是非线性，都是向右下方倾斜的。

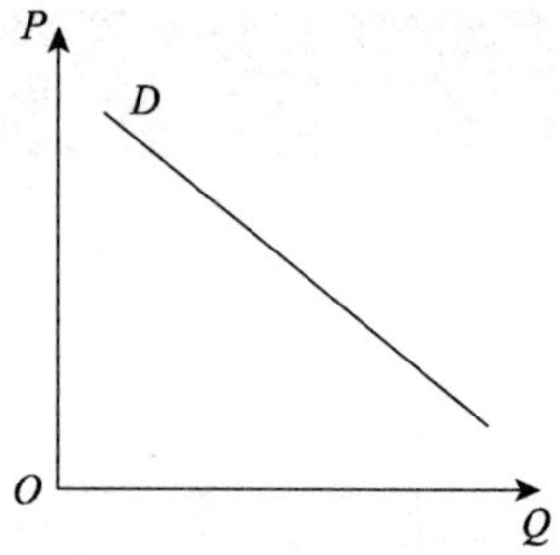

图 1-1　演唱会门票需求曲线

二、影响需求的因素

在商品的需求函数中，价格并不是决定需求的唯一因素。当其他因素发生变化时，需求曲线就会发生位移。在这些因素中，最重要的是收入水平、消费者偏好、相关商品的价格和商品的价格预期。

消费者拥有的可支配收入的多少，会对需求产生显著影响。对多数物品来说，消费者收入的增加会导致产品需求曲线向右移动。据国家统计局资料，过去几年，我国居民收入持续增长，2016 年至 2019 年居民人均可支配收入年均实际增长 6.5%，达到 30733 元；中等收入群体规模扩大，由 2010 年的 1 亿多人增加到 2019 年的 4 亿多人。随着收入增加，居民将把增加收入的一部分购买艺术品用于收藏或家装，导致需求曲线向右移动。但 2020 年经济下行影响了居民收入，这又带来艺术品需求的减少，导致需求曲线向左移动，如图 1-2 所示。

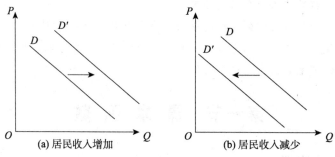

图 1-2　艺术品需求曲线

消费者偏好是影响需求的另一个重要因素。消费者根据偏好做出消费选择，通常假定消费者对不同的商品或服务的偏好是能够排出次序的。喜欢阅读的人可能会把收入中很大一部分用于买书，不喜欢剧烈运动的人则不太可能去购买滑雪装备。消费者的偏好会随着习惯、时尚和广告内容的变化而变化。例如，明星的穿着常常会产生示范作用，带动年轻消费者的跟风偏好，从而增加市场对该类服饰的需求。

相关商品的价格也会影响商品的消费，影响的性质取决于相关商品是替代品或是互补品。用途基本相同的商品称为替代品，当一种商品涨价，它的替代品的需求就可能增加。例如，苹果降噪耳机涨价时，消费者就可能增加对索尼降噪耳机的需求。经常一起使用的商品称为互补品，一种商品涨价，会导致它的互补品的需求减少。例如，手机的价格上涨，会导致降噪耳机的需求减少。

消费者对商品未来的预期中,最重要的是价格预期。当消费者预期某种商品价格将来会上升时,就会增加当前的需求。当消费者预期某种商品价格将来会下降时,就会减少现在的需求。2017 年美国视频流媒体服务提供商 Netflix 会员费涨了 10%,但该年度会员却增长 2378 万人,全球会员总数达到 1.1064 亿人,出现这一情况的一个原因可能与消费者预期未来价格还会上涨有关。

三、需求法则的解释

需求法则的反向变化,可以用价格变化引起的替代和收入效应进行解释。

当一种商品的价格上涨,理性的消费者就可能用其他商品来替代变得更贵的商品,从而减少该商品的需求。例如,电影票的价格上涨,会使人们相对更多地购买电视会员。这就是替代效应的一个例子。

收入效应反映了购买力的变化。当一种商品的价格上涨,消费者的购买力就会下降,从而减少对该商品的消费。例如,电影票的价格上涨,将导致消费者的实际购买力下降,进而减少电影消费。

在替代效应和收入效应的共同作用下,价格变化将会带来需求量的改变。一般而言,对于正常商品来说,替代效应和收入效应都要求价格下降时需求量增加。对于低档品而言,替代效应和收入效应对需求量有相反和部分抵消的作用。价格下降时,低档品的需求量是否增加,取决于两种效应的净效应大小。

20 世纪 90 年代 CD 流行,磁带由于音质比不上 CD、保存不方便、容易受潮、磁粉容易脱落,逐渐沦落为低档品。即使音像市场大幅降价甩卖磁带,也少有人问津。正是由于低档品的属性,尽管人们的购买力提升,但对磁带的消费反而减少。这时候,在商品价格下降的情况下,收入效应带来的需求量减少大于替代效应的增加,商品总的需求反而下降。

案例观察

一个收藏家的上瘾之路

第二节　文　化　效　用

一、效用的基本理论

效用是用来刻画消费者从所消费商品中获得满足的程度,效用与消费者对某种商品的个人偏好呈正相关。

根据基数效用理论,效用可分为总效用和边际效用。

总效用是指消费者在一定时间内从一定数量的商品消费中所获得的总满足程度。假设消费者对一种商品的消费数量为 Q,则总效用函数为

$$TU(Q) = \varphi(Q)$$

边际效用是指消费者在一定时间内增加一单位商品的消费所得到的效用量的增量。边际效用的表达式为

$$MU = \frac{\Delta TU}{\Delta Q}$$

一般商品的消费满足边际效用递减规律。这一规律认为，当消费者消费越来越多的这种商品时，所得到的总效用虽然在增加，但其增加的速度减缓，如图1-3所示[①]。

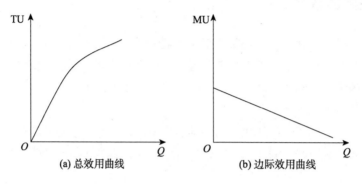

图1-3　一般商品效用曲线

二、文化效用及其构成

消费者从所消费的文化商品中获得文化上的满足程度称为文化效用。文化效用的高低取决于消费者的文化偏好。在Throsby（2001）和杨永忠（2013）研究的基础上，我们将文化效用进一步细分为美学效用、精神效用、社会效用、历史效用、象征效用以及真实效用等六个维度。

（1）美学效用。美学效用是由于消费者从文化商品中获得美的享受而引致的。文化商品所具有的美感、和谐、外形以及其他美学特征能够让消费者产生愉悦，特别是这种美学特征与消费者个人偏好相吻合时更是如此。此外，诸如风格、时尚、品位等其他美学要素也会影响消费者的美学效用。

（2）精神效用。有些特定的文化商品对于某类亚文化群体的成员有特殊的文化意义。或者从世俗角度来说，文化商品所内嵌的是全人类所共有的精神价值，能够促进理解、启迪智慧，从而使消费者获得精神效用。

（3）社会效用。文化商品有助于人们理解所处社会的本质，使消费者形成身份和地位的意识，进而产生社会效用。穿着西装的路人也许会对穿着"Supreme"服饰的人投来不解的眼光，但是对于滑板爱好者而言，该品牌却代表着潮流身份。

（4）历史效用。文化商品特别是艺术品一般反映创作时代的生活状况，这些文化商品

[①] 保罗·萨缪尔森，威廉·诺德豪斯. 微观经济学. 第十六版. 北京：华夏出版社，1999：64-65.

可以通过提供与过去的连续性启迪当下，从而产生历史效用。比如，近年特别畅销的故宫金箔手工皂，其造型来自于故宫的文物，满足了消费者的历史情怀。

（5）象征效用。文化商品（如艺术品）是象征意义的储备库和传递者。这些文化商品所具有的象征意义既包括了艺术品本身所传递的意义本质，也包括了消费者对艺术品的解读意义，使得消费者从中获得象征效用。

（6）真实效用。文化商品如果是原创品而非仿制品，该文化商品本身就能够反映其原创性特征，使得消费者能够从消费中获得对文化商品真实的享受从而产生真实效用。艺术家在艺术作品上的签名，带给收藏者的就是真实效用。

此外，一些学者认为体验经济已经成为继产品经济、商品经济、服务经济之后出现的第四种新的经济形态[①]，消费的中心已由传统的以产品为中心的目的性消费逐渐转为以消费者为中心的过程性消费，而消费者的个性化需求与情感参与成为关注的重点。特别是，西方学者发现文化的价值在很大程度上需要通过消费者的体验来实现，例如 Throsby（2001）认为，人们对于文化的消费是为了获取情感和精神的体验；Miranda Boorsma（2006）指出，艺术价值产生于作品进入大众文化时人们对它的体验，并强调艺术体验是艺术作品的核心价值。可见，体验效用正日益成为文化效用的重要组成部分。

三、文化效用的悖论

文化效用包括总文化效用和边际文化效用。总文化效用代表消费者在一定时间内从一定数量的文化商品的消费者中所获得的文化满足程度。边际文化效用代表消费者在一定时间内增加一单位文化商品的消费所得到的文化效用量的增量。

一般商品的消费满足边际效用递减规律，但文化商品的消费所获得的文化效用与经典经济学的效用理论存在某种程度背离，如图 1-4 所示。图 1-4（a）表示某消费者消费某文化商品的总文化效用，它是一条向下凸的曲线，随着消费数量的增加，消费者所获取的总文化效用在增加，而且增加幅度越来越大。图 1-4（b）表示某消费者消费某文化商品的边

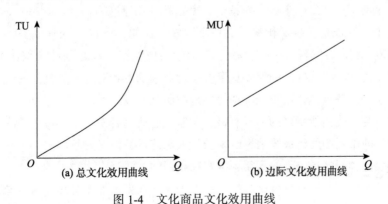

图 1-4　文化商品文化效用曲线

---

① 汤辉. 文化产品的价值增值模式. 北京：科学出版社，2015.

际文化效用，它随着消费量的增加而增加，意味着新增加的该文化商品给消费者带来的效用增量大于上一个文化商品的效用增量，即边际效用递增。这反映出消费者消费文化商品所获得的文化效用，与一般商品边际效用递减规律存在着差异。

第三节　消费上瘾与文化消费偏好

一、消费上瘾与消费资本

文化商品的边际文化效用为什么会呈现递增趋势？在效用的基础上，我们进一步认识消费偏好。对于文化而言，消费者的偏好有其特殊性。

一般地，消费者对文化有消费上瘾效应，这一论断得到了部分佐证。学者史密斯（Smith，1998）通过调查艺术品的消费情况，发现人们对大多数的艺术品的消费存在这种效应。事实上，这一观点可以追溯到新古典学派创始人马歇尔（Marshall）的相关论述。1891年，马歇尔曾描述了人们对音乐的消费行为，他发现，如果人们越喜欢听某类音乐，将越喜欢这种音乐。

由于消费上瘾效应，在文化产品的消费中，边际文化效用会随着欣赏文化产品的能力提升而增加，是过去消费的函数。也就是说，消费者在消费文化产品特别是艺术品时具有一种学习效应。这种学习效应使得消费者在消费过程中不断积累一种促进艺术品消费的资本，即消费资本。消费资本可以进一步划分成个人资本与社会资本两类（Becker，1996）。其中，个人资本与自身过去的消费以及其他相关的个人经验有关。社会资本则表现为地位相当的消费者或其他相关人员对个人效应的影响，但这种影响有限并受制于人们生活的社会环境。

二、文化消费偏好的影响因素

影响文化消费偏好的因素有个人特征、家庭教育和评论等。

年龄等个人特征是影响文化偏好的一个因素。比如，Prieto-Rodriguez和Fernandez-Blanco（2000）实证后发现，年龄对流行音乐消费产生了消极和非线性影响。职业也会影响消费者对文化产品的偏好。例如，从事音乐行业的消费者对音乐类型没有特殊的偏好，呈现多样性偏好的特点；普通听众却选择性地收听某些音乐。

家庭教育与文化消费偏好的形成有极大关联。有研究者发现，父母对艺术品的态度、对不同艺术品的不同态度将极大地影响未成年人对艺术品的喜好程度。一位在服装设计上很有造诣的设计师回忆了自己的童年：美育在我们的生活当中无时无刻不在发生着。小时候家里面的三大件，其中一件就是缝纫机。那个时候在街面上没有卖那么多漂亮好看的衣服，但是我的妈妈会带着我去买布，然后会用缝纫机按照自己想到的样子做衣服。所以我从小就对于做衣服有一种情有独钟的感觉。现在回忆起来，这其实都是一种美育的教育。

与真实客观的综述不同，评论是评论人所持有的价值判断，对文化产品的评论会影响文化消费的偏好，进而影响其消费效用。原因在于大多数人对诸如音乐、绘画等文化产品缺乏必要的专业知识，对这些产品的消费具有一定的盲从性，因此极易受到文化产品评论的影响。正面评论，如 Tony 奖明显对纽约百老汇戏剧产生了积极影响。但是，并非所有正面评论都会产生正面影响，如果正面评论所传达的信息与潜在受众的偏好不一致时，这类评论反而会导致负面影响。

三、文化消费偏好的研究方法

文化商品由于具备文化效用，因而除了市场价值之外，还拥有明显的非市场价值。非市场价值是指文化商品对社会、环境、文化、思想意识形态等方面的影响所产生的价值，且这种价值并不是直接通过市场经济交易进行计算的。基于此，在文化经济领域，学者较常采用条件价值法（contingent valuation method，CVM）来对消费偏好进行研究。

CVM 法是目前普遍流行的一种对具有无形效益的资产进行直接评估的方法，最早由美国经济学家 Ciriacy Wantrup 于 1947 年提出，并由经济学家大卫（Davis）于 1963 年应用于实际的案例研究。CVM 法最早应用于环境经济学的研究中，20 世纪 80 年代之后，CVM 法开始广泛应用于文化经济领域。原因在于，具有公共产品特征的文化产品，无法用市场价格来准确衡量其价值，所以改用 CVM 方法可以间接评估其价值。比如，有些学者将 CVM 方法用于研究文化产品的社会偏好和利他主义行为，其研究对象涵盖了文化传承与保护、博物馆陈列展览、文化旅游资源评估等。

CVM 法主要通过问卷调查或访谈的方式构建假设市场获得人们对某一事物的最大支付意愿（willingness to pay，WTP）或最小受偿意愿（willingness to accept, WTA），从而对非商品性质的资源（如文化产品）在市场价格下所不能揭示的非市场价值（如文化价值）进行综合评估。其主要包括四个研究步骤：调查问卷设计、调查方式、WTP 引导技术以及数据统计分析。其中，调查问卷设计及 WTP 引导技术是 CVM 研究的关键步骤。调查问卷的内容通常包括三个部分。①介绍部分，即被访者对文化产品或服务的看法及了解程度。②评价部分，即被访者对具体文化物品或服务的支付意愿。③特征部分，即有关被访者的社会人口统计学特征的问题（如年龄、性别、职业、收入水平、受教育程度等），以便研究者分析需求价格弹性和需求收入弹性的可能的决定因素。在 WTP 引导技术上，主要包含投标博弈、开放式、二分式和支付卡等问卷。其中，国外学者多采用二分式问卷，而我国学者则大多采用开放式问卷和支付卡问卷。

CVM 方法的主要优势在于：①它有可能涵盖评估对象的市场价值和非市场价值的所有组成部分，即一项商品或服务的使用和非使用价值；②灵活性特点，它允许在缺少数据的情况下分析新的政策选项。其缺点主要涉及 CVM 评估的有效性和可靠性问题。例如，怎样设计调查问卷才能更好地达成调查目标，在调查过程中如何准确把握调查者的意图，等等。

第四节 消费弹性

经常逛商场的朋友会发现，一般化妆品、珠宝首饰等总被安排在一楼，然后二楼是女装，再往上是男装，很少有例外。商场为什么都要这样安排呢？其实，这跟商品的弹性有很大关系。

一、需求价格弹性

较高的价格不一定会导致较高的总收入，价格变化既能增加总收入，也能减少总收入。但是，如果人们掌握了需求价格弹性，就能够衡量价格变化对总收入的可能影响，从而减少定价决策中的不确定性。

需求价格弹性是通过需求量变动的比率同价格变动的比率的比较而确定的，是一个用来表示需求量这一变量对价格变化所做出的反应程度的概念。需求价格弹性通常以需求量变动的百分比除以价格变动的百分比，因为价格和需求量之间一般都存在反比关系，所以需求价格弹性是一个负数。习惯上，将需求价格弹性表示为正数。

需求价格弹性（E_p）＝需求量变动的百分比 / 价格变动的百分比

人们常常根据价格弹性的大小来划分需求关系的种类。以下是常见的划分：

$E_p > 1$，弹性需求；

$E_p = 1$，单元弹性需求；

$0 \leqslant E_p < 1$，非弹性需求。

知道商品价格弹性的信息，对于企业从事价格决策将带来帮助。如果商品当前的价格处于非弹性需求，降价就会导致总收入的减少，提价则会使总收入增加。如果商品处于弹性需求，降价就会导致总收入增加，提价则会使总收入减少。如果需求是单元弹性，价格变化对总收入就没有影响。

现在回到商场的布置。商场一楼的商品，大都属于需求弹性很大的商品。通俗来说，就是可买可不买的商品，选择性很强。消费者被吸引了就买，不喜欢的就不买。对这些弹性需求大的商品，商家一定会放在显眼、方便的楼层和通道。所以，一般化妆品、珠宝首饰、国际时尚品牌等，都放在一楼。然后二楼是女装，三楼就放男装，为什么呢？因为女士喜欢买衣服，她们买时装的需求弹性很大，吸引了她，她喜欢，就买了。但男装的需求弹性比女装的要小很多。至于冰箱、电视机等电器专柜，一般都在更高的楼层，因为它们的需求弹性更小。消费者平时不会买几台冰箱、彩电回家，如果真要买的时候，也绝不会在乎五楼还是六楼。所以，低楼层通常要留给需求弹性大的商品，高楼层留给需求弹性小的商品。[①]

[①] 谢科范，涂锦. 管理经济学. 武汉：武汉理工大学出版社，2010.

二、需求收入弹性

在影响需求的各个变量中,收入常常是最重要的变量之一。与需求价格弹性类似,我们可以计算需求收入弹性。需求收入弹性衡量的是某种商品需求量的变动对收入变动的反应程度,可以表示为

需求收入弹性(E_Y)=需求量变动的百分比 / 价格变动的百分比

与需求价格弹性类似,根据弹性值的大小,可以将商品进行分类。如果商品的需求收入弹性$E_Y>1$,称为奢侈品。这类商品需求量变动的幅度大于收入变动的幅度,如珠宝、名画等。如果商品的需求收入弹性$0 \leqslant E_Y \leqslant 1$,称为必需品。这类商品的需求量将随着收入的增加而增加,但小于或等于收入变动的幅度,如粮食、自来水、煤气等。如果商品的需求收入弹性$E_Y<0$,称为低档品。需求收入弹性为负值,说明随着收入的增加,这类商品的消费将减少。低档品不一定质量低劣,如便宜的工艺品、低档的表演等。

在商业周期的不同阶段,企业产品的收入弹性是决定企业成败的重要因素。例如,在经济繁荣时期,收入呈上升趋势,经营国外旅游的企业将会发现,这些产品需求量的增长速度要快于收入增长速度。在经济衰退期,它们的需求也迅速下降。反之,销售必需品的企业在经济繁荣期不一定得益很多,但在衰退期他们的产品也是抗衰退的,就是说,需求量的变化小于整个经济的变化。

了解收入弹性对于企业确定市场营销工作的目标也是有用的。比如,一家专门销售昂贵的手表的企业,由于这种产品是奢侈品,主要顾客来自高收入阶层。因此,应当把市场营销工作集中在富有居民能够看到的媒体上,如《时尚先生》《芭莎男士》等。

三、需求交叉弹性

经常影响商品需求的另一个变量是相关商品的价格。需求交叉弹性反映了相应于其他商品价格的变动,消费者对某种商品需求量变动的敏感程度。需求交叉弹性定义为需求变动的百分比除以另外一种商品价格变动的百分比,可以表示为

需求交叉弹性(E_X)=需求量变动的百分比 / 相关商品价格变动的百分比

交叉弹性可以用来对商品之间的关系进行分类。如果$E_X>0$,一种商品的价格增加会导致另外一种商品的需求量增加,这两种商品就称为替代品,例如茶叶和咖啡、国画和油画。一般而言,两种商品之间的功能替代性越强,需求交叉弹性的值就越大。

如果$E_X<0$,一种商品的价格增加会导致另外一种商品的需求量减少,这两种商品就称为互补品。例如录音机和磁带、照相机与胶卷等。一般情况下,功能互补性越强的商品,需求交叉弹性的绝对值就越大。

如果$E_X=0$,则说明一种商品的需求量并不随另一种商品的价格变动而发生变化,两种商品既不是替代品,也不是互补品。

专栏

赫特：体验商品

掌握需求交叉弹性的理论和方法，有利于企业制定自身产品的价格策略。特别是对于某些拥有多条生产线、同时生产替代或互补产品的企业，可以用需求交叉弹性分析各种产品之间的风险，从整体目标出发，统筹规划，协调好交叉产品的营销策略。例如，柯达及时放弃了傻瓜相机的专利和技术，带来的损失却从柯达胶卷的旺销中得到补偿，求得了公司长期稳定的盈利。

第五节 跨国消费

文化商品内嵌特定的文化元素，文化元素具有属地特征。当该文化商品的消费活动发生在非属地时，文化商品的消费就是跨地域消费，特别是跨国消费。例如，国外消费者购买中国文化元素的文化商品。跨国消费的影响因素可分为文化距离和非文化距离两大类[①]。下面将逐一进行阐述。

一、文化距离

文化距离是指两国或地区之间文化的接近性程度。两国或地区之间文化越接近，意味着文化距离越小，或者说文化折扣越低。由于一国或地区的文化产品是该地区文化符号的外在表现，文化产品的价值受文化价值的影响，文化价值的评判受购买者的主观判断影响，而每个消费者都身受居住地文化的浸染，因此，消费者所处的文化距离必然影响他们对文化产品的文化价值判断。一般来说，如果两国之间文化距离越大，那么消费者可能更加不认同文化产品的文化价值，从而降低其对文化产品的购买意愿，最终影响文化产品的跨国消费。例如，有学者发现，具有共同语言的国家，其艺术品贸易量将增加四倍（Schulze，2002）。

除通用语言或共同边界可以用来作为衡量文化距离的指标外，也可以参照 Kogut 和 Singh（1988）提出的文化差异公式来测量文化距离（林明华和杨永忠，2014）。

文化距离的计算公式为

$$\mathrm{CD}_{ij} = \frac{1}{5}\sum_{h=1}^{5}(C_{jh} - C_{ih})^2 / V_h$$

其中，CD_{ij} 表示 i 国与 j 国的文化距离，C_{jh} 表示 j 国第 h 个文化维度的得分值，C_{ih} 表示 i 国第 h 个文化维度的得分值，V_h 表示第 h 个文化维度得分值的方差。

文化维度最先由吉尔特·霍夫斯泰德（Hofstede，2005）提出。他在 20 世纪 60 年代末开创性地提出了分析国家文化的四个维度，用于说明国家文化之间的差异性。之后，针对亚洲文化发展，霍夫斯泰德父子提出了第五个维度，这样，描述国家之间文化差异的文化

[①] 我们认为，文化距离与非文化距离的划分可以更好地反映文化商品的特点。

维度共有五个，即权力距离、个体主义—集体主义、阳刚气质—阴柔气质、不确定性规避、长期导向与短期导向。①

1. 权力距离

权力距离反映的是不同国家的人们对于"怎样对待人与人之间的不平等"这一基本问题的回答。权力距离的名称源于荷兰心理学家毛克·米尔德（Mauk Mulder）的研究，指的是上下级之间的情感距离。权力距离指数的变化范围为0~100，指数值越低说明权力距离越低。

权力距离指数的高低反映了一个国家中人们之间的依赖程度。一般来说，在低权力距离的国家中，下级对上级、晚辈对长辈的依赖性较小，他们更喜欢协商方式；在高权力距离的国家中，下级对上级、晚辈对长辈有相当大的依赖性。

2. 个体主义—集体主义

个体主义是指人与人之间松散联系的社会：人们只照顾自己及其核心家庭。相反，集体主义是指这样的社会：人们从出生起就融入强大而紧密的内群体当中，这个群体为人们提供终身的保护以换取人们对于该群体的忠诚。个体主义与集体主义用个体主义指数表示，指数的分值高表示该国属于个体主义社会，指数分值低表示该国属于集体主义社会。总的来说，集体主义是世界的主流。实证结果表明，权力距离指数得分高的国家，在个体主义指数上得分比较低。个体主义—集体主义会影响人们消费倾向。例如较高个体主义国家的人们更愿意购买财产保险和人寿保险，更喜欢DIY。

3. 阳刚气质—阴柔气质

当情绪性的性别角色存在明显不同时，即男性被认为是果断的、坚韧的、重视物质成就的，女性被认为是谦虚的、温柔的、重视生活质量的，这样的社会称为阳刚气质的社会。当情绪的性别角色互相重叠时，即男性和女性都被认为应该谦虚、温柔和关注生活质量时，这样的社会称为阴柔气质的社会。

在国家层面上，阳刚气质—阴柔气质的差异常常容易和个体主义—集体主义的差异相混淆。事实上，这两个维度是相互独立的。不同气质的国家中，消费者的购物行为存在显著的差异性。

在阳刚气质的文化中消费者更常购买彰显身份的物品，在阴柔气质的文化中人们更愿意花更多的钱购买家庭用品。阳刚气质的读者更关注数据和事实，而阴柔气质的读者则对事实背后的故事感兴趣。

4. 不确定性规避

不确定性规避是某种文化中的成员在面对不确定的或未知的情况时感到威胁的程度。这种感觉经常通过紧张感和对可预测性的需求表现出来。不确定性规避不同于风险规避，

---

① 关于这五个文化维度的详细论述，参见：吉尔特·霍夫斯泰德，格特·扬·霍夫斯泰德. 文化与组织. 北京：中国人民大学出版社，2011.

不应该混为一谈。风险是特定事件可能发生的概率,而不确定性一般不会和概率联系在一起。规避不确定性不会导致降低风险,而是会尽量减少不确定性。不确定性规避对消费者行为会产生显著的影响。强不确定性规避的消费者喜欢纯净的东西。比如,他更喜欢喝瓶装水而不是自来水。

在规避不确定性的文化中,消费者更不容易接受新产品和新信息,更喜欢专家的推荐,更偏好选择风险更小的投资产品,支付账单时也比较迟缓。

5. 长期导向与短期导向

长期导向意味着培育和鼓励以追求未来回报为导向的品德,尤其是坚韧和节俭;而短期导向则培育和鼓励关于过去和当前的品德,尤其是尊重传统、维护面子,以及履行社会义务。

二、非文化距离

非文化距离主要包括资源禀赋、地理距离、居民收入水平及贸易壁垒等。这些因素通过影响跨国贸易进而影响跨国消费。

1. 资源禀赋

根据比较优势理论,跨国贸易应建立在本国的比较优势资源之上,出口具有比较优势的文化产品,进口相对不具优势的文化产品。这样才能从跨国贸易中获取最大化利益。比如,非洲的欠发达国家和地区拥有大量的制作手工艺产品的工匠,这些工匠制作的手工艺产品蕴含本地特有的文化元素,是其他地区难以模仿的。因此,这类手工艺产品在跨国贸易时占据优势,应以出口这类文化产品为主。

2. 地理距离

地理距离是指国家和地区的主要贸易区之间的距离。两地区之间地理距离越长,意味着运输费用越高,产品面临的不确定性风险也将增加。因此,在其他条件不变的情况下,地理距离越大,本国的出口产品越不具有优势,他国的进口产品也更不具有优势。

3. 居民收入水平

国际经验表明,一国人均 GDP 为 1000~3000 美元,属于文化消费活跃阶段;3000 美元以上,是文化消费大幅提高阶段。因此,一般来说,随着居民收入水平的提高,人们的可支配收入也将提高,这样人们将从以追求物质产品的消费为主转变成追求精神产品的消费为主,人们更加关注产品中的文化价值,而不是产品的使用价值。因此,随着居民收入水平的提高,作为满足消费者精神方面需求的文化产品将越加受到消费者的青睐。

4. 贸易壁垒

贸易壁垒是影响文化产品国际贸易的重要因素。对于两个语言相同或相近的国家,为了保护本国的文化产品,文化产品竞争力弱的国家常常采取文化例外原则限制其他国家的进口。比如,加拿大根据"文化例外"原则阻碍美国好莱坞影片的进口。而处于同一贸易集团的国家和地区，可能由于贸易壁垒相对较低，其文化产品的贸易更加频繁。

三、跨国消费与文化多样性

2005年10月在第33届联合国教科文组织大会上通过的《保护和促进文化表现形式多样性公约》中正式提出了"文化多样性"概念。"文化多样性"被定义为各群体和社会借以表现其文化的多种不同形式。文化多样性不仅体现在人类文化遗产通过丰富多彩的文化表现形式来表达、弘扬和传承的多种方式，也体现在借助各种方式和技术进行的艺术创造、生产、传播、销售和消费的多种方式。

自由贸易对国家文化的影响是不平衡的，它可能使得弱小国家逐渐失去其文化特性，最终导致文化多样性的消亡。贸易一体化也会使得同一国家不同地区之间的文化更加趋同，主要原因是个体之间互动性增强，促使不同文化之间相互融合，进而形成统一的文化。相关研究认为，文化多样性和地方文化受到威胁，因为英语市场的规模大，意味着其产品的定价总是低于较小语言社群的产品，购买美国的文化产品比购买本地的要便宜。随着与美国的文化产品接触的增加，对本地文化产品的偏好有可能减弱。①

鉴于此，发展地方文化产品、促进文化产品跨国消费，对于文化多样性就具有了特殊意义。《世界文化多样性宣言》第8条："文化货品和服务……作为特征、价值和含义的标向，不应该被当成纯粹的商品或消费品看待。"在这一背景下，巴西强调音像服务在传输和传播文化价值和思想方面的作用，澳大利亚指出文化服务促进并反映了澳大利亚多元文化社会内一种国家和文化特征的意识。塔尼亚（2010）在考察了WTO成员的情况后提出，通过文化产品促进或保存文化是WTO成员的一个合法管理目标，支持文化产品的政府措施具有合理性。

崇德里的文化效用

需求法则为我们观察文化需求提供了理论基础，商品价格、收入水平、消费者偏好、替代品和互补品的价格以及商品的价格预期是影响需求的最重要因素。需求法则的反向变化，可以用价格变化引起的替代和收入效应进行解释。

消费者从所消费的文化商品中获得文化上的满足程度称之为文化效用。文化效用的高低取决于个人对文化产品内含的文化价值的偏好。文化效用可以进一步细分为美学效用、精神效用、社会效用、历史效用、象征效用以及真实效用六个维度。

对于文化而言，消费者对文化消费存在上瘾效应。表现为消费者的边际效用会随着欣赏文化产品的能力提升而增加，是过去消费的函数。影响文化消费偏好的因素有个人特征、

---

① 塔尼亚·芙恩. 文化产品与世界贸易组织. 北京：商务印书馆，2010.

家庭教育和评论等。

商品的弹性为人们进一步了解文化商品的特征提供了分析工具。商品弹性包括需求价格弹性、需求收入弹性、需求交叉弹性,其中需求价格弹性是基础,反映了需求量这一变量对价格变化所做出的反应程度。

文化商品内嵌特定的文化元素,文化元素具有属地特征。当该文化商品的消费活动发生在非属地时,文化商品的消费就是跨地域消费,特别是跨国消费。跨国消费的影响因素可分为文化距离和非文化距离两大类。两国之间文化越接近,意味着文化距离越小,或者说文化折扣越低,文化产品的跨国消费越容易发生。

思考与练习

1. 影响文化商品需求的因素主要有哪些?
2. 如何理解文化效用悖论?
3. 哪些人更容易对文化产品消费上瘾?为什么有些人会"越唱越上瘾"?
4. 如果某种文化商品的价格弹性大于1,为了增加总收入,店家可以采取什么行动?
5. 分析文化距离与非文化距离对中美、中日文化贸易的影响。
6. 某游戏公司每年销售游戏用道具5000个。由于竞争压力,游戏的价格从15元降到12元,结果导致该公司道具的销售量增加到每年6000个。试问:①游戏和道具的需求交叉弹性是多少?②假定交叉弹性不变,如果道具的销售量要控制在每年3000个,应如何确定游戏的价格?假定游戏的初始价格为15元。
7. 水很有用但便宜,钻石没有什么实际价值却很昂贵,试解释这一现象。

第二章 文化供给

> 今天演奏一段贝多芬弦乐四重奏所需要的人数和时间与 1817 年完全相同。
> ——威廉·鲍莫尔《表演艺术：经济困境》

1989 年，香港画家黄江先生带着数十名弟子在还是荒郊僻野的深圳大芬村安营扎寨，干起了名画临摹和批发的生意。到 2009 年，大芬村云集了 3000 多名画工画师、300 多家画廊、700 多家油画个人工作室和油画作坊，每年生产和销售 100 多万张油画，油画出口达到 3000 多万美元，世界市场上 40% 的油画来自大芬村。不少国外画商干脆就在村里租房，做起了油画批发生意。

从 1989 年到 2009 年，短短 20 年时间，大芬村发展成为"中国油画第一村"。这背后的力量是什么呢？

第一节 供给函数

一、供给与供给法则

一种商品的供给是指生产者在一定时期内在各种可能的价格下愿意而且能够提供出售的该种商品的数量。根据上述定义，如果生产者对某种商品只有提供出售的愿望，而没有提供出售的能力，则不能形成有效供给，也不能算作供给。

当其他因素不变时，商品价格的变化，对商品供给量所产生的影响，是最为明显的。通常，在影响某种商品供给的其他因素既定不变的条件下，商品价格越高，厂商所愿意提供的商品的数量就越大。相反，价格越低，厂商所愿意提供的商品数量就会减少。厂商会受到升高的价格吸引而去提高产量，或者说下降的价格打击了厂商生产积极性。通常来说，商品的价格与供给量之间是正相关关系，这被称为供给法则或供给定律。

同样，可以将这种关系用坐标轴表示，得到对应的供给曲线，如图 2-1。通常的供给曲线，不管是线性或是非线性，都是向右上方倾斜的。

现在，我们可以来回答 20 年时间大芬村迅速发展成为

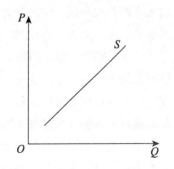

图 2-1　大芬村油画供给曲线

"中国油画第一村"的一个重要原因。尽管大芬村从事的是临摹画,但是大芬村从一开始就参与国际产业分工协作,国际市场带来了可观的价格。由于形成了与国际对接的市场体系,使得这一价格具备了持续能力,由此吸引了越来越多的画家和民间资本扎堆大芬村,形成了数百家画廊、油画作坊及书画经营门店集聚的临摹油画产业供给。

二、影响供给的因素

一种商品的供给数量取决于多种因素的影响,除了价格以外,其他主要的因素有该商品生产的成本、生产的技术水平、相关商品的价格和生产者未来的预期等,它们对商品的供给量会产生不同的影响。

就生产的成本而言,在商品自身价格不变的条件下,生产成本下降会增加利润,从而使得每一价格水平下,厂商愿意供给的商品数量增加,供给曲线因此向右移动。相反,生产成本上升会减少利润,从而使得商品的供给量减少,供给曲线向左移动,如图2-2所示。在大芬村最鼎盛的时候,画工们成了流水线上的一员,每个画师只负责一个部分的构图和着色,快速而熟练地完成订单。流水线式的临摹方式,大大减低了生产成本,带来了油画供给数量的大幅增加。但是,随着房屋租金、人工成本的上升,大芬村油画的生产成本面临上涨压力,导致油画供给数量减少。

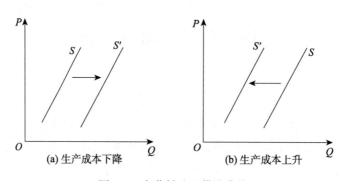

图 2-2 大芬村油画供给曲线

关于生产的技术水平,在一般的情况下,生产技术水平的提高,可以降低生产成本,增加生产者的利润,生产者会提供更多的产量。最近几年,数字化对文化企业产生了深刻的影响,提高了文化企业的生产能力,带来了更加丰富的文化产品。

关于其相关商品的价格,在一种商品的价格不变,而其他相关商品的价格发生变化时,该商品的供给量会发生变化。例如,对某个临摹凡·高的《收割中的田园风景》和《星月夜》的大芬村作坊来说,在《收割中的田园风景》价格不变而《星月夜》价格上升时,该作坊就可能增加《星月夜》的供给数量而减少《收割中的田园风景》的供给数量。

关于生产者对未来的预期,如果生产者对未来的预期看好,如预期商品的价格会上涨,生产者往往会扩大生产,增加产量供给。如果生产者对未来的预期是悲观的,如预期商品的价格会下降,生产者往往会缩减生产,减少产量供给。由于对新媒体未来市场的看好,从事新媒体的企业和个人在全球范围内大幅增加,各类新媒体的供给数量如雨后春笋般层出不穷。

三、政府政策对供给的影响

政府政策会对供给曲线产生重大影响。政府在环境和健康方面的管制,会影响企业采用的技术,从而影响供给。而税收和最低工资的法规,会大大提升企业的生产成本,也会影响供给。政府的外贸政策也会对供给产生重要影响。例如当中国市场根据贸易协定,向美国增加电影的进口数量时,美国电影的供给就会上升。在拍卖市场上,政府对拥有拍卖资质的企业数量和企业经营的产品的管制,也会对供给产生影响。

另外,政府的产业政策也是影响供给的重要因素。例如,从2012年起,大芬村所在的龙岗区携手中国美术家协会每年举办全国(大芬)中青年油画展,为推动大芬原创提供了高水准的交流平台,为大芬产业转型升级注入了强大的原创动力,使得大芬原创画家群体日益庞大。据统计,到2020年大芬已聚集了原创画家近300人,其中中国美术家协会会员34人,省级美术家协会会员76人,市级美术家协会会员150余人。仅仅五年,大芬原创画家的美术作品就有百余幅入选国家、省级美展,大芬村油画供给正在发生着显著变化。

案例观察

艺术家们在宋庄的真实生活

第二节 文化与文化产品

一、文化

文化的界定并不容易。"文化"一词广泛应用于人们日常生活和学习之中,但它没有一个公认的、权威的定义。正如美国人类学家罗伯特·博罗夫斯基(Robert Borofsky)指出,将文化进行定义,"无异于试图将风儿关入笼中"。也就是说,人们很难把握文化的本质。

"文化"一词内涵丰富,英文"culture"源于拉丁语"cultura",最初是指耕耘土地。到16世纪,这一词演化为对心灵和智力的培养。从19世纪初开始,"文化"的含义变得更加宽泛,指的是整体上的智力文化进步和精神文明发展。随后,这种人本主义对"文化"的解释又被更加无所不包的概念所取代。

英国人类学家泰勒(1871)从精神层面较早地在《原始文化》一书中提出,文化或文明,就其广泛的民族学意义来讲,是包括全部的知识、信仰、艺术、道德、法律、风俗以及作为社会成员的人所掌握和接受的任何其他的才能和习惯的复合体。这一经典定义对后来的文化研究产生了深刻的影响。英国功能学派人类学家马林诺夫斯基(1944)在《文化论》一书中指出，文化包括了一套工具和风俗——人体的和心灵的习惯，它们都直接或间接地满足了人类的需要，并进一步将文化分为三个层次，即器物层次、组织层次和精神层次。英国文化理论家雷蒙德·威廉姆斯（1981）在《文化》一书中从传播角度，将文化界定为"意义表达的实践"。海登·怀特（1959）从符号学角度提出，文化依赖符号，符号的产生才使得文化得以存在，符号的使用才可能使文化不朽。也即是说，符号是文化的载体和表现形式。大卫·索罗斯比（2001）从两个层面对文化的含义进行了梳理，即在人类学和社会学框架下，"文化"一词是用来描述某一群体所共有或共享的态度、信仰、传统、习俗、价值观和惯例。

随着文化经济活动的日益显现，一些学者开始关注文化在经济领域的实践。Dowling（1997）指出，文化经济活动中的文化是一个能带来经济效益、提高人民生活质量的包含各种元素的广义概念，其内涵不仅包括诸如歌剧、舞蹈、艺术等所谓的精英文化，还包括大众文化，如消费行为。赫斯蒙德夫（2007）认为，把文化定义成社会秩序得以传播、再造、体验以及探索的一个必要（虽然并非唯一）的表意系统，更贴切文化产业。Scott（2000）、Santagata（2000）将文化看作是一种资本，认为它以观念价值的形式蕴含在实物或服务的使用价值之中，甚至比使用价值更能决定产品的价值。作为某一群体的共同价值观，文化可以强化群体认同。因此，实物或服务中的文化将极大地影响消费者对该实物或服务的价值的主观评价。

二、文化产品

（一）表演艺术

1. 表演艺术的界定

表演艺术是传统文化与现代文明融合的产物，是植根于民族文化土壤，建立在经济基础之上，以创意为驱动、以市场为导向、依托社会力量发展起来的。关于表演艺术的界定，国内外学者有着不同的见解，但大多认为表演艺术是一种创造，具有创造性本质。别林斯基（1979）认为表演艺术是一种创作，每一次表演都创造了一个审美对象，演员是独特的创造者，通过自己的演技去补充作者的意图。杜夫海纳（1996）将表演的创造性与作品的真实性结合起来，为表演的本体论提供了依据，认为表演艺术是结合创造性与真实性于一体的，由创作者、表演者、欣赏者三者共同作用形成的综合舞台艺术。

关于表演艺术的分类，鲍莫尔和鲍文（1966）在其著作《表演艺术——经济困境》一书中，将表演艺术分为歌剧、交响乐、舞蹈、戏剧四大类。杜夫海纳（1996）认为表演艺术主要包括音乐、舞蹈和戏剧。文化经济理论家理查德·E. 凯夫斯（2004）认为表演艺术主要分为戏剧、歌剧、交响乐和舞蹈四大类。国际文化经济学者 Towse（2011）认为表演艺术是包含现场艺术形式的一个宽的分组，但文化经济学主要对戏剧、歌剧、乐团和芭蕾进行了研究。总的来说，文化经济学中的表演艺术研究主要集中在以建筑物为空间、对艺术组织有补贴的表演上。

2. 表演艺术的主要类型

（1）音乐。一般而言，物体振动就会发出声音，这种声音称之为乐音，而有组织的、能够表达人们思想感情、反映现实生活的乐音就形成了音乐。[①]就音乐本身而言，分为声乐和器乐两种形式。声乐主要是用人的声音进行演唱，器乐则主要是利用乐器演奏出音乐。归根结底，音乐是通过对物体的振动产生乐音的有组织排列而形成的声音、听觉的艺术形式，可以用来表达人们的思想、情感、社会现实、人生诉求。

音乐首先是声音的艺术，是听觉的艺术。通过演唱者/演奏者的专业投入与娴熟技巧以及乐器的配合，才能实现对音乐旋律、节奏、调式、曲式等方面的完美结合，形成优美和谐的音乐。同时，音乐是一种情感的艺术，一方面，音乐的创作、演唱/演奏都离不开艺术家和表演者的心血和情感；另一方面，音乐需要听众以听觉为基础，在接受听觉刺激的同时，能够在通感的作用下，形成丰富的想象，从而产生情感的刺激与共鸣。

根据不同音乐形式的特点，音乐一般分为古典音乐、民族音乐、流行音乐等形式。古典音乐，从英文"classical music"翻译而来。其狭义的解释是，18世纪下半叶至19世纪20年代，以海顿、莫扎特、贝多芬三巨头为代表的"维也纳古典乐派"的作品。最广义的解释则是，把时间前移到欧洲文艺复兴时期，从那时起到后来的巴洛克时期、维也纳古典时期、浪漫主义时期、民族乐派、印象主义直至19世纪末、20世纪初出现的现代乐派，甚至包括所有非纯粹娱乐性质的现代专业音乐，统称为古典音乐。

狭义地讲，民族音乐，是指祖祖辈辈繁衍、生活在中国这片土地上的各民族，从古到今在历史悠久的文化传统上创造的具有民族特色，能体现民族文化和民族精神的音乐。广义上，民族音乐就是产自民间、流传在民间，表现民间生活、生产的世界各民族的歌曲或乐曲。民族音乐又可以分为民间歌曲、民间舞蹈音乐、民间器乐、民间说唱音乐、民间戏曲音乐等多种形式。

流行音乐，亦称流行歌曲、现代流行音乐，从英文"popular music"（简称为pop music）翻译而来，也有人将其翻译为"通俗音乐"。《中国大百科全书·音乐舞蹈卷》中的定义是：通俗音乐泛指一种通俗易懂、轻松活泼、易于流传，拥有广大听众的音乐；它有别于严肃音乐、古典音乐和传统民间音乐，亦称"流行音乐"。流行音乐由于结构短小、内容通俗、形式活泼、情感真挚，为广大群众所喜爱、传唱或欣赏，流行一时甚至流传后世，因此，又有"大众音乐"之称。

奈特尔对西方流行音乐的定义为：起源于城市，并以城市听众为取向，由专业但未受过高等教育的音乐家演出，并与本民族的艺术音乐有风格上的联系。在20世纪，流行音乐的主要传播途径为电台、唱片和录音带等大众传播工具。彼得·曼纽尔在《非西方世界的流行音乐》一书中则认为，流行音乐家的知识水平不一定逊于艺术音乐家，在某些方面流

[①] 本小节主要参考：刘佳. 音乐产业的发展模式与运行机制. 北京：经济管理出版社，2017.

行音乐可能更为精致，并认为流行音乐具有以下特点：倾向于通俗、娱乐，存在明星或偶像崇拜，曲目更新速度快[①]。

现代流行音乐可作商业化运作，有时亦称作商业音乐，以盈利为主要目的。它是商业性的音乐消遣娱乐以及与此相关的一切工业现象，市场性是主要的，艺术性是次要的。

（2）戏剧。戏剧是演员将某个故事或情境，以对话、歌唱或动作等方式表现出来的艺术。戏剧有四个元素，即演员、故事（情境）、舞台（表演场地）和观众。演员是四者当中最重要的元素，是角色的代言人，必须具备扮演的能力。戏剧与其他艺术类型最大的不同在于透过演员的扮演，剧本中的角色才得以伸张，如果抛弃了演员的扮演，那么所演出的便不再是戏剧[②]。

戏剧的表演形式多种多样，常见的包括话剧、歌剧、舞剧、音乐剧、木偶戏等。由于文化背景的差别，不同文化所产生的戏剧形式往往拥有独特的传统和程式，比如西方戏剧、中国戏曲、印度梵剧、日本歌舞伎等。

现代的戏剧观念强调舞台上下所有演出元素通过统一表现以实现综合的艺术效果。演出元素包括演员、舞台、道具、灯光、音效、服装、化妆，以及剧本、导演等内容，也包括台上演出与台下互动的关系（一般称为"观演关系"）。戏剧表演者所组成的组织，多称为剧团，过去多称为戏班。而如果是某一户富有人家自己经营、为了自己的娱乐所训练出的戏班，叫作家班，这一形式在明朝之后开始普遍。

作为一种综合艺术，戏剧融入了多种艺术的表现手段，它们在综合体中直接的、外在的表现是：文学，主要是指剧本；造型艺术，主要是指布景、灯光、道具、服装、化装等；音乐，主要是指戏剧演出中的音响、插曲、配乐等，在戏曲、歌剧中，还包括曲调、演唱等；舞蹈，主要是指舞剧、戏曲艺术中包含的舞蹈成分，在话剧中转化为演员的表演艺术——动作艺术。

在戏剧综合体中，演员的表演艺术居于中心和主导地位，是戏剧艺术的本体。表演艺术的手段——形体动作和台词，是戏剧艺术的基本手段。其他艺术因素，都被本体所融化。剧本是戏剧演出的基础，直接决定了戏剧的艺术性和思想性。作为一种文学形式，虽然可以像小说那样供人阅读，但它的基本价值在于可演性，不能演出的剧本不是好的戏剧作品。戏剧演出中的音乐成分，无论是插曲、配乐还是音响，其价值主要在于对演员塑造舞台形象的协同作用。戏剧演出中的造型艺术成分，如布景、灯光、道具、服装、化妆，也是从不同的角度为演员塑造舞台形象起特定的辅助作用。以演员表演艺术为本体，对多种艺术成分进行吸收与融化，构成了戏剧艺术的外在形态。

（3）舞蹈。舞蹈是一种通过身体的运动和时间的流淌来交流的复杂的表演艺术形式，被认为是活动的雕塑，是动静艺术之间的桥梁。

舞蹈艺术通常与音乐和诗歌相结合，很少单独出现，是一种具有明显混合性的综合表

---

① 于今. 狂欢季节——流行音乐世纪飓风. 广州：广东人民出版社，1999.
② 文学上的戏剧概念，是指为戏剧表演所创作的脚本，或称之为剧本。

演艺术。从历史来看，西方学者倾向于将学术术语"舞蹈"作为现代舞和芭蕾舞的总称。但 Boyd（2004）认为这种限制性用法容易产生一种同质性的结果。他认为，对构成舞蹈的真正因素的研究应该在地理、政治、经济、社会和历史因素的背景下确定。近年来，随着舞蹈研究的实质性变化，诸如流行舞蹈等其他舞蹈形式的价值也逐渐被发掘和肯定。

舞蹈是在时间和空间布局中通过人体移动而创造的过程产物。舞蹈的表现是短暂的，既是社会政治关系的视觉表现，也是一种精心设计的美学主题。Kaeppler（2008）指出舞蹈是由具有语法结构的动作组成，在表演中通常是一些更大的活动或活动系统（符号系统）的一部分。舞蹈的语法就像任何语言的语法一样，包括结构、风格和意义。舞蹈的学习不仅包括动作，还包括它们如何在风格上变化，它们的句法（关于如何将它们组合在一起形成主题和整个舞蹈的规则），以及赋予它们什么意义。也就是说，理解舞蹈动作的意义需要与对其结构和风格的理解相结合。舞蹈的结构和风格被进一步编码为创造、反映和体现文化价值的意义，而这些主要是通过舞蹈的观看和参与来学习的。

舞蹈，就像所有的符号系统一样，通过新旧方式的结合来创造新的意义。舞蹈动作和表演过程依靠作曲家、表演者和观众之间的共同理解进行对话互动。舞蹈的动作可能最初是由神、祖先或历史人物赋予的，但却是作为一种文化产品和美学表演在当代生活中保留和永存。虽然舞蹈的原始意义可能随着历史长流被改变或遗忘，但舞蹈仍然是一种重要的民族或文化身份的参考。也就是说，舞蹈的表演过程与其所产生的文化形式同样重要，是社会深层结构或深层哲学的表层体现。作为对观众的展示，舞蹈可以被视为艺术或工作，可作为娱乐来参与和享受，也可以用来发表政治或社会声明；可以带来喜悦或恍惚，也可以作为一种社会责任来履行。更有甚者，诸如芭蕾舞和夏威夷草裙舞等舞蹈形式已经被引入跨文化边界，被视为一种国际语言而被理解、欣赏和视为奇观。Efentaki 和 Dimitropoulos（2015）指出，传统舞蹈是一种非物质文化活动，可以成为一种替代传统旅游形式的文化产品，向居民和游客传播该地区的文化精神，从而影响当地的旅游经济发展。

3. 表演艺术的主要特征

虽然表演艺术的不同门类各有特点，但也存在一些共性，成为区别于一般产品的特殊产品。表演艺术的特征表现在以下四个方面。

（1）文化特征。表演艺术的素材来源于真实的存在，是实践的结晶和升华；又经过无数表演艺术家们的共同劳动和创造，逐渐丰富和繁荣，是真实性与创造性的统一。同时，从艺术性角度来看，表演艺术是现场性艺术，是在表演者、表演场所和观众三者构成的时空中生存和发展的，它是产品形式和生产过程的统一。而且，表演艺术是在某个特定的时刻和特定的地点，传递给观众的现场精神产品。虽然可以重复演出，但每次演出都是对不同审美对象的创造，即由表演艺术的时间性决定了其自身的即时性和唯一性；而它给观众带来的精神影响却是持久的，是即时性与持久性的统一。

（2）经济特征。表演艺术是建立在经济基础之上、以市场为导向、作为一种劳动密集型行业发展起来的，其行业属性决定其很难获得生产力的提高，且实际生产成本往往有上升的趋势。生产力滞后与生产成本逐步递增的矛盾难以调和使表演艺术呈现出逆经济增长性特征。作为创意产品,表演艺术本身蕴含着市场需求的不确定性,同时,其演出过程的复杂性使表演艺术呈现出较高的市场风险性特征。作为现场性产品,表演艺术具有三维表现特征的优势,属于享受型消费类型,且受场地、高价格、消费能力、消费选择多样化的影响,表演艺术呈现出现场享受型消费和消费小众化特征。而且,观看表演艺术的过程也是消费者价值再创造的过程,是积累文化资本的过程。这种文化资本的积累非常有助于提高消费者未来文化消费的效率,这使表演艺术呈现出文化消费资本积累性的特征。

(3)技术特征。科技的进步与大众艺术欣赏水平的提高,不仅使技术和劳动力互补成为现实,也使劳动力变得更加多产,表演艺术逐渐呈现出技术和劳动力的互补性特征。表演艺术是建立在本土文化之上,以创意为驱动发展起来的,不但剧本内容要有创新,在技术上、管理上也要不断创出新意。舞台技术的不断发展,使文化、艺术的表现形式得到空前的发展,这使当今的表演艺术呈现出技术多元性的特征。

(4)社会特征。随着社会的发展,人们生活水平的提高,观众对文化艺术的需求随之增长,表演艺术所依托的社会力量不断增强。实践表明,表演艺术的发展必然受到社会制度、政策等环境因素的影响,呈现出政策体制制约性特征。而且,全球化浪潮使文化的包容性增强,逐渐形成了全球化文化理念,表演艺术呈现出传承包容性的特征。[1]

(二)视觉艺术

视觉,即指"看"。在人类发展过程中,人们对世界的视觉及其表达随着自身掌握的工具、感性与理性认知水平的发展而不断提升。视觉艺术是人类认知及表达世界与自我所形成的一种重要文化形式,通过形象、图像、动作、虚拟情境等方式,视觉艺术依次经历了相似性模式、表征模型再到自我指涉模式的演变过程。本节主要对艺术品、工艺品、电影等传统视觉艺术以及展现视觉艺术的特殊场所博物馆进行介绍。

1. 艺术品

艺术品,一般是指造型艺术的作品,包括绘画、图像、雕塑、工艺设计等平台或立体的艺术作品。一般的艺术品包含两个要素:一是作品的材、线、形、色、光、音、调的配合,通常称为"形式的成分"或"直接的成分";二是题材,即作品的创意、主题,通常称为"表现的成分"或"联想的成分"。

艺术品包括了艺术产品和艺术服务,其显著特征就是包含着创意或艺术元素。按消费特点,艺术品可以是可持续性消费的商品,如凡·高的名画;也可以仅存在于一定的时空之中,如冰雕艺术品。按外在形态,艺术品可以是有形的产品,如雕塑;也可以是无形的服务,如参观博物馆。按用途,艺术品可以是提供给消费者的最终产品或服务,也可以是提供给生产者的中间产品或服务,被投入到其他文化产品甚至是非文化产品的生产中去。例如一部小说可以制作成一本书直接卖给消费者,可以作为广播在电台播放,也可以卖给影视公司拍成电视剧或电影。

---

[1] 黄晓懿,杨永忠,钟林. 表演艺术成本困境与机制创新研究. 北京:经济管理出版社,2019.

艺术品除了文化元素的特征外，其构成要素与其他商品和服务一样，都需要投入土地资源、劳动力、资本和其他生产要素，特别需要创造性投入，如创意等。因此，艺术产品具有需求与供给、成本与价格等经济属性，如参观博物馆是免费的，但成本是由政府或其他社会组织来支付的。

2. 工艺品

工艺品是一种利用一定的生产工艺将经过艺术构思的内容创意借助不同的材料载体生产出来的内嵌特定文化意义的、具有文化价值的文化产品。根据所使用的材料载体，工艺品可分为木制工艺品、竹制工艺品、铁制工艺品、玉制工艺品、石制工艺品、树脂工艺品、纸制工艺品、布制工艺品、陶瓷工艺品等，根据制作工具的不同可分为纯手工制作工艺品、纯机械制作工艺品、半手工半机械制作的工艺品等。

工艺品具有以下几个主要特征。

（1）工艺品内嵌特定的文化意义。工艺品是来自于创作者的新奇性的创意，这种内容创意一般带有明显的创作者偏爱的文化符号，是众多文化符号有机的组合，具有特定的文化意义。

（2）工艺品的取材一般来源于当地。工艺品的取材十分广泛，但大多数工艺品特别是传统手工艺品的取材都来自当地，是当地常见的一种自然资源。因此，工艺品的材料载体一般比较丰富，并且其本身就具有一定的地方特色。

（3）工艺品的生产需要特殊的生产技艺。工艺品特别是民间传统手工艺品的生产带有特殊的生产工艺，只有真正掌握这种生产工艺才能够生产出好的工艺品。

（4）工艺品具有一定的文化价值。工艺品是为了满足人们文化效用而生产出来的一种文化产品。透过欣赏创作者精巧的构思和对文化的理解，人们能够获得不同的文化价值，如美学价值、社会价值、象征价值等。

3. 电影

电影既是一门艺术，更是一种商业。其消费经常受到时尚潮流、偏好转变、社会环境、文化差异和地域特色等多种市场因素的影响。

电影的形成一般可以分为开发、制作和营销三个阶段。开发阶段包括取得赖以改编为电影的作品版权，联系和咨询演艺人才经纪机构，安排财务融资，以及聘请编剧并与其一起工作等。制作阶段包括前期准备、实地拍摄、导演和制片人合作、后期剪辑、最终的"负片"或拷贝的制作等。营销阶段则由市场调研、广告宣传、设计和实施发行方案、对相关阶段的收益及成本进行审计和会计核算等。

电影拍摄是很多艺术人员共同努力的结果，每个人的专长不同、审美观点不同、喜好也不同，导演负责协调各种专业人员。电影公司的永久性雇员中包括编剧和电影制作规划人两类，通过制作大量剧本，促成这些剧本进入电影生产环节。电影公司有负责布景、音响、胶片处理以及市场营销的职能部门，产品以一种流水线的形式从这个部门到另一个部门。生产流程的每一个阶段的内部组织，或者说劳动的技术分工，越来越类似于真正的大规模生产,而这种大规模生产的指导原则就是将工作任务日常化和细分化(Storper,1989)。

制片人通常要合理控制电影的财务,超过某一额度,公司势必会遭受损失。电影公司的增量利润是某一特定决策引起的增量收入减去由决策引起的增量成本的差。如果增量收入大于增量成本,那么该决策将会导致利润的增加,公司可以接受该方案,否则就不能接受。但是,电影公司必须考虑与决策相关的机会成本,即投入电影作品引起的增量利润是否会高于将这部分投放在其他有利可图的事件上所带来的利润,若前者高于后者,投入决策显然可以接受。

与图书和音像制品不一样,电影产品的发行时间是一个十分敏感的问题。例如,有效地推广和放映电影工作需要具有一定的规模底线,因此在一定时间内需要限制市场上发行能够盈利电影的数量。电影发行商的发行策略以及电影带来的现金回报主要取决于同期内新近推出电影的竞争情况。

4. 博物馆

纵观世界各地的博物馆,可以发现,有些博物馆除本身就是一件视觉艺术品外,更多的博物馆是展现视觉艺术的场所,服务视觉艺术产品是博物馆最重要的功能之一。[①]

有许多定义都将博物馆视为收集、储藏、展示和研究各种物件、人工制品,甚至是无形资产的机构。沿着这条线,国际博物馆协会(ICOM)章程给出了如下定义:"一个博物馆是一个非营利的、为社会及其发展服务的永久性机构,它面向公众开放,并以教育、学习和娱乐为目的,收购、保存、研究、交流和展览人类及其环境的有形与无形遗产。"值得注意的是,这一定义并不是没有争议,因为它漏掉了收集或展示各种物件的营利性组织。

从经济的角度来看,博物馆可以看成是一个经济代理人,它是一个遵循经济行为的一般路径的组织,即在一系列经济和制度的约束下使目标函数最大化(Prieto-Rodríguez 和 Fernández-Blanco,2006)。从这方面看,任何博物馆的运营目标都具有多样性特点。比如私人博物馆,其目标也可以是观众参与率最大化或者利润最大化,等等。博物馆的主要生产要素是劳动力和资本。其中,劳动力包括专业人士、管理人员以及志愿者。资本则包括建筑物、固定设备、收藏品等。博物馆成功运营是在投入一定数量的生产要素下使其产量最大化。一般来说,任何性质的博物馆的生产函数都应该是一个包括收藏、展览、其他服务等在内的多产出的生产函数。

具体而言,博物馆包括以下功能。

(1)收藏,包括了识别、编集、扩充、保存博物馆藏品。

(2)展览,提供可获得的藏品供市民参观和娱乐体验,以及用于教育和培训等。

(3)其他服务。这类项目更宽泛、更具易变性。比如,它包括了餐饮和商品。这类服务出现有助于博物馆更好地服务游客,因此这些服务逐渐成为博物馆越来越重要的收入来源。

[①] 本小节主要参考:詹姆斯·海尔布伦,查尔斯·M. 格雷. 艺术文化经济学. 北京:中国人民大学出版社,2007;Prieto-Rodriguez, J. Fernandez-Blanco, V. Optimal pricing and policies for museums. Journal of Cultural Economics, 2006, 30(3): 169-181.

(三)传媒业

传媒业是生产和传播各类以文字、图形、艺术、影像、声音等形式存在的信息产品以及增值服务的产业。通过下面从市场角度对传媒业的独特性描述,或许能够让我们更好地洞察传媒业。

(1)传媒业是注意力产业。传媒机构不依赖出售自身产品获得全部回报,其中一个重要回报是通过将目标受众出售给对这些受众感兴趣的商户而收取的费用。传媒业的市场价值与能否有效吸引受众的眼球密切相关,因此它是注意力产业。

(2)传媒业以信息服务为主体。传媒业几乎所有的子系统都是围绕更好地向目标受众和广告商等客户提供信息服务而展开。信息采集、制造等不同子系统之间相互支持、互为补充。

(3)传媒业通过市场方式完成资源配置。健全的传媒市场有完善的市场机制,市场将发挥决定性作用。传媒产业通过市场整合各种生产要素,除公共传媒产品外,其他产品应能够经受得住目标市场消费者的检验。

(4)传媒的普及化。新技术革命使得传媒业产品由奢侈品转变成为普通消费品,使传媒业融入了普通人的生活。传媒的普及化,也使得传媒业面临更加激烈的市场竞争。

在对传媒业进行概述之后,下面分别围绕出版、电视以及广播三个经典的传媒业类型和新媒体展开介绍。

1. 出版

出版是庞大的全球大众传播产业的一部分。定期出版物包括报纸、期刊、杂志等纸质媒体,它们持续更新内容,创造受众。图书出版业务往往包括作者、经纪人、编辑、出版社、发行商等。

编辑是出版社内部事务的负责人,对是否采用书稿有最初决定权。学术著作的编辑有权直接决定是否采用稿件,对某一专业领域知识的广度和深度很容易帮助他们对书稿进行判断,出版社需要承担的风险也相应小一些。出版通俗性读物的不确定因素要大得多,图书推出后能否受到欢迎取决于出版社内部其他人员(装帧设计、发行、广告)的共同努力。编辑的作用就是对稿件的认可,提供作品出版的机会,编辑对作品市场价值的判断将会影响其业内声誉。在争取书稿和作者时,编辑可以调动的资源就是他的身份。编辑是作者和出版社联系的主要纽带。

编辑一本书稿是一项艰难的工作,这项工作通常由文字编辑来承担。编辑必须谨慎、细致地阅读书稿,这样才能发现稿子的优点和缺点。一个普通编辑通过古老的学徒体系学习并熟练地从事编辑工作,平均需要2~6年的时间。在出版行业里,人们要获得一定的地位和某种无形的技能,往往需要数年时间。当前的趋势是,编辑的职责范围从单纯的文字编辑演变成出版策划。编辑可以决定出版合同的具体细节,也负责并参与书籍的设计、发行和宣传工作。出版业中的每个人都承认,编辑工作是一门艺术,需要数年时间才能成为一个熟练的、成功的编辑,而伟大的编辑实在凤毛麟角。一名编辑必须喜欢阅读(而且是广泛的阅读),必须充满好奇心,并且形成坚韧不拔的性格。有些编辑是通才,有些编辑是专才。编辑的专业水平会影响自身的阅读习惯。如文学类编辑会广泛阅读竞争者出版的作品,仔细研究畅销书单,力图从中发现某种模式并追随文学领域的最新潮流;同时,他们还密切关注文学期刊。

编辑工作更像是处于非正式但层级分明的圈子。这些圈子有时会重合,但经常是独立的。通常,一个机构内图书编辑会和本出版社以及其他出版社的同行形成亲如兄弟的关系。编辑在出版社之间有一定的流动性,与更多作者建立良好的关系促进了编辑的流动,出版社也愿意高薪聘用知名编辑,以获得更多稿源。

出版经纪人是作者和出版社的中介。部分作者需要经纪人作为中介,经纪人帮助作者找到与其水平匹配的出版社,并协助作者拿到最优厚的条件。经纪人直接与出版社编辑联系,成为书稿的全权代表。出版社挑选作品、编辑加工、装帧设计,把内容产品推向市场。经纪人要分享出版物的版税,他们的报酬能体现他们对作者的创作收入的贡献。作者成名之后,出版社就会对这位作者有所了解,而作者与经纪人的关系就会随之解体,因为经纪人对书稿的策划以及向出版社的推荐职能逐渐失去了价值。

有的出版社不接受经纪人,有的出版社忽略经纪人,还有的出版社已经完全接纳了经纪人。出版社人员的变动和出版品种数的削减都会增大出版社筛选作品的工作量,因此经纪人对作品挑选的工作就更有意义。经纪人在大众图书以外的作品出版中所起的作用不大,有时甚至不起任何作用。因为他的主要作用是将出版社从选择作品的工作中解脱出来,而对于专业性强的书籍,经纪人难以发挥这一作用。

专业型作者自身业务能力很强,他的声誉是其他人无法相比的。例如,出版教材时,因为作者和出版社都要投入很高的固定成本,这需要作者和出版社在合作之初就要对彼此认同。借鉴同行的看法是节约经费的一种评估手段。在出版学术专著时,出版社不是依靠经纪人的推荐,而是更倾向于采用其他机构的意见进行择优选择,比如聘用权威专家担任学术丛书主编,负责著作的筛选工作,并付给他们费用。专业型作者也希望他的作品能够得到权威机构的认证,有声望的丛书主编就是对他们作品质量肯定的很好印证。学术型出版社出版的选题品种只要经过丛书主编推荐,就不必冒很大风险,也不必投入大量评估经费。

大多数作者的作品并不多,因此这些人不必打造自己的职业威望。尽管这样,一本书的成功会引起读者对该作者下一本书的兴趣,而第二本书的成功也会带来第一本书销量的增大。作者也有激励机制,希望将他之后的著作交给同一家出版社出版,这样就可以刺激出版社加强对前一本书的营销推广力度(凯夫斯,2004)。

2. 广播

广播产生于20世纪20年代,它是通过无线电波或导线传送声音从而为人们提供信息服务的工具。广播具有以下特点和优势。

广播是通过声音来传播的。主持人主持节目的风格对节目质量会产生极大的影响,他们的播音过程是对稿件再创造的过程，融入了自己对稿件的理解，从而引导听众认识和理解并接受这些传播信息。由于以声音作为传播中介，因此无论听众年龄大小、受教育程度高低，都能够接受传播信息。

广播的运行成本较低。相对于其他传播媒体，广播节目的采访、制作和传输等成本较低。比如，由于广播是靠声音传播，通过电话就可以远距离采访和传输，从而节省了人力、物力和财力。

信息传播速度较快。虽然互联网在处理一般信息时优于广播，但对重大新闻，广播的传播速度要快于互联网。并且，随着移动电话的普及，广播节目的时效性得到极大的提升，例如，记者只要一部手机，就可以随时跟进事件最新进展，将信息实时报告给听众。

广播也存在一些劣势。①由于广播的传播方式是线性的，因此听众只能按节目顺序被动地收听节目内容；②广播只有声音，没有图像和文字，听众较难长时间专注信息接收。

广播常见的节目类型，主要包括：①新闻类节目；②音乐类节目，主要包括流行音乐（舞曲、Rap、R&B 和当代 Hits 等）、乡村音乐、怀旧音乐、古典音乐等；③宗教类节目；④综合类节目，这类节目更加强调对社区服务的责任，更具当地特色，比如成都的《夜夜夜声音杂志》、芝加哥的 WGN 电台等。①

同一国家不同地区之间、城市和农村之间、不同规模城镇之间、调幅台和调频台之间，广播节目的传播内容即知识存在较大的差异。②

这里将广播节目知识分成实用性知识、理智性知识、消遣性知识、心灵性知识等类型。其中，实用性知识是指为听众的日常生活提供便利的知识，比如天气预报、广告（仅适用于主动收听广告的听众）等。理智性知识是指谈话、讨论以及部分新闻类节目传播的知识。消遣性知识包括娱乐类节目以及部分新闻类节目传播的知识。心灵性知识主要是指宗教类节目传播的知识。以美国广播为例，联邦通信委员会曾经对 14 家电台进行调查，结果表明，电台的 65.6%时间是用来传播消遣性知识，节目类型主要涉及娱乐节目和新闻节目；传播理智性知识的时间占 12%，主要涉及谈话类、新闻类、教育类、讨论类等节目类型。从中可以发现，电台传播以消遣性知识为主，以其他类型知识为辅。

由于能用的广播频率有限，那么电台如何分配传播知识类型的时间呢？在讨论这个问题之前，首先要解决频率问题。电台必须先向国家相关管理机构申请一个能用的频率。但并非是出资最多而是"为公众利益、便利和需要服务"的申请者才可能得到委员会的免费许可，获得某频率的准用证。在获得准用证后，电台有权直接决定分配不同知识领域的广播时间，比如，知识类型的传播结构、传播时段等；或者间接地由"节目赞助人"决定。显然，不同收入来源的电台，其时间分配的决定权有所不同③。比如，对于商业电台而言，

---

① 孙有中等. 美国文化产业. 北京：外语教学与研究出版社，2007：104-105.

② 本小节主要参考：弗里茨·马克卢普. 美国的知识生产与分配. 北京：中国人民大学出版社，2007：213-214，216-218.

③ 比如，英国广播公司（BBC）对外广播的经费由国家财政预算拨款，所以 BBC 对外播出的知识类型受到了严格的控制。

分配时间的决定权受制于赞助人。赞助人对节目知识类型的选择由听众的收听率来决定。因此，广播传播的知识应该尽可能满足大多数听众的兴趣和爱好[①]。

3. 电视

自20世纪80年代至今，在传媒产业各门类中，电视是影响最广、广告收入最多的产业，因此可以说电视是主要的传媒产业。

纵观电视发展历程，依次经历了无线电视、有线电视、卫星电视、数字电视等阶段。直到20世纪80年代，集文字、声音、图像、视频、通信等多项技术于一体的数字多媒体技术的出现，才加速了电视业的繁荣。卫星电视与数字电视的快速发展，在实践层面和理论层面都大大丰富了电视业技术研究的相关成果。到21世纪初，在数字化技术与互联网技术的冲击下，"三网融合"让形态各异的新媒体电视异军突起，电视再次迎来蓬勃发展的春天。如今，电视已成为各国的"第一传媒"，成为人们追求精神文化生活不可或缺的一部分。

电视成熟的标志不仅是收入的增加和受众的扩大，还表现在各种电视资源的配置开始市场化，包括电视节目的创意、制作、交易、播出、广告、资本、受众调查、衍生品开发的市场化，形成了完整的的产业链。电视的产业链被称为垂直产业链，其特点是各环节间相互制约、相互影响。其中，电视频道资源曾是电视产业链的重要稀缺资源，电视台可以通过控制频道资源而主导产业链。但随着网络的发展和数字技术进步，传统的电视产业链的供需平衡被打破，新的产业链重构成为可能。

制播分离是电视发展的重要特征。"制播分离"一词来源于英文"commission"，译为委托制作，最早起源于英国，后广泛应用于西方电视业之中，它是指电视播出机构将部分节目委托给制片人或独立制片公司来制作[②]。制播分离的核心思想是电视节目的"制"和"播"各自独立，互不干涉。与制播合一不同，制播分离意味着电视台完全剥离了节目制作这部分职能，将它交给节目制作专业机构或者承包给独立制片人。制作单位或者独立制片人根据自己的专业优势和市场调查，自主决定制作什么样的节目，之后电视台根据需求购买节目成品后再安排播出。

制播分离的出现有三个原因。①制播合一会对资源造成巨大浪费，表现在两个方面：一方面，制播合一的节目制作人员缺乏成本管理意识，这必然造成制作经费的严重浪费；另一方面，各部门"各自为政"，导致台内资源难以整合，出现重复生产，从而造成资源的浪费。②电视台频道众多，但节目数量短缺，节目需求量存在较大缺口。③制播合一，由

---

① 关于无线电广播频率的分配机制，新制度经济学进行了深入的探讨。科斯认为，只要对无线电广播频率的产权界定清晰，无论频率在初始阶段如何分配，市场最终都会达到最有效率的状态。新制度经济学是用现代经济学的方法分析制度的经济学。与制度经济学相比，新制度经济学采用新古典主义的数学工具，较少使用价值判断；与主流新古典经济学相比，新制度经济学主要研究小范围的具体事件中出现的交易成本和边界分析。参见：Coase, R.H.. The Federal Communictaions Commission. Journal of Law and Economics, 1959, 2(Oct.): 1-40.

② 1982年英国第四频道委托制片制度是制播分离的最早雏形。

于节目自做自播，缺乏竞争，因此很难调动从业人员的积极性；并且有才华的制作人员的创造性才能也难以得到充分发挥。

制播分离通常分为两种模式。一种模式是台外分离和台内分离。从制播合作双方看，制播分离分为台外分离和台内分离。若节目制作环节完全分离到社会市场中去，则为台外分离。若节目制作仅在台内或集团内分化，则为台内分离。国内有些电视台将部分节目台外分离，与市场上的制作机构进行不同程度的合作，但很多时候受长久的制播合一所形成的台内制作势力的影响，事实上很难让电视台真正倚重台外的节目制作机构。另一种模式是委托制作和节目外购。从合作方式来看，制播分离的节目制作主要有两种基本形式：委托制作和节目外购。其中，委托制作指电视台自己把握节目创意和制作方向，然后支付一定的制作费用，委托给社会上的第三方独立制作公司制作节目，电视台独享版权或者与节目制作公司共同分享版权。目前委托制作的节目主要是电视剧、娱乐、音乐、体育类等经营性强的节目。节目外购是指独立制作公司自己投资、确定选题并制作节目，电视台向其选购节目，双方是单纯的买卖交易关系。目前，在我国，这种方式被大部分省级及以下电视台采用，这样可以缓解自身节目制作供应不足的问题。

4. 新媒体

随着信息技术的变革，媒介经济的发展范式先后经历了从口头传播范式到文字传播范式，再到印刷传播范式、广播传播范式。以上这些媒介范式是互联网技术产生之前的媒介形态，学者通常将它们称之为传统媒体。以互联网技术为基础的第五次信息革命产生了全媒体、融媒体、智媒体等形态丰富的新媒体形态。

郭全中（2016）等认为，全媒体的"全"体现的是传统媒体和新媒体的共存，融媒体之"融"本质上也是传统媒体和新媒体的融合。但从发展的角度来看，随着互联网技术的进一步发展，传统媒体必然会快速式微，因而全媒体和融媒体只是传统媒体向互联网媒体转型的一种过渡形态，不能代表这一时期的媒介形态。互联网媒体具有载体性、全时性、交互性、数据化、个性化及智能化的特征，与传统媒体有着本质的区别，其中又以智媒体作为主要形态。

智媒体是随着人工智能、VR 以及 AR 技术的快速发展而产生的新媒体形态，是智能技术在传统媒体领域的应用和扩展。牛津大学路透研究院 Newman（2018）指出，大量的资金投入到人工智能在新闻媒体的应用中，人工智能已经成为未来新闻媒体产业的趋势。由于智媒体的快速发展，学界和业界创造了诸如智能媒体、智能化媒体、智慧媒体等不同术语。目前，学界有关智媒体的研究处于起步阶段，尚未出现一个统一的定义，但总体呈现出的定义是：智媒体是立足于共享经济，基于移动互联、大数据、虚拟现实、人机交互等新技术的自强化的生态系统，形成了多元化、可持续的商业模式和盈利模式，实现信息与用户需求的智能匹配的媒体形态。

人工智能的嵌入颠覆和重构了人与媒体、人与信息的关系以及媒体的生态系统，智媒体因而较之于传统媒体呈现出更加鲜明的特征。

（1）万物互联是智媒体时代最关键的技术基础。数字化和网络化是媒体融合的初级阶段，泛在化和智能化则是其高级阶段，计算机领域将这种新的媒介融合趋势称为物联网化（Internet of Things，IoT）。物联网将物体与人联系起来，创造了一个人人参与、万物互联的信息民主化生产与全球化流动的传播景观，打破和颠覆了传统媒体单向传播的线性思维，极大地扩展了互联网、移动互联网等新兴媒体的互动传播场景和领域。其中，大数据是物联网下最重要的生产要素，而移动计算则是优化资源匹配的核心计算技术。一方面，物联网技术带来的泛连接，使新媒体信息采集方式更加多元化和丰富化。最典型的案例是无人机的应用，无人机能够进入一些之前受环境限制（如交通不便的山区、突发的自然灾害场所）或进入成本高昂的新闻现场，并具有拍摄视角自由以及实时信息传回等特征，因而大大降低了新闻媒体采集的成本和危险。此外，智能眼镜（如谷歌眼镜）以及智能手表等穿戴设备也具有成为新闻采集工具的潜力。另一方面，物联网技术还极大地改变了媒体的物理呈现方式。物联网技术让无数日常生活中的物品成为联网设备，使之具备信息传播功能。以往稳定、单一的新闻信息接收渠道被多样、多变的渠道取代。也就是说，媒体终端将呈现多屏化趋势。随着5G时代的到来，人们未来接受新闻信息的设备将越来越人性化、便利化，而不再局限于报纸、电视、电脑、手机等有限的形式。

（2）自我进化是智媒体时代的另一重要特征。智媒体具有深度学习的能力，自我进化的智能化学习使智媒体生态系统呈现出不断更新、快速迭代的特征。智媒体的生态系统随着人们日益增多的使用而不断自我进化到更加智能的状态，它将在媒介运用中学习到的经验运用到下一次的操作中，并随着数据的激增和算法的改进而持续进步。越多的人和物介入并使用智媒体生态系统，它就会变得越智能，这会激励更多的智能设备成为其中的网络节点，从而形成了智媒体生态进化的正向反馈和良性循环。

（3）机器学习（machine learning，ML）是智媒体时代的典型趋势。官建文（2015）认为智媒体之"智"体现的是智媒体自身的感知、认知以及判断能力。通过机器算法，智媒体不仅可以实现对大量信息的快速传递，还可以实现个性化、定制化和精准化信息的传播，因而有效地避免了信息冗余和信息过载的问题，从而更好地满足用户的需求。此外，MGC（机器生产内容）、OGC（组织生产内容）和UGC（用户生产内容）形成"三足鼎立"的格局，使得个体与群体之间可以自下而上或自上而下地进行构建，从而推进舆论传播系统朝着更高级、更复杂的方向演进。以人为主导的传播主体正在向机器算法迁移，形成技术与技术、人与技术、人与人的超边界共生现象。

值得注意的是，智媒体时代不是一场人工与智能之间的博弈竞争，而是一场人工与智能之间的协同进化。新的信息服务和内容消费需求会驱动着人类智慧在文化创意、舆论引导、价值创造、社交管理等方面发挥新的机器暂时无法胜任的工作，而将枯燥厌倦的原有工作交给那些注意力集中、不会厌倦、无须休息的智能设备。可以说，智媒体不仅是一种新的媒介传播范式，更从根本上提高了人类的内容生产与消费能力、延伸了人类的创新与创意价值。

第三节　文化生产与生产决策

一、文化生产

文化供给需要通过文化生产去实现，文化生产是从投入要素到生产出产品的过程。本节主要从文化企业生产要素、生产函数以及生产方式三个方面展开讨论。

（一）生产要素

生产要素是生产的投入，是生产产品和劳务所投入的各种资源总称。经典微观经济学中将生产要素划分为以下几个大类：土地、劳动、资本、技术和企业家才能。其中，土地不仅包括土地本身、还包括地表的森林、江河湖海以及地下的矿藏等各种资源。劳动是指劳动者在生产中所付出的体力和脑力的活动，是专属人类的一种特殊能力。资本是指人类生产出来又用于生产的物质资料，主要包括厂房、机器设备、运输工具等。技术或技术进步是指生产物品的过程与劳务过程的改进，旧产品的革新，新产品的发明。企业家才能是指企业家运用其他生产要素组织生产、进行技术创新和承担经营风险的能力，可以把它看作职业化地从事高级管理的劳动。

现代西方经济学的生产要素主要是针对制造业企业。根据文化企业生产的特点，文化企业的生产要素投入主要包括资本、技术和劳动，并有其特殊性。

资本不仅包括一般意义上的资本物品，还包括一种特殊的投入资本即文化资本。文化资本是一种资本化的文化资源，是文化企业研发新文化产品的核心资源。

技术是制造文化产品的支撑手段。文化与技术的融合越来越高，文化企业通过不同的技术类型可以生产出不同的产品类型，丰富文化产品市场，满足消费者不同的消费需求。同时，技术进步也使得文化企业的生产效率得以提高。

文化企业中的劳动由三类劳动者的劳动有机组成。这三类劳动者是指一般劳动者、创意阶层、文化企业家。其中，一般劳动者主要包括文化产品价值创造过程中的辅助人员，如人事部、财务部等部门的工作人员。创意阶层是文化企业最核心的劳动者，这部分人负责文化创意，或者他们本身就是文化产品的生产者，如艺术家。文化企业家则是管理文化企业的高级人才，理想的文化企业家不仅有企业家的精明头脑，也拥有艺术家的梦想。

从文化企业生产要素组合来看，文化企业最重要的特征是轻资本而重人才。"轻资本"主要是指相对于制造业企业而言，文化企业的资产结构中固定资产的比重偏低。"重人才"主要是指文化企业的核心竞争力是创意阶层，创意人员的数量和质量左右着这个企业的发展。

（二）生产函数

文化企业生产过程中需要投入一定的生产要素，如劳动、资本等。生产出来的文化产品数量取决于投入生产要素数量的多少以及它们的组合方式。我们将在一定技术条件下，将生产要素投入与最终产出的关系用生产函数来描述。

假设生产某文化产品需要投入 m 种生产要素，用 X_1, X_2, …, X_m 表示。Q 表示在一定技术条件下的最终产出。则文化企业的生产函数为

$$Q = f(X_1, X_2, \cdots, X_m)$$

为简化起见，我们假设文化企业只投入两种生产要素，即劳动 L 和资本 K，则文化企业的生产函数可简写为

$$Q = f(L, K)$$

一般而言，企业投入要素 L 和 K 之间存在替代性。文化企业也存在类似情况但又有所差异。具体而言，文化企业一般劳动者的劳动与资本之间的替代性关系与一般企业相一致。比如，企业家可以投入一定的资本引入先进生产线来替代部分的一般劳动者的劳动。但创意人员的劳动与资本之间在某种程度则不存在替代关系。例如，生产手工艺品的文化企业通过购买现代化生产设备来替代手工艺人编织手工艺品则行不通，因为产品的本质发生了改变。

（三）生产方式

1. 规模经济和范围经济

（1）规模经济指在一定科技水平下，企业生产能力的扩大使其长期平均成本呈下降趋势。一般来说，博物馆存在生产上的规模经济（Jackson，1988；Paulus，1993）。比如美国、法国、芬兰等国家的博物馆存在规模经济已经得到证实。同样，现场表演艺术在生产上也表现出系统的规模经济。以演出周期或演出季度作为衡量规模的指标时，产出的单位成本将随着产出的增加而降低。原因在于，随着演出场次的增加，任何作品或任何既定常备剧目的固定成本会被更多的表演节目分摊。但表演艺术机构有时会表现为递减的规模经济（Gapinski，1979），原因在于这些艺术机构过度使用艺术家和资本要素。

工艺品生产也存在规模经济。比如，画家要烧制瓷器工艺品可以委托专业的瓷器厂生产，个人只需要提供创作原稿和瓷器工艺品的技术要求即可，这样可以节省生产总成本。这是工艺品生产存在规模经济的主要原因。此外，随着工艺品产量的增加，工人在学习效应的作用下，增加了工艺的熟练程度，将提高产品的生产效率，进而降低成本。在某手工工艺品作坊实地调查中，作坊拥有者明确表示，非熟练工在经过训练之后，其手工艺品次品率降低和每小时生产的工艺品数量增加都非常明显，此后将维持一个较稳定的生产状态。批量生产工艺品会导致采购大量的原材料，由于原材料的数量大，厂商的谈判能力增加，原材料的成本也随之下降。

（2）范围经济是指企业同时生产两种产品的成本低于分别生产这两种产品的成本。范围经济存在的主要原因在于部分不变的固定生产要素存在生产上的通用性以及生产投入品的互补性。比如一家电视台既可以放映电影也可以放映电视剧，其单位收益上的成本要低于只放映电影的电影院。工艺品生产也存在范围经济，比如，生产木制工艺品的厂商可以同时生产木制画框和木制镜框，从而降低厂商的总平均成本。需求注意的是，生产和经营

范围不能无限制地扩大，超过一定的临界点之后反而会产生范围不经济。

2. 纯手工制作、纯机械制作和半手工半机械制作

按生产工具划分，纯手工制作是指工艺品的整个生产过程都是手工艺制作而成的，这类工艺品称之为手工艺品，较有代表性的如中国结、四川蜀绣、芜湖铁画、牙雕等。在日益追求消费个性化的今天，纯手工制作的工艺品日益受消费者的青睐。纯手工制作工艺品的创作者需要熟练掌握传统生产工艺的技能，一般而言，这种制作技能需要不断学习和自我探究才能逐渐"为我所用"。并且，随着不同时期对技能的不同理解，创作者所制作出来的手工艺品往往具有一定的差异。比如，笔者在绵竹年画村调查时发现，同样是绵竹年画传承人陈兴才老先生的年画作品，不同时期的画作存在一定的差异。

随着科学技术的进步，在生产制作上越来越多地采用了现代生产流水线作业，借助先进的机器设备批量生产工艺品。这种纯机械制作显著地提高了工艺品的生产效率，减少了工艺品的生产成本，为工艺品走向普通大众奠定了基础。纯机械制作的生产方式优势显著。但其缺点在于这种批量化生产导致工艺品缺乏个性。特别是，如果用纯机械制作民间工艺品，则缺少了其内在的用手制作所体现的创作者的个性，价值会大打折扣。

半手工半机械制作是在生产工艺品的过程中，有些环节是手工操作，有些环节是借助机器设备完成。这种生产方式充分发挥了现代技术的优势，并且在关键步骤又没有抛弃传统手工工艺，实则是将现代生产技术和传统生产工艺完美结合。比如，创作者在构思时可以借助计算机画出想象中的内容创意，然后通过 3D 打印输出产品样品，再按样品进行修改和手工制作。这种将现代技术和传统工艺有机融合在一起，既提高了生产效率，也使得每件工艺品有自己的个性特征。

无疑，文化产品的工业化生产极大地丰富了消费者的选择，提高了整个社会的生产效率，但工业化的生产方式也受到来自法兰克福学派的西奥多·阿多诺（Theodor Adorno）和马克思·霍克海默（Max Horkheirmer）等学者的批判。在他们看来，文化等同于艺术，等同于人类创意的独特而卓越的形态。文化产品若按照标准化、齐一化和程序化的生产方式生产出来，那么内含在文化产品中的文化会失去扮演对生活的其余部分进行批判的角色。因此，文化工业化扼杀了文化产品本身所具有的独创性和独特个性，文化产品所标注的"个性化"只不过是用于倾销文化商品的伎俩。阿多诺和霍克海默对文化工业化的批判是对前工业时期文化生产的怀旧和依恋。与之相反，部分文化产业社会学家则对阿多诺和霍克海默的文化悲观主义持反对意见，如伯纳德·米亚基（Benard Miège）认为，在文化生产中引入工业化和新技术，虽然导致了商品化趋势，但也带来了新趋势和创新。而在赫斯蒙德夫（2007）看来，文化商品化的演变更加复杂，充满了矛盾性。

二、生产决策

根据文化产业的企业家特点，下面将在 Throsby（2001）的艺术家模型框架下详细描述他们对工作时间的分配决策。

假设企业家能够从事商业导向的文化工作或非商业导向的文化工作，两种工作都能产生经济价值和文化价值，但是前者主要产生经济价值，后者主要产生文化价值。企业家还可能承担只产生经济价值的非文化工作。企业家的效用函数是经济价值和文化价值的加权函数，决策变量是分配给商业性文化工作、非商业性文化工作和非文化工作的时间，这些工作时间的总和受到可利用工作时间的限制。

简单地看，企业家收入可由经营收入和非经营收入（比如政府补贴、私人捐款等）两部分组成。经营收入是产生经济价值的函数，非经营收入是外生的。存在一个最小收入约束，用来维持生存并满足一定的发展需求。所有变量都是在既定的时期内度量的，令

V_c = 文化价值水平；

V_e = 经济价值水平；

L_{ax} = 商业性文化工作的时间；

L_{ay} = 非商业性文化工作的时间；

L_n = 非文化工作的时间；

H = 扣除一定的闲暇时间后的可用工作时间；

Y = 总收入；

Y_u = 非劳动收入；

Y_z = 劳动收入；

Y^* = 必须的最低收入。

那么企业家的决策问题是

$$\max U = (\omega V_c, (1-\omega) V_e) \quad 0 \leq \omega \leq 1$$

其中

$$V_c = V_c(L_{ax}, L_{ay}) \tag{2-1}$$

$$V_e = V_e(L_{ax}, L_{ax}, L_n) \tag{2-2}$$

并且

$$\partial V_c / \partial L_{ax} < \partial V_c / \partial L_{ay}$$

$$\partial V_e / \partial L_n > \partial V_e / \partial L_{ax} > \partial V_e / \partial L_{ay}$$

约束条件是

$$L_{ax} + L_{ay} + L_n = H$$

并且

$$Y \geq Y^*$$

其中

$$Y = Y_u + Y_z(V_e)$$

并且

$$\partial Y_z / \partial V_e > 0$$

在 $\omega = 1$（企业家只关心文化价值的生产）和 $\omega = 0$（企业家只关心经济价值的生产）

的极端情况下,均衡条件是式 2-1 和式 2-2 式的边际产出分别相等。可以推论,当 $\omega=1$ 时,均衡点产生于 $L_n=H$;当 $\omega=0$ 时,均衡点产生于 $L_{ay}=H$;在中间情形即 $0<\omega<1$ 时,结果取决于所假设的函数形式。

从这个模型可以看出,企业家自身偏好和经济与文化价值的工作时间回报方式(即 V_e 和 V_c 函数的结构)影响着企业家对工作时间的分配决策。对文化价值更加偏好的企业家会倾向于从事文化价值单位时间回报率高的工作(比如商业性文化工作和非商业性文化工作)。同时,在既定的偏好下,当单位时间经济回报率上升,企业家也会将更多的时间分配到文化价值单位时间回报率高的工作。

第四节　生产成本与成本疾病

一、文化企业的生产成本

文化企业的生产必然涉及生产成本,因此有必要对成本相关的概念进行阐述。

文化企业的生产首先涉及机会成本。在经典的经济学中,机会成本是指,把一定的经济资源用于生产某种产品时所放弃的、用相同的资源生产另一些产品所获取的最大收益。文化企业生产同样面临机会成本的问题。比如,表演艺术公司演出自创性剧目的机会成本是其演出经典剧目所获取的票房收入。

其次,经济学中的生产成本概念也适用文化企业。受技术因素的影响,文化企业的生产过程可以分为短期和长期。短期生产是指部分生产要素不可改变的生产,长期生产是指全部生产要素均可以发生改变的生产。

在短期生产中,文化企业的生产成本有固定成本和可变成本之分。固定成本是指短期内不会随着产出水平的变化而发生改变的成本。它包括生产设备和厂房的成本、长期合同员工工资、软件费用、保险费用等。这些成本随企业规模变化而变化,一旦文化企业的规模固定下来,这些成本在短期内不会发生变化。可变成本是指短期内随产出水平的变化而变化的成本,如临时合同员工工资、临时场地和器材设备等租金。

因此,短期生产中,文化企业的总生产成本(TC)为总固定成本(TFC)和总可变成本(TVC)之和。平均成本则是总成本与同一时期内的产出水平(Q)之比。

在文化企业的生产决策过程中,还有一个不可或缺的概念就是边际成本(MC)。边际成本是指增加一单位产出所引发的成本增加量。由于固定成本在短期内不会随着产出量的变化而变化,因此边际成本等于总可变成本的增加量。公式表示如下:

$$MC = \frac{\Delta TVC}{\Delta Q}$$

式中,Δ 表示变化量。

文化企业进行生产决策时,只有对本企业的成本变化规律有明确的把握,才能做出更好的决策以获取更多经济利益。一般而言,文化企业生产过程中存在高固定成本和低边际成本的特点。高固定成本是指文化企业生产文化产品之前要投入相对较多的资金，形成了较高的沉没成本。一旦文化产品生产出来，其后每生产单个文化产品的成本较低。一个显著的例子就是，电影制片商生产制作电影母版要花费大量的资金和劳动投入，这部分投入对该影片而言是固定成本、是沉没成本，之后拷贝电影母版的成本则比较低。

二、成本疾病

对成本疾病的关注始于1966年威廉·鲍莫尔和威廉·鲍文在《表演艺术：经济困境》一文中对表演艺术生产的研究。他们发现，表演艺术在面对不可避免的单位成本上升时将产生财政问题，从而使表演艺术面临着成本压力。后来的学者将这一现象称之为"鲍莫尔的成本疾病"。

经济学家认为，生产力提高的原因包括人均资本增加、技术的改进、劳动技能的提升、更有效的管理以及产出增加而形成的规模经济等。基于此，利用大量的机械和设备的产业最容易实现生产力的提高。在这些产业中，可以通过使用更多的机械或投资体现改进技术的新设备来增加人均产量。因此，在典型的制造业中，同样的劳动时间会产生更多产出。然而，现场表演艺术中，机械、设备和技术只扮演了一个小角色。因此，文化生产的成本疾病是由于其生产效率落后于整个社会生产效率而引起的。

下面以现场表演艺术为例对成本疾病产生的原因进行分析。

现场表演艺术也存在技术进步。例如，电子控制的发展已经彻底地改变了舞台照明。空调不仅大大地增强了观众的舒适度，而且方便了长季节和更灵活的安排。但是，这些改进并不是现场表演艺术的核心工作。鲍莫尔等认为，与其他行业特别是传统行业不同，机械、设备和技术在现场表演艺术的生产过程中显得并不重要。现场表演艺术的产出就是表演者的劳动，比如歌手唱歌、舞者跳舞、钢琴师弹奏。今天，就像1800年那样，一个贝多芬弦乐四重奏仍然是四个音乐家，用尽可能多的上场时间来演奏。这显然很难增加每小时产出，即难以提高现场表演艺术的生产力。但随着时间的推移，现场表演艺术的劳动成本却在上升（因为从长期看社会劳动生产力呈增长趋势，进而各行各业的工资将上升，表演艺术工作者的工资也应提高，否则很难雇佣到适合的表演者），这必然造成现场表演艺术的每单位产出的成本上升。也即是说，相对于整体经济，现场表演艺术不可避免要发生"生产力落后"的"疾病"。

专栏

海布伦：生产力落后论证

需要说明的是，规模经济会在一定程度缓解文化生产的成本疾病。有些文化产品或服务在生产上表现出系统的规模经济。例如，表演艺术的演出周期在某个区间内，产出的单位成本随着产出的增加而降低（海尔布伦和格雷，2007）。这是因为，随着演出场次增加，任何一个作品的固定成本会被更多的表演场次分摊。而随着个人平均收入的增加，演出季度也会延长，由其导致的单位成本的减少有助于抵消由表演艺术生产力滞后而引起的成本递增的影响。因此，表演艺术的"成本疾病"在一定程度得到缓解。

第五节 技术效率与技术变迁

一、技术效率

技术效率的研究是伴随着对生产率和技术进步的研究和测算出现的。传统的经济理论认为经济增长主要源于两部分：要素投入和生产率的提高。前者可能在短期内带来高增长，但基于收益递减规则，可持续增长只能通过生产率的增长来获得。早期的理论把全要素生产率的增长归功于技术进步，但现在越来越多的学者把它分解为技术效率的变动和技术变迁两个部分。

在经济学生产理论中，经常采用生产可能集和生产前沿面描述企业的技术情况。生产可能集是在既定的技术水平下所有可能的投入产出向量的集合。生产前沿面则是在既定技术水平下有效率的投入产出向量的集合，即投入一定下的产出最大值或产出一定下的投入最小值的集合。Koopmans（1951）是最早研究技术有效性的学者，他认为在不减少其他产出（或增加其他投入）的情况下，技术上不可能再增加任何产出（或减少任何投入），则该投入产出向量为技术有效。英国剑桥大学的经济学家法瑞尔（Farrell M. J.）在1957年首次提出了"技术效率"（technical efficiency）这一概念。他认为前人对决策单元（decision making unit，DMU）生产率的研究没有综合考虑到多种投入和多种产出的情况，存在诸多局限。基于此，他将生产率（productivity）的概念扩展到了生产效率（efficiency）的研究，并提出一般意义上的经济效率应该包括技术效率和配置效率两部分。法瑞尔从投入角度出发，将技术效率定义为在生产技术和市场价格不变的条件下，按照既定的要素投入比例，生产一定量产品所需的最小成本与实际成本的百分比。美国经济学家勒宾森（Harvey Leibenstein）则从产出角度出发提出技术效率是指实际产出水平与在相同的投入规模、投入比例及市场价格条件下所能达到的最大产出量的百分比。综上，经济学意义上的技术效率实则反映的是现有技术的发挥情况，指的是在现有的技术水平下,生产者获得最大产出（或投入最小成本）的能力。

在实际的运用中，研究人员通常采用数据包络分析法研究技术效率问题。数据包络分析（data envelopment analysis，DEA）是一种基于投入产出数据的相对有效性评价方法，能方便容易处理决策单元是多产出的情况，由美国著名运筹学家Charnes和Cooper等在1978年提出。DEA通过线性规划技术确定生产系统的前沿面，得到各决策单元的相对效率以及规模效益等方面的信息，其广泛应用的主要原因是不需要以参数形式规定前沿生产函数，即DEA不需要已知生产前沿的具体形式，而只需要已知投入产出的数据。

DEA领域的研究吸引了众多的学者，其基本模型C^2R和C^2GS^2得到不断扩充和完善。其中C^2R模型是研究多个输入、特别是多个输出的决策单元（decision making unit，DMU）

同时为规模有效和技术有效十分理想的方法，C^2GS^2 模型则是一种评价相对技术有效性的方法。

数据包络分析法的主要不足之处是这种方法通常假定不存在随机误差，也即是假定：①在构建效率前沿时不存在测量误差；②决策单元的效率稳定，不存在某一观测期的效率暂时性地优于其他时期；③不存在因会计规则引起的计算投入/产出与经济投入/产出的偏离导致的误差。

从具体应用上看，DEA 是目前国内外学者研究文化产业投入产出效率时使用的主要方法。Ek（1991）开创了这一应用，通过使用数据包络分析法（DEA）估算了瑞典剧院的技术效率。类似的，Paulus（1993）验证了法国博物馆的技术效率，Mairesse（1997）估算了比利时博物馆的效率。我国学者也进行了系列研究，如应用三阶段 DEA 和超效率 DEA 模型对我国 31 个省份 2008 年文化产业投入产出效率进行了分析，采用 2012—2017 年长江经济带文化产业发展的面板数据测算了长江经济带 11 个省市文化产业的效率及其时空上的演化。运用 DEA 效率模型对文化制造业的科技金融支持、文化产业投融资、文化体育产业等领域进行评价和研究，对研究我国文化产业投入产出效率做了有意义的探索。

二、技术变迁

奥地利经济学家熊彼特在其《经济发展理论》一书中首次提出创新以及科学技术的基本理念。虽然科学技术是经济发展最重要的驱动力之一，但传统经济理论常常忽视了技术变迁在经济发展中的作用。这种现象自 20 世纪 70 年代以来发生了根本性的转变。凯恩斯经济学的危机，使经济学家们的注意力重新转向供给方面。同时，由于熊彼特对非线性动态系统的直觉推理契合了自然科学的革命性发展，熊彼特有关技术变迁的思想开始引起越来越多经济学家的注意。熊彼特从创新和技术进步角度来看待技术变迁。熊彼特认为，新技术向市场渗透需要经历三个步骤，即创新、发明和扩散。他首先对创新和发明做了区分，指出"发明"是新产品或新工艺的第一步，发明可以申请专利，也可以不申请，大多数发明最终不会成为创新。而"创新"是指新产品或新工艺商业化，也就是具有市场可行性。熊彼特认为，多数创新都可以追溯至某个发明，但创新并非一定源自发明，发明也并非必然引起创新。发明是经济变迁过程中的外生性因素，而创新是内生性因素。一项成功的创新逐渐获得一定的市场份额，这一过程成为"扩散"。新技术累积的经济和环境影响都是这三个步骤的结果，整个过程合起来成为"技术变迁"。

此外，20 世纪 70 年代之后还出现了一批在科学技术问题研究上遵循熊彼特思想的经济学学家，如尼尔逊、温特、弗里曼、多西和罗森伯格等，他们被统称为"新熊彼特"或"演化"经济学家。这些经济学家对于"熊彼特思想"的重要发展是他们对科学技术在经济发展中的作用做了大量经验研究，从中概括出有关创新的一些程式化事实，并对这些程式化事实进行了解释。演化经济学家基于传统的关于技术和产业发展的生命周期理论和熊彼特的创新理论，强调现实经济中信息的不完全、不确定性和人们的有限理性，关注经济过程中的"变化"而不是"均衡",强调企业在经济变化中的作用。同时,演化理论认为,技术的产生和发展,相关产业的演化是在竞争中展开的,其演化的动力是多样化的产生及其选择机制。也就是说,技术本身不是影响技术演化的唯一因素,还有企业及外部环境。技术变化的演化理论认为主要有三个方面的因素影响技术的演化过程:一是技术本身,二是使用该技术的企业群体,三是技术选择环境。技术变迁的演化理论框架揭示了上述因素的关键维数,指出三者之间通过突变、多样化和选择机制相互影响。

由于文化生产越来越和技术紧密联系,因此技术变迁对文化企业的影响深远,尤其是数字化技术。数字化技术指的是运用0和1两位数字编码,通过电子计算机、光缆、通信卫星等设备,来表达、传输和处理所有信息的技术①。20世纪70年代末80年代初,数字化对文化产业产生了更具实质性的影响,特别是对文化生产产生了最直接的影响。

(1)数字化为文化产品的生产提供了更丰富的创作素材。例如音乐产业中所使用的取样器能够从其他光盘和周围的大千世界中刻录各种声音,如鸟叫、水滴声等,这样,歌曲创作者可以创作和积累自己的声音库,进而音乐制作不再受到传统乐器等技术工具甚至常人能力的限制(Durant,1990)。

(2)数字技术降低了文化产品生产以及再生产的成本。比如,在出版行业,桌面出版(desktop publishing,DTP)软件包出现之前,人们虽然可以在计算机上用文字处理软件撰写文稿,或用表格或绘图软件制作图像和图表,但却无法在计算机平台上将三者融于一体。桌面出版的出现,从根本上改变这一状况,它可以将文字、表格、图形、图像混合于一个直观的环境中进行编排,版面的设计、修改和出版物的组织变得更方便、快捷,进而极大地节约了出版企业的成本。

(3)数字技术会引发版权问题。数字技术使得音乐、电影等文化产品很容易就可以从网络上非法免费下载。然而,如果只是自己观看而不用于商业用途是否构成侵权,这一直是人们争论的焦点。

案例分析

宋城演艺应对成本疾病

(4)数字技术模糊了生产者和消费者的界限。比如,音乐爱好者可以采用Cool Edit等音频软件录制歌曲,然后通过互联网提供给其他消费者,供其在线收听或者下载。

小结

通常来说,商品的价格与供给量之间是正相关关系,这被称为供给法则或供给定律。除了价格以外,其他影响商品的供给数量的主要因素有该商品生产的成本、生产的技术水

---

① 一些主要的数字化技术如调制、压缩、前向纠错、包交换等详细阐述参见:Henten, A. and Tadayoni, R. Digitalization. In Ruth Towse(ed.), A Handbook of Cultural Economics (Second Edition), Cheltenham: Edward Elgar, 2011: 190-200.

平、相关商品的价格和生产者未来的预期等，它们对商品的供给量会产生不同的影响。

文化经济活动中的文化是一个能带来经济效益、提高人民生活质量的包含各种元素的广义概念。实物或服务中的文化将极大地影响消费者对该实物或服务的价值的主观评价。主要的文化产品有表演艺术，包括戏剧、舞蹈、音乐等；视觉艺术，包括艺术品、工艺品、电影等；传媒产品，包括出版、广播、电视等。

文化供给需要通过文化生产去实现，文化生产是从投入要素到生产出产品的过程，主要涉及文化企业生产要素、生产函数以及生产方式等方面。典型的生产方式包括规模经济和范围经济。在生产决策中，文化生产的效用函数是经济价值和文化价值的加权函数。一般而言，文化企业生产过程中存在高固定成本以及低边际成本的特点。

对"成本疾病"的关注始于1966年威廉·鲍莫尔和威廉·鲍文在《表演艺术：经济困境》一文中对表演艺术生产的研究。他们发现，表演艺术在面对不可避免的单位成本上升时将产生财政问题，从而使表演艺术面临着成本压力。后来的学者将这一现象称之为"鲍莫尔的成本疾病"。文化生产的成本疾病是由于其生产效率落后于整个社会生产效率而引起的。

"成本疾病"广泛存在于文化产业，但技术效率的变动和技术变迁使得文化产业的成本疾病在一定程度得到缓解。

思考与练习

1. 举例说明相关商品价格对文化商品供给的影响。
2. 分析剧院在表演艺术中承担的功能及其演变。
3. 最近5年出现了一些新的文化产品，试举例并分析其出现的原因。
4. 哪些文化产业存在显著的规模经济和范围经济？哪些文化产业的规模经济和范围经济不明显？
5. 针对鲍莫尔"成本疾病"，文化企业应该如何进行生产决策？
6. 如果生产者的总成本不变，请用生产原理画图说明劳动力价格的提高是如何导致资本要素替代劳动要素的。这种替代情况在表演艺术中有什么不同？
7. 列出近百年来在文化经济发展中产生重要影响的技术，并分析元宇宙技术实现的瓶颈。

第三章 文化市场

> 一些画廊下注的画家获得成功了，它们也随着兴旺发达。一些画廊所赌的画家失败了，它们就会同它们的代理画家一同在艺术界消失。
>
> ——理查德·凯夫斯《创意产业经济学》

武汉的书画拍卖起步于1996年，正是那个时候，书画作为商品在市场上开始流通，此后行情一路上扬，到2010年，价格至少翻了10倍。

"10年前，我打包购买了三幅湖北书画名家的书画作品，当时，我就随意地把它们丢在书柜顶上，也不看它们。两三年后，这三幅作品的价格在我购买的基础上翻了几番，我就为它们定制了一个盒子。几年之后，这三幅画的价格又翻番了，我就把它们请进保险柜了。当时我是1500元买的，现在，每幅市价都在6万元以上，这说明艺术品市场的升值空间有多大！"身为收藏品市场的经营者，刘国亮用他亲身的经历道出了湖北书画收藏品市场的发展轨迹。①

书画市场的这种价格变动，与市场供求有关。

第一节 市 场 均 衡

一、均衡价格与均衡数量

市场需求是在某一特定时期内，在各种价格水平下，所有消费者愿意并且能够购买的商品数量，市场需求是个人需求的加总。市场供给是在某一特定时期内，在各种可能的价格水平下，生产某种商品的所有生产者愿意并且能够出售的该种商品的数量，市场供给是单个厂商供给的加总。

需求与供给函数，提供了对市场中的买者与卖者进行分析的基本框架。需求函数表现了消费者对价格变化和市场中其他影响消费者购买意愿和购买能力的因素变化的反应，供给函数表现出厂商对价格变化以及其他能够影响厂商生产量的因素变化的反应。在市场中，厂商与消费者的力量达到平衡时，称为市场均衡。当市场均衡时，对应的价格称为均衡价

---

① 武汉书画市场10年价格翻10倍. http://www.ce.cn/culture/gd/201204/19/t20120419_23254217.shtml. 2012-04-19.

格，即一种商品的市场需求与其市场供给相等时的价格，或者说，一种商品的市场需求曲线与其市场供给曲线相交时的价格。市场均衡时对应的供需量称为均衡数量。

二、市场均衡的形成

图 3-1 中，当书画价格为 P_1 时，市场中的供给量为 Q_1，而需求量为 Q_2。此时，需求大于供给，商品将出现短缺。在这种情况下，价格自然有上升的趋势。而当价格上升时，消费者愿意购买的产品数量下降。当价格上升到 P_e 时，需求量下降为 Q_e。此时，市场中的商品供给刚好能够满足需求，即需求量等于供给量，需求曲线与供给曲线相交。

再来看另一种情况，当书画价格为 P_2 时，市场中对应的需求量为 Q_1，供给量为 Q_2，即供给大于需求，商品出现过剩。也就是说在 P_2 处，厂商生产的产量超过了他们所能卖出的数量。一旦存在生产过剩，价格自然就会有下降趋势以使供给量等于需求量。当价格从 P_2 下降到 P_e 时，生产者就会有动力把供给量削减到 Q_e。同样，随着价格的下降，消费者愿意购买更多的该商品。当价格下降到 P_e 时，需求量为 Q_e，此时需求量刚好等于供给量，市场达到均衡。

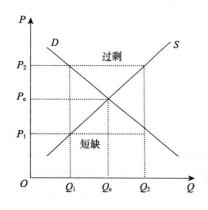

图 3-1 书画市场均衡曲线

因此，供给与需求的相互作用最终确定的均衡价格为 P_e，这时既没有商品短缺，也没有商品过剩。均衡价格与数量一旦形成，供给与需求的市场力量就取得了平衡。显然，均衡价格和均衡产量只是一种理想状态，并且是市场竞争的结果。通常，销售者总想提高价格，购买者总想降低价格。但在价格高于均衡点时，就会出现超额供给。生产者之间的竞争，将迫使一部分生产者降低其售价，从而使得价格下落。反之，在价格低于均衡点时就会出现超额需求。这种情况导致一部分准备买商品的人提高其出价，从而迫使价格上升。买卖双方的竞争，将最终趋于均衡状态。

第二节 市场结构与市场组织

一、市场结构

市场结构类型的划分依据主要有四点：一是市场上厂商的数目；二是厂商生产产品的差异程度；三是单个厂商对市场价格的控制程度；四是厂商进入或退出一个行业的难易程度。这样，微观经济学中的市场可划分为完全竞争市场、垄断竞争市场、寡头市场和完全垄断市场四个类型。

不同的文化产品，其市场类型不同。例如艺术品市场，具有完全垄断市场的特征

（Moulin，1967）。这种垄断特征，既可以是将整个艺术品看成是一个大型垄断性市场，也可以是就某个单一艺术品形成的垄断市场。其原因在于，艺术品可以被看成是完全差别的产品，每一件艺术品都有独特的意义。由于艺术品的独特意义，每一位艺术家都是卖方垄断。艺术家有制定权——艺术家不是接受现成的美，而是制定了美，赋予了艺术品以独特的价值。艺术品市场透明性低、缺乏流动性、交易成本较高，带来了行业进入或退出的壁垒。

Baumol（1986）还将艺术品市场与金融市场进行对比，认为艺术品市场还体现出以下市场特征：一是金融市场上存在大量的可替代性的同质产品，但艺术品市场上产品的替代性几乎为零；二是艺术品市场是卖方垄断，而金融市场是接近完全竞争市场，理论上讲，拥有证券或股票的个人可以单独采取行动；三是金融市场的买卖行为可以相继发生，但单个艺术品的买卖相隔时间难以确定；四是艺术品的持有成本和交易成本相对较高，风险更大，但交易税率更具优势；五是与金融市场不一样，艺术品的价格取决于买家对艺术品的主观感受，波动性较大。

有些文化产品市场属于寡头市场，以电影市场为代表。例如美国八大电影公司华纳兄弟、米高梅、派拉蒙、哥伦比亚影业、环球影片、联美电影、20世纪福克斯、迪士尼电影公司，取得了美国电影市场的垄断地位，在20世纪50年代，发行影片数量占了美国影片产量的75%，在重要的首轮影院中占了高达90%的比例。

有些文化产品市场属于垄断竞争市场，以工艺品市场为代表。工艺品有一定的艺术属性，在艺术上的差异性带来了垄断。同时，由于工艺品通过机器成批量生产，具有装饰、使用的功能，这种功能上的替代性又带来了竞争。

有些文化产品市场接近完全竞争市场，以艺术复制品市场为代表。特别是对于那些出于装饰需要的艺术复制品，具有较高的替代性，具有典型的完全竞争市场特征（Gibbon和Heather，1987）。

二、市场组织

市场组织有多种分类。从组织的经营目标来看，文化市场组织可分为营利性组织和非营利性组织两大类（克兰，2012）。

营利性组织以满足可预测的文化产品市场需求为出发点，以盈利为目标。它们追求的不是作品的原创性，而是是否能够迅速而有效地批量生产出文化产品。比如，工艺品生产企业会根据消费者市场的需求不断调整自己的工艺品，使用新的材料，甚至仿制其他企业的产品。营利性组织在文化产品市场组织中占据主导地位。

非营利性组织主要包括歌剧公司、交响乐团、剧院以及博物馆等。这类市场组织的目标在于保存现有的艺术和种族传统，而不是创造新传统。非营利性组织具有以下特征：首先，非营利性组织的创新动力不足。非营利性组织，如歌剧公司和交响乐团，经常固定演出标准曲目，因为艺术创新往往面临巨额的成本投入以及极有可能疏远已有的观众而增加经营风险。因此，管理者往往倾向于通过固定节目吸引和满足观众而不是提供新产品（Di

Maggio 和 Stenberg，1985）。其次，官僚化日趋严重。随着这些组织变得陈旧、地位更加确立和庞大，它们往往更加官僚，有着类似韦伯式的科层制观念。再次，管理者有较高的专业素养。非营利性组织的管理者往往本身是这个领域的专业人士，具有较深的专业造诣。为了提高组织效率，他们往往会依靠正式会计制度和标准化程序。最后，资助是非营利性组织最重要的收入来源。精英阶层、社会团体、政府机构以及企业是非营利性组织的主要资助者。政府机构和企业的资助比重具有增加的趋势，它们往往要求这些组织提高标准，敦促这些组织吸引更多的受众，从而影响这些组织的生产。比如，这些组织偏爱那些经典的、不那么晦涩的作品。

按照产业链的分布与整合情况，文化市场组织可分为纵向一体化组织与横向一体化组织。

纵向一体化或称垂直一体化，是指将产业链上下游业务整合在一起的组织。比如派拉蒙、米高梅、华纳兄弟、20世纪福克斯都控制了电影产业链的制片、发行、放映三个上下游环节。报业巨头美国新闻集团同时经营排版、印刷、发行、销售业务。企业实行纵向一体化可以降低交易成本，确保投入品稳定供应，规避政府管制与税收，提升企业的竞争力。

横向一体化是指通过同行企业间并购而形成的市场组织。作为A股首家上市的移动网络游戏企业，掌趣科技收购了在网页游戏领域领先的企业动网先锋。通过本次交易，掌趣科技迅速提升了在网页游戏领域的游戏开发和运营实力，上升为网页游戏第一阵营的游戏公司。同时，本次收购也符合掌趣科技发展为领先的跨平台移动游戏和网页游戏开发、发行和运营商的战略目标。横向一体化可以发挥经营协同效应，获取更大的利润。

案例观察

青州艺术市场的前世今生

第三节 一级市场和二级市场

一、基本功能

文化市场结构除了传统的划分以外，还有其特殊性。与股票市场一样，文化市场特别是艺术品市场还可以划分为一级市场和二级市场。其中，一级市场主要是指画廊、艺术博览会（包括艺术家自售和经纪人销售等）等构成的市场。在这一市场上，购买者从艺术家那里直接购买艺术品，或者画廊等通过代理或合作机制发掘艺术家，直接推介给藏家购买。二级市场是拍卖行通过征集的方式将那些已销售出去的书画作品收集起来，经过筛选后组织艺术品再次销售，主要销售形式是拍卖行举办的拍卖会。

在一级市场中，艺术家通过出售艺术品获得收入，维护了艺术家的创作动力，对推动艺术品进一步发展起到重要作用。绝大多数艺术家是通过一级市场实现自己作品的价值。然而，如果艺术家的作品首次在一级市场上销售，专业评论家很难估算这一作品的价值。因此，招标被认为是一级市场上艺术品定价的首选方式。

二级市场是艺术市场的"晴雨表"和"温度计",在艺术市场中占据最重要的位置。二级市场的市场形势将影响艺术品市场的走向和起落。首先,二级市场是艺术品市场的"泄洪口",二级市场的存在盘活了艺术品市场,有效地促进了艺术品的再次交易,加快了艺术品的流通,降低了艺术品作为投资资产的风险。在二级市场上,艺术品的再流通有效地刺激了买家购买新的艺术品的欲望。其次,二级市场是艺术品价值的衡量器。艺术品拍卖市场对艺术品有一定的选择标准,这样就可以淘汰那些艺术成就不高的艺术作品。通过二级市场,时间和公众的检验成了衡量艺术品价值的工具,其准确性更高。最后,二级市场对艺术品的价值具有强大的宣传功效。由于艺术品的拍卖是公开进行的,如果艺术品拍得好,对艺术品来说无疑是一种成功的广告宣传,有助于推动艺术品价格的提升。

二、画廊:一条发现艺术家的渠道

据瑞士银行集团和巴塞尔艺术博览会2020年3月4日共同发布的《2020年度艺术品市场报告》数据显示,画廊市场(含画廊、画商和古董商)在2019年为全球艺术品市场贡献了368亿美元的交易额,同比增长3%,占全球艺术品市场的比例达到57%。与此同时,拍卖市场的交易额为242亿美元,同比下降了17%,占全球艺术品市场的比例为38%。[①]由此可见,作为一级市场的主要构成单位,画廊正在全球艺术品市场中占据着越来越重要的地位。

画廊是收藏、展览和销售美术作品的场所,亦指展卖美术作品的商业企业。一般画廊是通过与艺术家形成代理关系发挥其在一级市场中的"发行"功能,同时充当着艺术家走向艺术市场的"把关人"及"推手"的角色。优秀的画廊往往具有独到的艺术洞察力和预见性,善于挖掘有潜力的艺术家,与艺术家形成稳定可靠的代理关系,为艺术家提供支撑,使其能够潜心进行艺术创作。另外,画廊能够将艺术家的作品推介到国内外的展览及博览会中展出,并且善于利用各种资源宣传其作品,使得艺术家能够不断提高其知名度,艺术作品受到专业收藏家的追捧(朱琰,2006;马健,2018)。

近十几年来,随着画廊业的不断发展,无论是超级画廊还是中小画廊,都在经营和营销模式上有了很多的创新。

超级画廊的创新主要体现在以下三个方面。一是美术馆化。不同于传统画廊以销售和展示艺术家作品为主的商业模式,超级画廊定位为城市文化空间的综合体,无论是画廊的空间布局还是功能,都日趋美术馆化。二是学术化。许多超级画廊越发重视学术与商业之间的关系,期望通过向大众传播更多的艺术知识加深大众对代理艺术家及作品的理解。例如,为开展艺术史研究,对艺术家档案进行保护,并对艺术家及其作品进行更好的推介,豪斯·沃斯画廊于2018年成立了非营利性组织——豪斯·沃斯研究所。三是多元化。除了传统业务以外,超级画廊也开始在擅长的领域开辟多元化的业务,如管理、保护和评估艺

---

① https://www.ubs.com/global/en/our-firm/art/art-market-registration/confirmation.html. The Art Market 2020, prepared by Dr. Clare Mcandrew.pp.18-19.

术家的作品和艺术遗产（马学东，2020）。

中小画廊也不断探索新兴的商业模式以突破被挤压的生存空间，主要出现了三种新颖的方式。一是"快闪"画廊，即没有固定展示空间的画廊。这种方式打破传统画廊严肃的展陈方式，通过短时、新潮、神秘的方式带给消费者全新的艺术体验，刺激其消费欲望。同时，这种方式能节约大量租金成本，减轻画廊的运营压力。二是共享画廊，即由两个或两个以上画廊共享展览空间，共同策划展览的模式。此模式能够使画廊之间展开合作，加强交流与互动，降低运营成本，获取更多的观众。三是联合画廊，即中小画廊"抱团取暖"联合发展的方式，很适合处于起步阶段的中小画廊。

虽然全球的画廊业在不断地发展，但是仍然存在较多问题，极大地阻碍了画廊业的健康良性发展。一是市场结构不合理。目前，最优质的艺术家资源都被超级画廊垄断，极大地挤压了中小画廊的生存空间，不利于画廊行业的生态平衡。中小画廊往往在艺术家起步阶段与其展开合作，由此挖掘了许多优秀的艺术家资源。然而，艺术家在名气和关注度上升后大都纷纷跳槽到大型画廊。这一现象损害了中小画廊的利益，使其丧失竞争力。二是从业人员素质不高。大部分的画廊经营者缺乏对艺术作品的鉴赏知识和经营知识，往往造成市场价格的混乱。三是代理制度不规范。虽然大部分画廊都与艺术家签订合约，但是艺术家私下售画的行为屡见不鲜，极大损害了画廊的利益，破坏了画廊与艺术家之间的信任，不利于代理制度的规范践行（黄隽，2021）。

三、拍卖：一种评估艺术品价值的方法

艺术作品通过众多方式销售出去，包括画商与顾客之间直接的交易方式、公开喊价的拍卖方式，甚至偶然采取密封式的拍卖方式。然而，最为常见的用于艺术品估值的标准程序是英式拍卖（Ashenfelter，1989）。

英式拍卖是最普通的一种拍卖方式，其形式是：在拍卖过程中，拍卖标的物的竞价按照竞价阶梯由低至高、依次递增，当到达拍卖截止时间时，出价最高者成为竞买的赢家（即由竞买人变成买受人）。拍卖前，卖家可设定保留价，如果最高的竞价低于保留价，卖家有权不出售此拍卖品。当然，卖家亦可不设定保留价，此时，一旦到达拍卖截止时间，最高竞价者将成为买受人。

理论上，在最优拍卖模型[①]中，如果拍卖人要设置保留价，其保留价应该比最高估价的竞买人能接受的价格略高。其原因在于，在英式拍卖中，拍卖委托人仅能得到与第二高估价相当的价格。通过设置保留价，委托人有机会获取出价最高的两个竞买人之间的部分价差，以交换不能售出拍卖品的风险。

搜寻模型（Mortensen，1970）解释了卖方为什么要设置保留价：卖方可能希望在拍卖会上提供不止一次拍卖品，甚至私下出售给经销商，这已成为卖方的另一种选择。理论上，

---

① Riley, J. C. and Samuelson, W.F. Optimal Auctions. American Economics Review, 1981, 71: 381-392.

如果竞买人的价值评估是相互联系的，那么由于设置了保留价而使得拍卖品没有成交，将有助于拍卖人在下次拍卖这件拍卖品时获得更高的价值。但实践可能并非如此，即下次拍卖价可能低于上次拍卖价。最突出的例子之一就是，Ashenfelter 在研究酒类拍卖时发现酒类产品具有"价格下滑异象"（declining-price anomaly）。除此之外，绘画作品的拍卖也存在"价格下滑异象"（Beggs 和 Graddy，1997）。

拍卖有助于解决拍卖品信息不对称问题。特别是对于艺术品而言，买方属于信息劣势方，拍卖方式有助于解决买方面临的难题。原因在于，拍卖师一般会提供在售拍卖品的真实信息。原则上，拍卖师代表卖方的利益，但是一旦交易成功，拍卖行一般会获得买卖双方所支付的补贴。例如，拍卖师将会获得按拍卖品销售价百分比计算的补贴，即买家补贴。大多数拍卖行的买家补贴是拍卖品销售价的 10%～25%。因此，公开信息有利于拍卖师，因为信息的公开有助于消除艺术品质量的不确定性，进而使出价低的竞买人更积极，同时对其他竞买人的出价施加压力，推动着成交价的提升。

一般来说，拍卖行是诚实的。拍卖师的高估价和低估价之平均与实际的卖价高度相关。并且，与享乐（hedonic）价格模型①相比，拍卖师的价格估算方法是一个更好的价格预报器，尽管存在高估或低估，但是人们还是相信拍卖师的价格估算是公正的。当然，不能排除为了增加收入，拍卖师故意高估诸如经典绘画等艺术品的价格。

专栏

弗雷：节日

第四节 双 边 市 场

一、双边市场概述

双边市场可以追溯至 1833 年美国"便士报纸"运动。简单地说，双边市场是一个为买卖双方提供便利的、需要收取一定费用的交易平台。Rochet 和 Tirole（2003）从价格结构非中性的角度对双边市场的定义得到了学术界的广泛认可。他们提出，在某一平台中，若每次交互向买卖双方索要的价格分别为 a^b 和 a^s，假设平台的交易量 V 只与总价格水平 $a = a^b + a^s$ 有关，即对总价格水平在买卖双方之间的分配是不敏感的，那么这个双边之间交互的市场为单边的；相反，假设 a 保持不变，V 随着 a^b 而变化，那么这个市场是双边的。

另一个较有影响的定义是由 Armstrong（2006）提出的，他从交叉网络外部性对双边市场进行了定义：有很多市场涉及两组用户，这些用户通过中介或平台进行交易或交互，一组用户从平台获得收益取决于使用平台服务的另一组用户的数量，这样的市场称为双边市场。这一定义考虑了一边用户的价格受另一边用户需求的影响，体现了双边用户的相互需

---

① 享乐价格模型是处理异质产品（如住宅）差异特征与产品价格之间关系所经常采用的模型，其一般形式为商品的价格 $P = f(Z_1, Z_2, \cdots, Z_n)$，其中 Z_i 表示商品的属性。

求、相互依赖特征。

双边市场成立必须满足三个条件（Evans 和 Schmalensee，2005）：一是存在两类不同类型的用户；二是两类用户间存在交互作用，且一类用户从与另一类用户的交互中获得收益；三是存在某中介促使交互发生。

或者说，双边市场具有以下三个重要的特征（Hagiu，2004）：一是存在两类用户；二是存在间接的网络外部性，即一类用户的效用函数与另一类用户有关；三是某类用户不能将网络效用完全内部化。

二、双边市场的类型

借鉴 Evans 等对双边市场的划分，文化产业双边市场主要有以下三种类型：市场创造型、受众创造型和需求协调型。

（1）市场创造型。这类平台是促成双方交易的市场，交易双方通过这个市场能够寻找到合适的交易对象。比如，图书交易网、中国动漫交易网等，用户在这些平台注册后可以自由发布或查询信息，它们为用户之间提供自由交易的平台。

（2）受众创造型。这类平台主要发挥受众制造者的作用，即把成组的购买者与成组的销售商匹配起来。大多数媒体产业都属于这一类市场，比如黄页目录、电视、报纸和门户网站。其特点是，平台通过提供内容（新闻、评论、节目等）来吸引"眼球"（读者、观众等购买方），进而通过读者、观众来吸引广告客户（销售商）。在这一领域，学者们常常会提及"负外部性"，即认为消费者是不喜欢广告的，在内容中引入广告对消费者效用有负面影响。

（3）需求协调型。在这种类型的双边市场中，双边中的买方要使用卖方的产品，必须通过平台（比如一定的软件或硬件操作系统）来实现。最具代表性的例子是电子游戏，电子游戏平台的双边用户是游戏玩家和游戏开发商，游戏玩家通过游戏平台能够体验最新制作的游戏，而游戏开发商则通过游戏平台出售游戏获取利润。

三、双边市场的结构

我们可以用市场集中度和进入壁垒来衡量文化产业双边市场的市场结构。市场集中度是衡量市场结构的重要指标之一，可用文化产业内市场份额最大的前几家企业的份额之和与该产业内所有企业市场份额之和的比值来表示。不同性质的双边市场的平台功能和规模存在差异，体现出的市场集中度也不一样。相对而言，市场创造型的文化产业双边市场由于投资成本不高，其市场集中度较低，竞争程度较高。进入壁垒是指阻止新文化企业进入该产业的不利因素或障碍。这一指标主要是通过考察在位企业和潜在进入企业之间的竞争关系，来反映市场中潜在的竞争强度。比如，游戏平台等文化产业具备很高的技术要求，存在较高的进入壁垒，在双边市场中呈现出垄断或寡头垄断的市场结构特征。

四、双边市场的特征

基于双边市场的研究可以得出其特性主要体现在：交叉网络外部性、价格非对称性及相互依赖性。文化产业是符合双边市场特征的产业。首先，Armstrong（2006）从双边市场的交叉网络外部性特征出发，认为双边市场的两组参与者需要通过中间平台进行交易往来，一方的收入决定另一方的参与者人数。在文化产业中，如设计服务业，买方在设计服务平台上发布其需求信息将吸引创意人才在平台集聚，反过来，创意人才的集聚也会进一步促使需求方的聚集，进而影响交易量（郭新茹，等，2014；赵岳峻，等，2017）。其次，文化产业的价格具有非对称性。通过对市场结构展开分析，可以对供求双方制定不同的价格。而当平台向供求双方索取的价格总水平不变时，任何一方价格的变化都会对平台的总需求量和交易量产生直接的影响（Rochet 和 Tirole，2003）。最后，文化产业的买卖双方具有相互依赖性。为减少信息不对称、降低信息搜寻成本、降低信用风险，买卖双方对平台提供的服务同时存在需求，双方都对平台存在依赖（Rohlfs，1974）。

第五节 信息不对称问题

由三位美国经济学家——斯蒂格利茨、阿克尔洛夫和斯彭斯提出的信息经济学认为，市场参与者之间掌握的信息不对等或不相同，这种信息不对称将造成市场交易双方的利益失衡，影响市场配置资源的效率，以及社会的公平、公正。这一现象的典型表现是委托代理问题，包括逆向选择和道德风险两种情况。

逆向选择问题存在于合同签订之前，因此也称事前机会主义行为。比如，一家卖方可以销售高质量的产品，也可以销售低质量的产品；买主可以出高价，也可以出低价。如果不存在信息不对称，会形成两个市场。但如果只有卖方了解产品的好坏，买主不知道，就会出现信息不对称。卖方预期到买主仅支付低价格，卖方决不会把高质量产品放在市场，只会提供低质量产品，从而出现劣胜优汰的"柠檬市场"，市场规律遭到破坏。

道德风险问题存在于合同签订之后，因此也称事后机会主义行为。通常表现为委托方和代理方签订合约后，代理方由于比委托方掌握更多的信息，在追求自身利益的同时将损害后者的利益。比如雇主和雇员、股东和经理、医院和医生、被告和律师之间都存在道德风险的可能。

由于文化市场的特殊性，信息不对称广泛存在于文化产品特别是艺术品市场之中。文化市场的信息不对称问题的存在为质量低劣甚至假冒的文化产品提供了生存空间，导致"柠檬市场"出现。这在一定程度上使得消费者难以把握文化产品的品质，会挫伤消费者购买文化产品的积极性。缓解文化市场信息不对称问题的方法除了常规的建立品牌声誉、构建长期合作关系、政府管制外，主要有第三方评论、设置奖项、投资不可重置性资产等措施。

一、第三方评论

在文化市场，信息的获取往往要承担较大的费用，或者即使投入一定的精力也难以收集到有关方面的信息。而亲朋好友、有经验的购买者抑或专业人士均具有积累象征资本的冲动——这类资本除了能够为所有者带来无形的精神上的满足，如赢得尊重、获得更高社会地位，甚至可以带来有形的经济利益，因此，从长期看，受这种冲动而做出的评论显然具有一定的可信性（林明华和杨永忠，2014）。因此，评论将构成信息不对称的文化产品市场中的消费者评判文化产品质量的重要依据。

下面从博弈论①视角探讨为什么文化市场中的第三方评论是可信性的。假设①文化市场上有评论家 A 和 B，且他们都是合乎理性的人。②评论家的预期收益取决于消费者对其评论真实性的认可程度。简化考虑，假设评论家的评论不真实时其预期收益为 0，评论真实时其预期收益为 1。对预期收益的判断与以往评论的认可有关。③评论家有两种决策：评论真实和评论不真实。则，评论家 A 和 B 的预期收益矩阵如图 3-2 所示。图中，若评论家 A 发表真实的评论，理性的评论家 B 可以发表真实的也可发表不真实的评论，但比较二者的收益，评论家 B 也将发表真实的评论；若评论家 A 发表不真实评论时，理性的评论家 B 也会进行真实的评论，因为这样才能获得收益 1。由此，对评论家 B 而言，不管评论家 A 的评论是否真实，其最佳决策是发表真实的评论以获取收益 1。同理，不管评论家 B 的评论是否真实，评论家 A 也会发表真实的评论。因此，从中可以看出，在满足以上条件下，文化市场中的评论家的评论是可信的。

		评论家A	
		真实	不真实
评论家 B	真实	(1, 1)	(0, 1)
	不真实	(1, 0)	(0, 0)

图 3-2　评论家预期收益矩阵

若文化生产是循环的，评论将可以通过提供信息和形成口味影响市场规模（Cameron，1995）。也就是说，虽然有些文化产品市场开始独立于评论，但其发展会受到评论的影响。对于从事评论活动并从中获取利益的评论家而言，由于口味不同，其对文化产品的评论存在差异性。特别是，如果市场上的口味标准偏低，这势必使文化产品市场上出现"格莱欣法则"（Gresham's law）。也即是说，最低的口味标准将驱逐更具价值的文化产品，从而降

---

① 从 1994 年诺贝尔经济学奖授予 3 位博弈论专家开始，共有 7 届的诺贝尔经济学奖与博弈论的研究有关。如今，博弈论已经成为现代经济学的标准分析工具之一。参见：阿维纳什·K. 迪克西特，苏姗·斯克丝. 策略博弈. 北京：中国人民大学出版社，2009.

低整个文化产品市场的质量。显然，凭着评论家的口味定义的质量存在问题。从这方面看，如果利益相关者通过对评论加以限制从而影响市场口味，那么消费者将要承担由于评论而买到"柠檬"的风险。

评论到底对文化产品本身产生多大的影响？有的研究表明，负面评论可以毁掉一件文化产品，而正面评论却并不见得使文化产品获得成功。例如，有学者研究发现，百老汇的正面评论对其戏剧观众到场率可能有负面作用（Hirshcman 和 Pieros，1985）。原因在于，理性的观众认为正面评论揭示的是精英主义偏好，这一评论背离了他们的偏好进而产生了抵触情绪。

二、设置奖项

奖项是评论结果的表现之一，它是文化产业中最为突出的竞争符号，几乎所有的文化产业都有各自的奖项，并且这些奖项往往会引起大量公众和业内人士的关注。因此，除直接获得收益外，奖项这一荣誉的乘数效应更能为文化产品利益相关者带来较多的间接收益。

对普通消费者而言，文化产品是一种信用品，因此消费者有必要寻找一种能够衡量文化产品质量的替代标准。一般地，奖项的评审具有严格程序，并且影响力越大的奖项越具有权威性，显然，奖项是一种实用的、可靠的信息。

奖项的利益相关者包括奖项的设立者、奖项的评审团以及奖项的获胜者。更多的研究人员往往关注奖项对获胜者的影响。研究人员普遍认为，获胜者从中可以获得以下利益：一是直接收益。一般地，获奖者可以获得一笔奖金、有价值的奖杯、非常明确的标识（如一等奖、二等奖等）或者某种特权等。二是间接收益。奖项是产品品质的信号。由于获奖的文化产品往往是行业内同类产品的佼佼者，对于专业知识缺乏的普通消费者而言，奖项显然是解读文化产品的可靠信息流，必然有助于提高文化产品的价值。奖项还能够阻止文化产品的竞争性模仿，这是因为奖项往往能够吸引众多人们的眼光，进而促使模仿者被迅速揭发。可见，奖项是创作人员或团队的声誉证书，能够在"赢者通吃"的文化产品市场中助获胜者一臂之力。

三、投资不可重置性资产

当高质量商品的价格上升超过成本时，就会吸引其他厂商采取"打了就跑"的方式进入，通过销售低质量的商品，以牟取短期利润，从而使销售高质量商品的厂商溢价消失，导致"柠檬市场"出现。

对付这种"打了就跑"式的进入，厂商可以采取投资不可重置性资产的策略行为。不可重置性资产是指那些用于其他地方就没

案例分析

成都岁月画廊①

---

① 本节内容由四川大学创意管理研究所根据访谈整理，调研时间是 2013 年 1 月 10 日。

有价值的资产。厂商投资于不可重置性资产，如建立展示厅，以建立一个比以前更高的进入壁垒，使潜在进入者意识到潜在的利润会更低，从而可以有效阻止其进入。比如，一些珠宝商建立专卖店、展示厅，就是一种投资不可重置性资产的策略行为。

小结

在市场中，厂商与消费者的力量达到平衡时，称为市场均衡。当市场均衡时，对应的价格称为均衡价格，即一种商品的市场需求与其市场供给相等时的价格，或者说，一种商品的市场需求曲线与其市场供给曲线相交时的价格。市场均衡时对应的供需量称为均衡数量。

微观经济学中的市场结构可划分为完全竞争市场、垄断竞争市场、寡头市场和完全垄断市场四个类型。不同的文化产品，其市场类型不同。有些文化产品市场属于寡头市场，这类市场以出版物为代表。有些文化产品市场接近完全竞争市场，这类市场以艺术复制品为代表。

从组织的经营目标来看，文化市场组织可分为营利性组织和非营利性组织两大类。营利性组织以满足可预测的文化产品市场需求为出发点，以营利为目标。非营利性组织主要包括歌剧公司、交响乐团、剧院以及博物馆等。这类市场组织的目标在于保存现有的艺术和种族传统，而不是创造新传统。

文化市场有其特殊性。文化市场特别是艺术品市场，可以划分为一级市场和二级市场。其中，一级市场主要是指画廊、艺术博览会（包括艺术家自售和经纪人销售等）等构成的市场。绝大多数艺术家是通过一级市场实现自己作品的价值。二级市场是拍卖行通过征集的方式将那些已销售出去的书画作品收集起来，经过筛选后组织艺术品再次销售，主要销售形式是拍卖行举办的拍卖会。二级市场是艺术品市场的"晴雨表"和"温度计"，在艺术品市场中占据最重要的地位。

双边市场是一个为买卖双方提供便利的、需要收取一定费用的交易平台。双边市场成立必须满足三个条件：一是存在两类不同类型的用户；二是两类用户间存在交互作用，且一类用户从与另一类用户的交互中获得收益；三是存在某中介促使交互发生。文化产业双边市场包括了市场创造型、受众创造型和需求协调型三种主要类型。

由于文化市场的特殊性，市场信息不对称广泛存在于文化产品特别是艺术品市场之中。文化市场的信息不对称问题的存在为质量低劣甚至假冒的文化产品提供了生存空间。这在一定程度上使得消费者难以把握文化产品的品质，挫伤消费者购买文化产品的积极性。缓解文化市场信息不对称问题的方法主要有第三方评论、设置奖项、投资不可重置性资产等。

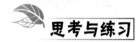

1. 试用供求均衡理论，分析张大千艺术品价格的形成机理。

2. 以某城市为观察对象,分析其演出市场的结构。
3. 分析一级市场与二级市场的关系。
4. 分析画廊与艺术家的关系,这种关系在发展中面临哪些市场问题?
5. 比较佳士得拍卖行和苏富比拍卖行的差别。
6. 双边市场为文化企业发展提供了哪些机遇与挑战?
7. 如何理解"柠檬市场"?哪些文化产品容易形成"柠檬市场"?

第四章　文化产品定价

> 价值是一种社会建构的现象，因此价值决定——进而言之价格决定，不能脱离其发生的社会环境。
>
> ——戴维·思罗斯比《经济学与文化》

Eason's LIFE 在 2013 年从中国香港红磡体育馆启航，经过澳大利亚、美国、加拿大、英国、法国及内地的 30 余座城市。走过的每一个城市，他的粉丝们都用极大的热情欢迎"E神"的到来。这是一场绚烂缤纷的华丽歌舞秀，除了现场一气呵成为大家献唱大热金曲外，别出心裁的舞台设计和炫目灯光特效构成的华丽场景，也是陈奕迅为了歌迷精心准备，呈现给大家一场极具独特音乐性又豪华别致的演唱会。

我们注意到，内地各个城市的演出票价存在差异。

成都体育中心的票价分别是：380 元、480 元、580 元、680 元、1280 元、1580 元、1880 元。

重庆体育中心的票价分别是 280 元、380 元、480 元、580 元、780 元、1180 元、1680 元。

北京鸟巢的票价分别是 380 元、580 元、780 元、1280 元、1680 元、1980 元。

这些演出是怎样定价的？同处内陆、比邻西部，为什么成都与重庆的票价有着明显的差异？这些问题涉及文化产品的定价问题。

第一节　文化产品定价的一般影响因素

我们注意到，影响文化产品定价的因素是多方面的，主要的因素包括利润最大化目标、企业多元定价目标、文化产品成本、购买者主观评价、市场竞争的激烈程度、政府政策法规等。

一、利润最大化目标

利润在市场经济中起着两种作用：第一，利润的变化是一种信号，告诉生产者要调整产量；第二，利润是对企业家承担风险以及在发展新产品和降低成本方面的回报。经典的微观经济学告诉我们，在不完全竞争市场，企业的基本决策目标是实现利润最大化，由此确定利润最大化的产量和价格。如图 4-1 所示，我们假设某文化企业的产品需求曲线为 D、边际收益曲线为 MR、边际成本曲线为 MC。

那么，根据利润最大化原则，该文化企业将在边际收入等于边际成本处确定利润最大化的产量 Q_C，进而在需求曲线上找到对应的利润最大化的价格 P_C。在实际决策中，利润最大化可以区分为短期利润最大化和长期利润最大化。比如，有的企业定价决策是为了增加将来的利润，而宁可减少当前的利润。

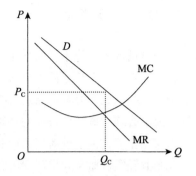

图 4-1　利润最大化时的价格

有学者对利润最大化假设提出了批评，认为它是不现实的。因为，企业是在信息不完全和不确定的环境中做出决策，并不能真正谋求利润最大化，而应该追求满意化。尽管如此，目前还没有哪种已经得到证明的理论，能像利润最大化模型那样帮助企业准确地预测企业的决策。

二、企业多元定价目标

在现实生活中，企业的定价行为不一定符合利润最大化目标。有时，其他目标也被看做与利润最大化同样重要。像一般企业一样，文化企业制定价格也会考虑生存、目标市场、产品品质、社会效益等因素。文化企业的多元定价目标主要有以下几方面。

（1）生存目标。在文化企业产量过剩或者面临市场激烈竞争时，文化企业将以维持企业生存为首要目标。这样，文化企业就不能将产品的价格定得过高，只需要销售收入能够弥补部分固定成本以及可变成本即可。

（2）市场占有率最大化目标。文化企业若要在短时间内迅速占领市场，获得市场的控制权，那么企业只需要将价格定在可变成本之上，通过价格竞争策略获取市场份额的最大化。价格竞争并不必然表现为直接降价，也可以采用赠品、送券等隐蔽方式。比如，KTV 店经常打"价格战"。一家 KTV 店在前台放一个本子，每次顾客来就告诉顾客，写下生日和电话即可以赠送 2 瓶啤酒。大部分人都会写下。顾客生日前 2 天，KTV 店就会打来电话祝其生日快乐，然后送免费唱歌券。这种方式引来很多客户，这家店铺也在同城开了 5 家分店。

（3）产品品质最优目标。在此目标指导下，企业将为消费者提供高品质的文化产品和服务，进而可能引起成本的上升，这必然要求企业提高文化产品的价格。2017 年，Netflix 推出了用户可以在 4 个屏幕上观看 4K 超清视频的服务，产品品质从过去的高清提升到超清，会员服务费的升级套餐也相应提高了 2 美元。

（4）社会效益和经济效益兼顾目标。文化企业将注重文化产品带来的社会效益，与仅注重经济效益的企业相比，这类企业文化产品的价格会定的更低。2001 年，成都锦城艺术宫推出了由四川交响乐团演奏的《泰坦尼克号》《星球大战》《狮子王》等众多电影电视的经典音乐，让观众感受到了一场全新的视听盛宴。而观看这样一场音乐会，门票只需 10 元。这种"10 元周末音乐会"，体现的是企业的文化惠民。

三、文化产品成本

通常情况下,成本是文化企业制定价格的底线。如果文化企业将文化产品的价格一直定在只能弥补成本甚至低于成本,那么文化企业就不能够扩大生产,长期下去容易导致企业破产。在以成本为基础制定价格时,不断降低企业的成本,有利于企业提升竞争力。但降低成本必须考虑文化企业的特殊性。

文化企业作为一种新兴的产业主体类型,其成本和其他类型的企业有一定差别。首先,文化企业轻资产而重知识产权的特点使其经营成本不同于一般企业。对于网络文学企业来说,保护知识产权的费用占据很大一部分经营成本,其成本的降低需仰赖整个知识产权保护大环境的根本改善。其次,很多其他类型的企业通过"营改增"都能切实降低企业成本,但对于文化企业来说,因为缺少可以用于抵扣的进项税,使得"营改增"对文化企业的降税效应大打折扣。最后,相当一部分经营成本是文化企业所承担的社会成本,这正是文化企业经营特殊性的体现。对于要将社会效益放在首位的文化企业而言,在承担社会成本的同时也应获得一些降低成本的特殊待遇,从而让文化企业降成本能够落到实处、见到实效,有效提升文化企业的定价空间,实现文化企业的可持续发展。

四、购买者主观评价

文化产品的价值受购买者主观评价的影响。购买者认同文化产品所映射的文化时,文化企业显然可以将文化产品价格定得更高一些;反之亦然。因此,购买者主观评价与文化产品价格存在正向关系。

消费者剩余可以用来衡量购买者的主观心理评价,是消费者愿意支付的价格与实际支付的价格之间的差额,反映了消费者通过购买商品所感受到的福利改善。

举一个例子。在一场纪念猫王的小型拍卖会上,有一张绝版的猫王专辑在拍卖。小雷、阿瞻、老李、中哥四个"猫王迷"都想拥有这张专辑,但每个人愿意为此付出的价格不同。小雷的支付意愿为 300 元,阿瞻为 260 元,老李为 200 元,中哥只想出 100 元。拍卖会开始了,从 50 元开始叫价,价格一路上升,中哥、老李先后退出。当价格提升到 265 元时,阿瞻退出,小雷胜出,竞拍结束。小雷从这张专辑中得到的利益是什么呢?35 元消费者剩余。

在市场经济中,商家为了赚取更多的利润,会尽量让向消费者剩余成为正数。薄利多销,就是一种以此吸引更多的消费者前来购买商品的营销策略。

五、市场竞争的程度

在市场经济中,商品的价格是在竞争中形成的,市场竞争会影响产品的定价。如恩格斯所说:"只有通过竞争的波动,从而通过商品价格波动,商品生产的价值规律才能得到贯彻。"若文化产品市场的竞争者数量多,替代产品多,文化企业对文化产品的定价就有限。若文化产品市场的竞争者数量少,替代产品不多,文化企业则可以将文化产品的价格定高一些。极端的例子,若文化企业是市场垄断者,那么,理论上它可以将价格定得远超过成本,从而获取高额的垄断利润。

市场集中度可以用来反映市场的竞争和垄断程度。市场集中度是指某行业的相关市场内前 N 家最大的企业所占市场份额的总和。通常采用前四家企业(CR4)或者前八家企业(CR8)所占市场份额的总和来衡量。一般而言,市场集中度越低,该市场的竞争程度就越高,企业的定价能力就越低。

此外,市场集中度也采用赫尔芬达尔——赫希曼指数(HI 指数)进行衡量,即将相关市场上所有企业的市场份额平方,再相加后的总和作为指数。该指数值越大,市场集中度越高;反之市场集中度越低。

六、政府政策法规

文化企业的定价需要考虑政府相关的政策法规。由于一些文化产品和服务具有公共产品性质,文化企业的定价会受到政府相关部门的价格规制的约束。

比如,河北赵县在 2014 年年底全县农村有线数字电视实现"村村通""户户通"工程中,制定了五大价格优惠政策:①免费为用户安装:用户安装有线数字电视免收初装费、材料费、施工费;②免费为用户配送数字电视机顶盒,机顶盒所有权为网络运营商,并由运营商免费提供给用户使用;③免费试看两个月,用户安装后,两个月为免费试看期,两个月后,用户满意认可,再办理正式收看手续;④低价实惠的收费标准:主机每机每月只收取 16 元收视维护费;⑤用户原有的卫星天线(大、小锅)折价回收抵顶收视费,回收后主机每月按 14 元收取收视维护费。

案例观察

好的时候一晚上可以赚一两万①

第二节 艺术品与工艺品定价的影响因素

一、艺术品定价的影响因素

艺术品的价格受很多因素的影响,其价值衡量也是复杂的。影响艺术品价格的因素有其特殊性,主要有艺术品的物理属性、时代变化、销售的时空因素以及社会声誉等(Towse,2011)。

(一)物理属性

艺术品的价格依赖于艺术品的物理属性。我们可以用一组包括依托材料、题材和签名

---

① 来源:澎湃新闻,2018 年 6 月 11 日。

的属性描述一件艺术品。其中，依托材料是指艺术品的尺寸及使用的原材料（包括画布、画纸、绘画用油、水彩颜料、彩色粉笔、铅笔、颜料等），题材主要是指历史场景、肖像、静物、风景、抽象物等，作者的签名则充当了商标的角色。艺术价值相当的艺术品的价格受尺寸、使用技法、风格或者题材的影响。例如，素描的价格会随着素描尺寸边际率的减少而提高。又如，素描比水粉画便宜，水粉画又比油画或丙烯画便宜，纸版画比木刻版画或者帆布画便宜。自19世纪末以来，艺术家签名成为绘画的另一个重要属性。艺术品价值取决于艺术家思考过程中的独特性，这种独特性以及真实性往往采用签名的方式得以保证，只有签有艺术家的名字才能为艺术品定价。

（二）时代变化

艺术史表明，决定艺术作品价格的相关属性的重要性随时代变化而不同。例如，在意大利文艺复兴的初期，艺术品市场上的价格主要由绘画作品的依托材料决定。画家最大的财富就是自身能力。绘画作品最初的价格通常是固定的，受创作成本的影响，订单会详细指明所用的颜料、题材、人数等。法国古典主义时期（从17世纪中叶到19世纪末）的绘画作品价格主要取决于绘画的题材。历史画比素描画更让人尊重，原因在于这些作品展显了艺术家的知识水平、描绘生活的能力，而素描又比静物画或风景画更让人尊重。

（三）时空因素

艺术品的价格还依赖于出售日期和地点。在任何给定的时间里，艺术品的价格主要取决于艺术家的名字以及艺术品的物理属性，同一艺术品的价格会随着时间和空间的变化而发生波动。艺术品价格随着时间而改变，是宏观经济变量（如通货膨胀、人均收入或者股市行情）的函数，还是艺术家人生中特定大事的函数（如艺术家的逝世）。在其他条件相同的情况下，人均收入越高，艺术品平均价格也越高。类似地，通货膨胀也会促使艺术品的需求增加进而提高艺术品的价格。出售地点不同，艺术品的价格也不同。比如画廊里艺术品价格不总是与拍卖行艺术品价格相吻合，通常画廊里艺术品的价格波动要小得多。

（四）社会声誉

社会声誉是影响艺术品价格的重要因素。艺术品的价格除了自身属性包含的创作者声誉外，社会声誉也在很大程度上影响着其价格。在评估艺术品价格过程中，如果对艺术品的身世产生任何怀疑（如签名的真伪），艺术品将不可避免出现贬值。另外，艺术品市场上的其他参与者，特别是画廊、馆长、收藏家以及评论家等，他们对艺术作品的评论直接影响着艺术品的价格。

此外，艺术品作为一种不可再生和几乎不可替代的物品，可作为一种投资品，其盈利水平也影响艺术品的价格。与证券或股票等其他金融资产相比，艺术品的买入和卖出周期更长，其持有的成本和交易成本也更高。艺术品的所有者可看作是一个垄断者，但其持有过程却不能都带来正红利，相反会因保管而引起负红利，只是这一过程所带来的文化消费的心理红利将使消费者从主观上去评判艺术品资产的价值。

二、工艺品定价的影响因素

工艺品的定价主要与下述因素有关。

（1）工艺品的独特性。工艺品以其强烈的地方特色和民族特色而引人注目。拿中国剪纸来说，北方的作品显得天真浑厚，南方的作品更加玲珑剔透。一般而言，工艺品风格越独特，工艺品的定价越高。这就要求工艺品的创作，要从地区、民族的社会历史、风俗习尚、地理环境、审美观点中去深挖内在价值，构建由内向外的鲜明的风格。

（2）工艺品的材料载体。不同的材料，其价格不一样，进而导致工艺品的价格也不一样。比如，木材的价格和钢材的价格不一样，在其他条件不变的情况下，这两种材料生产的工艺品价格显然不同。同种材料但材质不同也会导致工艺品价格存在差异。比如，红木、黄杨木、花梨木、扁桃木、椰木等都是雕刻的材料，但价格并不一样。

（3）工艺品的生产工艺。与用机器批量生产的工艺品相比，同款的手工工艺品的价格显然要更高。以成都漆艺而言，做工细腻，生产绵长，被誉为"雕镂知器，百伎千工"。其原料配方复杂，体现了中国古代在化学工艺方面的重要发明。其修饰技法独特，以"雕嵌填彩，雕锡丝光，镶嵌描绘"等极富地域特色的独特技艺，以及"平绘描线，拉刀针刻，堆漆工艺"等稀有技法而自成流派，在漆器工艺中独树一帜。

（4）工艺品的创作者身份。消费者越认可工艺品的创作身份，工艺品的价格越高。比如，同一款工艺品，受名人效应的影响，名家与普遍艺人制作的价格存在着巨大差距，前者甚至具有收藏价值。2021年全国首次非遗精品公开拍卖中，蜀绣文化遗产项目国家级代表性传承人郝淑萍的代表作《紫藤孔雀》在22号与16号竞买者之间引发激烈竞争，价格从8万元喊到9万元，最后23号竞买者横空杀出，以9.15万元成功拍得。一位竞买者表示，如今会这门技艺的人越来越少，甚至面临失传的危险，每件面世的作品都弥足珍贵。

（5）工艺品体现的文化价值。消费者越认同工艺品的文化符号，其文化价值将越高，工艺品的价格也随之提升。工艺品收藏家武杰认为，收藏工艺品应先关注文化价值。工艺品囊括的门类非常广泛，对于普通爱好者来说，只要一件工艺品能够让你体会到艺术之美，甚至能让你通过研究它感受到它所承载的历史文化信息，这件工艺品就是上乘之作。

（6）工艺品的数量。非限量的工艺品的定价一般要低于限量的工艺品。比如，同样一批工艺品，有的款式仅有10个，而有的款式则多达上万个，显然前者的价格远高于后者的价格。著名画家周春芽的经典油画《绿狗》做成的玩具公仔，吐着粉红色的大舌头，或蹲坐或潜行，怡然自得，比起原作来更显可爱和时尚，全球限量100套发售，每套标价达到11万元。

（7）工艺品的价格弹性。工艺品的定价与工艺品的需求价格弹性有关，若工艺品的需求价格弹性大，则工艺品的定价越高，工艺品的需求量减少越多。此时，若生产商通过降价将能够促进工艺品的销售。工艺品的定价与工艺品的交叉弹性也有关，工艺品的交叉弹性越大,则意味着工艺品的替代性越强,市场上有很多替代品。此时,厂商的定价策略应与竞争者保持一致。否则,若将工艺品的价格定得太高,会引起销售量的下降;若定得过低,则很可能会陷入"价格战"。

第三节　表演艺术定价的影响因素

一、表演艺术定价的内在影响因素

影响表演艺术定价的内在因素主要是表演艺术的总成本。表演艺术具有高昂的固定成本和较低的边际成本的特点。表演艺术的成本可分解为固定成本和可变成本。以歌剧为例,歌剧的固定成本主要包括剧目创作费用、表演场地费用、设施购置费用、设施维护费用、维护建筑的构架、布景、照明、舞台管理以及服装的支出、正常工资支出(主要为设备施工人员、合唱团和公司负责人、音响工作人员、乐工等的正常工资支出),以及排练成本。可变成本主要包括流动人员工资、自由职业演员工资等。为了减少成本,剧目组可以通过减少国际知名艺人(如导演、制作团队和歌手)的数量来最大限度地节约成本。

一般而言,与其他产品和服务一样,表演艺术定价的下限取决于表演艺术的成本。从长远看,表演艺术的价格必须高于其成本,才能以收入抵偿其成本。因此,表演艺术的价格会随着成本的增加而提高。

二、表演艺术定价的外在影响因素

影响表演艺术定价的外在因素主要包括消费者认同、消费者收入水平、需求价格弹性、市场结构、表演衍生产品收入以及外界补贴等。

(1)消费者认同会影响表演艺术的定价。某消费者对某表演艺术的认同程度比较高,如对表演者认同程度比较高,那么,该消费者对表演艺术的价格并不敏感,愿意接受较高的价格。

(2)消费者的收入水平对表演艺术价格会产生正影响。收入水平越高,消费者的可支配收入将提高,消费者更倾向于观看表演艺术,以满足其精神生活的需要。因此,相对于收入水平低的地区,高收入水平的地区表演艺术的定价可以更高。

(3)需求价格弹性会影响表演艺术的定价。若表演艺术的需求价格弹性为富有弹性,那么价格的稍微变动将显著地影响其需求量,此时若定价太高,将失去很大一部分消费者。若表演艺术的需求价格弹性为缺乏弹性,此时定价高一些也不会失去太多消费者。

(4)市场结构会影响表演艺术的定价。随着表演艺术机构的数量增多,竞争将越激烈,若剧目差异不大,那么其价格难以提高。2014年以后,随着宋城演艺、云南文化的进入,丽江演艺市场格局发生变化,原来"一枝独大"的丽江旅游推出的《印象·丽江》陷入"瓶颈",定价能力大幅下降,一成不变的表演内容和服务带来的消费吸引力变得越来越小。据公布的财务数据显示，2016年上半年《印象·丽江》共计演出371场，同比减少71场，净利润同比下降30.09%。

（5）表演衍生产品收入会影响表演艺术的定价。若表演艺术公司从表演衍生产品获得的收入占总收入的比重越高，表演艺术的价格可以相对降低，以吸引更多的观众。表演衍生产品的收入包括通过销售光盘赚取的版税收入、从广播或有线电视演出中获得的收入等。以戏剧而言，戏剧与电影不同，戏剧每演出1场都有1场的成本，而音乐剧的成本又普遍比话剧高，纯靠票房很少能够坚持下去。但国内音乐剧《小王子》衍生品的收入达到了票房收入的2倍，取得成功的原因有以下四点。第一，一个适合开发衍生品的IP形象，能戳中大人和小孩心里最柔软的部分。第二，多层次的衍生品定位。国内的戏剧圈，衍生品大多只是面向看戏的观众，在演出的时候现场顺便卖几个，而《小王子》除了与戏剧演出同时销售的衍生品，还有面向非观剧群体和中高端人群的产品。第三，用心设计制作，与国内顶级设计公司和知名画家合作。第四，线上电商+线下实体的销售渠道。

（6）外界补贴主要包括私人捐赠和公共补助两大部分。若表演艺术机构获得更多的外界补贴，则表演艺术的定价可以低一些。由于表演艺术固定成本偏高，需求偏小，存在"成本疾病"，以及普遍被认为有较高的社会效益等诸多原因（Baumol和Bowen，1966），政府会给予表演艺术一定的补贴。例如，和其他艺术委员会支持的表演艺术相比，2003年英国歌剧每场演出获得政府给予的高达票价三倍的补贴（Alan和Skinner，2005）。

现在，我们来尝试回答：2013年Eason's LIFE的演出票价为什么成都的比重庆的更高。其中一个重要原因是成都专业剧场数量明显不足。

据截至2017年的统计，上海有专业剧场145个，北京有专业剧场125个，杭州有95个。成都工商注册的演出场所经营单位有219家，但建成的专业剧场仅11个，加上正在建的城市音乐厅、四川大剧院、天府新区省级文化中心等，也只有18个。同时，按成都市常住人口1600万计算，成都市每百万人平均专业剧场数仅0.69个，而2007年美国、德国、英国、法国、日本每百万人平均专业剧场数分别为1.8个、3.4个、4.0个、4.2个和4.4个。以美国作对比，成都至少需要专业剧场29个。与上海、北京等城市对比，成都的专业剧场数量更是严重不足，在演出市场存在硬件设施的明显匮乏。《2018年成都市演出市场发展报告》指出[②]，成都市场馆的缺乏，特别是大中型和特大型场馆缺乏，导致场馆的使用成本居高不下，造成同样的演出，成都的场馆租金比国内同类型的场馆租金高出30%左右，严重制约了成都演出市场的发展，阻挡了部分想要到成都演出的精品项目。成都有限的场馆加上座位较少，使得人均票价上升，观众消费成本明显高于周边地区。

专栏

斯诺博尔：文化价值[①]

---

① 斯诺博尔（Jen Snowball），南非罗德斯大学（Rhodes University）经济学教授，相关论著参考 Why art and culture contribute more to an economy than growth and job。

② 该报告受成都市文广新局文化市场处委托，项目负责人为杨永忠教授。

第四节 文化产品定价的方法

定价方法是文化企业为实现其定价目标所遵循的一般规则。我们可以从生产者、消费者、竞争者等角度,把定价方法概况为以下几种[①]。

一、成本加成定价法

成本加成定价法,是按照产品单位成本加上一定比例的加成后制定文化产品的销售价格。在过去的半个世纪里,西方国家的学术研究机构及其他组织或个人对商业定价行为进行了许多调查。调查的结果取得了惊人的一致:绝大多数企业采用成本加成定价法。在德国,70%以上的企业采用成本加成定价法;在英国,这一比例接近 60%;美国和欧美其他国家的情况也较为类似。在我国,成本加成定价法也是占统治地位的企业定价法。成本加成定价法也是文化企业制定价格的基本方法,可以表示为

$$价格 = 平均成本 \times (1 + 加成)$$

加成的多少,实际也体现了利润最大化的目标。对某文化企业而言,按照边际收益等于边际成本的决策原理,我们来看其决策行为。

其中,边际收益

$$MR = d(PQ)/dQ = P + dP \times Q/dQ = P(1 + 1/E_p)$$

假设边际成本等于平均成本(MC = AC),根据 MR=MC,此时

价格 $P = AC[E_p/(1 + E_p)] = $ 平均成本 $\times (1 + $ 加成$)$

从上面公式可见,加成体现了利润最大化思想,加成的大小取决于弹性。产品的弹性越大,加成越小;产品的弹性越小,加成越大。一般来说,文化企业会对那些消费者受价格影响不大(价格弹性低)的商品制定较高的加成。他们认为高加成是很安全的。另一方面,对那些消费者对价格敏感(价格弹性高)的商品,文化企业意识到他们必须将加成压低,因为把加成提高可能是不理智的做法,会使消费者跑到别处去或者放弃消费。

例如,在同一个演出场馆,不同演出的票价是存在差异的。其中一个原因,即是不同演出的需求价格弹性不一样。比如,某个当红明星拥有大量粉丝,价格弹性相对更低,加成就更高,票价就高出一截。

成本加成定价方法的好处是简单直观,考虑了企业的预期盈利目标,为企业变动价格提供了正当理由,企业通常将提价的原因归于成本的增加。但其缺点也是明显的,仅依据企业供给方面的条件或信息,没有考虑到消费者需求方面的约束条件,因此不能保证在市场上实现这一方法确定的价格目标。

[①] 一般产品定价的很多方法同样也可用于指导文化产品定价,关于一般产品的定价方法可参见:罗杰·A. 凯林等. 市场营销. 北京: 世界图书出版公司, 2012; 菲利普·科特勒. 营销管理(第 14 版). 北京: 中国人民大学出版社, 2012.

二、感知价值导向定价法

感知价值导向定价法,也称认知价值定价法、理解价值定价法,属于需求导向定价,是企业根据消费者对文化产品的价值感知而不是产品的成本来制定价格。消费者的感知价值主要来源于以往经验和对消费体验的主观判断。产品的性能、质量、服务、品牌、包装等因素都会影响消费者的感知价值。感知价值定价法的关键在于企业能够准确识别消费者对该文化产品的价值估算进而确定文化产品价值。

若企业过高估算文化产品的感知价值,则势必会将文化产品价格定得过高,此时如果价格大于感知价值,消费者将难以接受从而不发生购买行为。企业过低地估计感知价值则会定出偏低的价格,此时如果价格远低于感知价值,则会影响文化产品在消费者心目中的形象。

在具体应用中,企业应采用非价格变量影响消费者的价值感知。譬如游戏类APP,用户初次下载该游戏登录使用界面,官方都会手把手提示如何游戏、如何升级,或提供新手训练营等,为用户提供简单易懂的教学服务,节约用户探索游戏的时间成本,提升了用户的感知价值。此外,APP的详情页都会出现用户规模、用户评价等信息,提高用户的安全感知。

三、声望导向定价法

声望导向定价法属于典型的心理定价,主要是借助于企业或产品在消费者中的良好声誉或名望,制定既能实现产品最大利润又能被消费者欣然接受的价格。消费者购买有声望的产品不仅是为了消费,更是为了显示他们的身份和地位。这种定价的产品通常必须以周到的服务为基础。

文化产品质量不易鉴别,消费者往往以价格来判断质量。采用声望定价法,通过制定高价,创造一种高品质的印象,使消费者获得一种精神享受。在具体的实施中,文化企业可以利用文化产品的制作者或参与者在业内的声望来制定相应的价格。比如,国际知名演员参演可以制定更高的票价,这要求文化企业能够准确判断文化产品创作者在目标消费者中的影响力。企业也可以采用限量版发售,如限量版口红、限量版彩妆盒,限量已经成为一种时尚,提升了消费者的精神享受。2020年,Dior×Air Jordan 1 高帮款发售价为18000元人民币,低帮款为16000元人民币,分别限量为8500双和4700双,属于超级限量。同时,该鞋在细节设计上加入了丰富的Dior经典元素老花帆布,迅速销售一空。该款鞋目前在二级球鞋市场报价已经超过4万元人民币。

四、竞争导向定价法

竞争导向定价法是指企业对竞争对手的价格保持密切关注,以对手的价格作为自己产品定价的主要依据,不需要过多地估计消费者的价值感知和企业的生产成本。比如,企业通常采用的随行就市定价，就是在垄断竞争的市场结构条件下，任何一家企业都无法凭借自己的实力在市场上取得绝对的优势，为了避免竞争特别是价格竞争带来的损失，企业将产品价格保持在市场平均价格水平上，利用这样的价格来获得平均报酬。在文化产业中，工艺品属于典型的垄断竞争行业，企业普遍采取这种定价方法。这就是全国各地的旅游市场销售的工艺品长相都差不多、价格也差不多的一个重要原因。

第五节　文化产品定价策略

经济学中的策略是指每个人的决策和行动都会对其他人产生影响，因此，每个人要根据其他人的可能的反应来决定自己的决策和行动。定价策略是根据定价方法基本确定了价格后，利用定价技巧对价格进行调整，以确保产品在不同的时期和阶段，都能在市场竞争中获得更好的生存和发展，并且更好地完成文化艺术机构特有的艺术使命（练乃瑜，2019）。定价策略是市场营销中最难确定的问题，既要考虑内部因素，如定价目标、产品成本、产品组合、生产能力；更要考虑复杂的外部因素，如市场结构、市场需求的价格弹性、竞争者的产品和价格、国家政策法规等，由此决定了定价策略的复杂性和丰富性。常见的文化产品定价策略主要包括歧视性定价策略、捆绑定价策略、关联定价策略以及质量差别定价策略等。[①]

一、歧视性定价策略

通常，完全竞争市场的供给方必须执行给定的价格，因此不能利用价格歧视，但是这种情况在艺术领域很少见，因为每一场演出、展览或者节日都有一些独特的特征。价格歧视就是要寻找到一种能够向价格敏感的消费者提供更低价格，而对需求价格缺乏弹性的消费者提供更高价格的方法。

实施价格歧视的方法有两种。一是三级价格歧视法，即根据需求价格弹性的不同向不同的文化产品消费者群体提供不同的价格。文化产品供给方很容易鉴别哪个消费者属于哪一类群体。比如，博物馆给学生或超过某一年龄的个人以折扣票价。这种方法只有在不发生套利行为时才有效。例如，学生购买到折扣票后不能将票卖给不合规定的人。二是二级价格歧视，即根据单个消费者购买的产品数量来定价。比如，大多数博物馆既提供单次消费的门票，也提供年票。在一些咖啡馆，消费的第二杯咖啡比第一杯咖啡便宜。

二、捆绑定价策略

捆绑定价是指文化产品供给方将一种文化产品与其他产品组合在一起以一个价格出售

---

① 本小节内容主要参照：Rushton, M. Pricing the arts. In Ruth Towse (ed.), A Handbook of Cultural Economics (Second Edition), Cheltenham: Edward Elgar, 2011: 342-347.

给目标消费者。比如，某剧院经营者由于了解观众会支付较高的价格观看戏剧，因此该剧院可能会索取较高的门票，并且将门票和观众巴士票、正餐一起捆绑销售，这一套餐价格高于成本但明显低于分别购买这些产品的价格之和。通过这一策略，剧院可以在不降低门票价格的情况下，通过这一套餐价格吸引更多的观光客进入剧院，同时不会对需求价格无弹性的本地消费者产生消极影响，因为他们对这一套餐根本不感兴趣。

三、关联定价策略

需求上互相联系的产品或是替代品，或是互补品。在产品定价时，企业可以把需求上的相互联系考虑进去，即不应该孤立地规定一种产品的价格，而是必须考虑一种产品的价格对另一种产品需求的影响，以实现企业总的利润最大化。如企业向所有消费者群体提供门票和各类互补品构成的不同组合的价格菜单，消费者可以根据自己的偏好进行自我归类和选择。比如，博物馆出售门票的同时，对馆内其他活动项目另外收费，消费者可以根据自己的需要选择某类和某几类项目。电影院可以通过较低门票价格和高价出售爆花米以赚取更高的利润。

四、质量差别定价策略

质量差别定价策略是文化产品供给方对不同质量的产品索取不同的价格。采用这一策略时，文化产品供给方必须考虑到如何让大多数消费者不选择低质量/低定价的替代品。为此，文化产品供给方为低质量的文化产品定价应尽可能地接近边际消费者愿意支付的价格，而高质量文化产品的价格则应低于高需求消费者的最大的支付意愿，从而避免后者选择价格更低的替代品。比如，普通的座位以及平装版小说的定价低是为了吸引价格敏感的边际消费者，而头等座位以及精装版小说定价更高，是因为供给方知道有的消费者为了买到最高质量的产品愿意支付更高的价格。

五、其他定价策略

1. 利润不是唯一目标时的定价

上述定价策略是以企业利润最大化为目标。然而在文化产品供给方偏离利润最大化目标时，比如由国家或非营利性机构运营的博物馆或管弦乐团，该采取何种定价策略。

一种情况是，价格不发生变化。通过博物馆入场券或音乐会门票的利润最大化进而利用所得收入资助各类教育项目，可能将更好地达到扩大服务贫困社区的目标。

另一种情况，假设这个目标只是简单地增加博物馆参观人数或音乐会的观众人数。首先要注意到，利润最大化的公司使用价格歧视这一方法对那些较低支付意愿的消费者的利益已产生作用——在需求通常很低时这些消费者能够买到一周中某些天或某些时段的折扣门票，在不要为特别展或黄金前排座位付钱的情况下他们也可以以低价买到入场券。但是，国有艺术机构或非营利性艺术机构可能会进一步地对入场券打折以达到广泛传播艺术的目标。

2. 技术效率下的定价

随着在线交易以及数据管理方面的技术发生变革，文化产品供给方也在不断地尝试新的定价方法。比如，音乐会举办方可以通过在线拍卖定价的方式售出门票，灯会主办方可以根据特定时期的需求变动调整整个灯会的定价等。

六、表演艺术定价的策略实践

表演艺术机构通常面临着较高的固定成本、需求偏小的问题，但其固定成本比可变成本或收入增长要快，单一价格不足以抵销成本，因此必须采用价格歧视策略进行定价。

实事上，价格歧视在表演艺术机构特别是歌剧和交响乐团中普遍存在。而且，非营利性表演艺术机构的价格浮动区间一般大于营利性表演艺术机构。

然而，表演艺术机构若采用价格歧视来提高收入，需要确认是否将价格设置在非弹性需求的范围内。如果表演艺术机构将价格设置在非弹性需求的范围内，那么它们是在试图诱导观众提供自愿捐赠。大型乐团面临的价格非弹性需求不是由于缺少替代品，而是一个深思熟虑的策略，他们在诱导顾客捐赠。规模较大的乐团往往在非弹性需求的范围内确定价格。规模较小的乐团有更高的价格灵活度，每个乐团都有一个很宽的价格弹性区间，这个区间很大程度上反映了乐团的定价在不同市场中的差异以及单场音乐会的定价策略。

由于很难识别个体观众或者观众群体的需求弹性，表演艺术机构可以设置低于收入最大化价格的票价，以引导观众自愿提供捐赠。事实证明，对于大型乐团而言，低于收入最大化价格的定价一般会导致捐赠增加，但是如果价格设定太低，那么低价格带来的收入损失不会完全由捐赠来弥补。有学者研究表明，门票价格与大都市的交响乐团的捐赠之间的相关性不大，但对于处于小城市的乐团，低价格导致捐赠收入相应减少。可能的原因是，此类乐团的票面价格是质量的信号，高价格更容易带来捐赠意愿的提升。一般情形下，大部分乐团都是通过提升票面价格来提高净收入的，只有大型乐团通过降低票面价格来提高捐赠收入。

案例分析

物感主义的商业创造

影响文化产品定价的因素是多方面的，主要的因素包括利润最大化目标、企业多元定价目标、文化产品成本、消费者特有偏好、市场竞争的激烈程度、政府政策法规等。其中，边际收入等于边际成本时确定利润最大化的产量和价格，是文化企业定价的最基础理论。

艺术品的价格受很多因素影响，其价值衡量也是复杂的。影响艺术品价格的因素主要有艺术品的物理属性、时代变化、销售的时空因素以及社会声誉等。

工艺品的定价主要与下述因素有关,工艺品的材料载体、工艺品的独特性、工艺品的生产工艺、工艺品的创作者身份、工艺品体现的文化价值、工艺品的数量、工艺品的弹性等。

影响表演艺术定价的内在因素主要是表演艺术的总成本。表演艺术具有高昂的固定成本和较低的边际成本的特点。其外在影响因素主要包括消费者认同、消费者收入水平、需求价格弹性、市场结构、表演衍生产品收入以及外界补贴等。

在实践中,文化产品的定价方法,主要有以下几种:成本加成定价法,感知价值导向定价法,声望导向定价法,竞争导向定价法。定价方法基本确定了价格后,定价策略是利用定价技巧对价格进行调整,以确保产品在不同的时期和阶段都能在市场竞争中获得更好的生存和发展。常见的文化产品定价策略主要包括歧视性定价策略、捆绑定价策略、关联定价策略以及质量差别定价策略等。

思考与练习

1. 文化产品定价为什么要考虑消费者剩余?
2. 分析艺术品签名的风格与作用。
3. 如何理解薄利多销?哪些文化产品适合采取薄利多销策略?
4. 成本加成定价与企业谋求利润最大化是否矛盾?
5. 在一个城市只有一家书店,这家书店是否能够成功实行价格歧视,为什么?
6. 分析电影院电影票价的定价方法与定价策略。
7. 向两个可细分的市场出售音像制品,产品的边际成本为 2 元。在第一个市场里,需求方程为:$Q_1 = 20 - 5P_1$。在第 2 个市场里,需求方程为:$Q_2 = 20 - 2P_2$。如果企业实行三度差别定价,每个市场的利润最大化价格和销售量各应是多少?企业能够获得的经济利润是多少?

第五章 艺术家劳动力市场

> 艺术家和文化工作者构成了一个高度异质化、不符合先验标准的人群。
> ——Francoise Benhamou《艺术家劳动力市场》

林语堂用英语写作的《生活的艺术》,把中国闲适哲学的智慧,介绍到了当时现代工业文明正在高速发展的欧洲、美国,受到热捧。

在他看来,"闲暇之时间如室中之空隙"。屋子堆满东西,毫无回旋的余地,就会让人不舒服。而宽敞的房子,除了放置生活必备物品之外,还有许多回旋的余地,正是这些多余的空间让人心情愉悦。同样道理,我们有了闲暇时间,才有生活的乐趣。

林语堂崇尚中庸之道,他把在台北阳明山家中的书房,命名为"有不为斋",秉持以"有为"为中心的生活态度,但也有所"不为"。他觉得中国人的"最崇高的理想"就是不必逃避人类的现代文明社会,而本性仍能保持返璞归真的快乐。所以,对忙着生存的现代人来说,"偷得浮生半日闲"是一门艺术。

他觉得,有钱的人不一定能真正领略悠闲生活的乐趣,懂得享受生活的人须有丰富的心灵,有俭朴生活的爱好。人只要有一种艺术家的性情,在一种全然悠闲的情绪中,便可消遣一个闲暇无事的下午。

如何看待艺术家、作家对闲暇的追求和热爱,我们可以通过艺术家这种特殊的劳动力与劳动力市场进行认识。

第一节 闲暇劳动力的供给与需求

一、闲暇劳动力的弯曲供给曲线

按照微观经济学要素市场理论,由于要素的边际生产力递减和产品的边际收益递减,要素的市场需求曲线总是向右下方倾斜,劳动的市场需求曲线也不例外。

但与一般的供给曲线不同,在图 5-1 中,描绘的劳动供给曲线具有一个鲜明的特点,即它具有一段"向后弯曲"的部分。当工资较低时,随着工资的上升,劳动力被较高的工资吸引,将减少闲暇,增加劳动供给量。在这个阶段,劳动供给曲线向右上方倾斜。但是,工资上涨对劳动供给的吸收力是有限的。当工资涨到 W_1 时,劳动力的劳动供给量达到最大。此时,如果继续增加工资,劳动供给量非但不会增加,反而会减少。于是劳动供给曲线从

工资 W_1 处起开始向后弯曲。

劳动供给曲线为什么会向后弯曲？图 5-1 中，在临界点 b 以上，在更高的工资水平下，劳动力负担得起更多的闲暇，虽然所放弃的以工资计算的每一小时的闲暇变得更加昂贵，但是在提高劳动力的工资率情况下会减少劳动力的供给量。

二、替代效应和收入效应

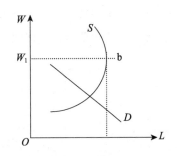

图 5-1 闲暇劳动力的需求与供给曲线

进一步，可以用闲暇劳动力的替代效应和收入效应进行解释。[①]闲暇是劳动时间之外的时间，闲暇劳动力是对闲暇有特殊偏好的劳动力，是一种特殊的劳动力。在闲暇劳动力眼里，闲暇是一种特殊商品，是一种享受，是一种收入。

先看替代效应。假定闲暇的价格上涨，相对于其他商品而言，闲暇这个商品现在变得更加昂贵了（其机会成本上升了）。于是消费者减少对闲暇的购买，而转向其他替代品（如劳动）。因此，由于替代效应，闲暇需求量与闲暇价格反方向变化。这一点与其他正常商品一样。

再来看收入效应。假定劳动力的工资上涨，带来了劳动力的收入上升。随着收入的增加，劳动力由于对闲暇的偏好，将增加对闲暇的消费，减少对劳动的投入。这时候，由于收入效应，劳动力的供给量与工资价格反方向变化。

因此，随着劳动工资价格的上升，劳动需求量究竟是下降还是上升，取决于这两种效应的大小。如果替代效应大于收入效应，则劳动需求量随其价格上升而上升，这时劳动供给曲线向右上方倾斜。反之，如果收入效应大于替代效应，则劳动需求量随其价格的上升而下降，这就意味着劳动供给曲线向后弯曲。图 5-1 中，在临界点 b 以上，由于收入效应超过了替代效应，提高劳动力的工资率会减少劳动力的供给量。正是因为在更高的工资水平下，劳动力负担得起更多的闲暇。

艺术家是典型的闲暇劳动力，对闲暇有着特殊的追求和热爱，有着特殊的供给曲线，呈现向后弯曲的特征。

三、工资的差异

案例观察

闲暇是艺术家必需的状态[②]

在劳动力市场，同样从事艺术工作，传统工艺的劳动力工资通常比数字动漫、游戏的劳动力工资低很多。这恰恰是由两个市场的劳动需求曲线所决定的，如图 5-2 所示。传统工艺的劳动边际生产率较低，而数字动漫的劳动边际生产率高，所以，传统工

---

① 萨缪尔森，诺德豪斯. 微观经济学（第 16 版）. 北京：华夏出版社，1999.
② 李冬君. 闲暇是艺术家必需的状态. 文史天地，2019，2.

艺的劳动力需求曲线比数字动漫要低很多。在供需均衡的情况下，由供给与需求曲线所决定的传统工艺的劳动力工资比数字动漫的劳动力工资就低了很多。

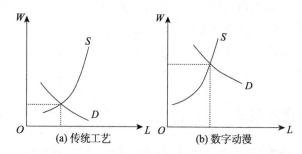

图5-2　传统工艺与数字动漫的劳动力市场比较

第二节　艺术家及其市场特征

一、艺术家的界定

实践中，文化产业的定义随着文化政策的变化而发生变化。这种变化必然会涉及如何界定艺术职业以及艺术部门的问题。[1][2]

英国在进行人口普查时使用了简约的分类原则对职业进行分类，职业被狭义地解释为"最后一个星期从事的主要工作活动或业务"。如果使用这种界定方法，在研究中将面临两大问题：一是很多自称艺术家的人从事多个工作，他们的劳动力市场行为（收入、工作时间）不能完全归属于参与艺术；二是那些靠非艺术工作为主要生活来源但仍认为自己是艺术家的人会排除在艺术职业统计之外。在学术界，根据自己的特有兴趣，研究人员在调查中一般会采用一个或多个标准把不同活动归到艺术活动中去。这种职业界定带有很大的主观性。

事实上，艺术家的职业范围很难被界定，在统计上也没有明确的标准。人们通常认为艺术家应是具有艺术专长且达到一定认可度的，但从艺术生产的角度理解，艺术家应包含从事文化艺术活动的各类人员，是一个文化艺术从业者的泛指概念，主要包括艺术创作者、艺术经销商、艺术评论家、艺术传播者以及艺术活动的各种辅助人员。从业或参与文化艺术活动的艺术家构成了一个具有高度异质化、非标准的人群。

第一，高度异质化是指艺术家的专长和才能在不同艺术家或同一艺术家的不同时期具有较大差异性。这种差异一方面是由艺术创作本身决定的，艺术家的生产活动高度依赖于

---

[1] Benhamou, F. The opposition of two models of labour market adjustment: the case of audiovisual and performing arts in France and in the United Kingdom. Journal of Cultural Econimics, 2000, 24: 301-319.

[2] Alper, N. O. & Wassall, G. H. Artists' careers and their labor markets. in V.A. Ginsburgh and D. Throsby (eds), Handbook of Art and Culture, Amsterdam: Elsevier, 813-814.

其提供的创意，创意很大程度上决定着艺术品的价值。艺术家在提供创意的能力上和提供的创意本身存在着很大的差异，这也是艺术创作想要获得竞争上的优势所必需的。另一方面，进入艺术领域的门槛相对较低，没有标准化的职业准入机制，与经验及声望相比，学历并不具有很强的说服力。在表演艺术领域中，外形、音色等偶然因素也会造就超级明星。这种进入的便利导致艺术家的过度供给，也会导致整个艺术家群体存在高度异质化。

第二，同其他普通劳动者相比，兼职、临时和固定期限的劳动合同、身兼数职和自主创业等弹性工作形式在艺术家身上更为常见，这些被认为是非标准的就业形式。艺术家常常在文化艺术领域之内或之外从事多份职业，身兼数职。这种多样性，一方面表现为艺术家在艺术活动的不同领域或艺术生产的不同环节从事工作。例如小说家可以是畅销小说的作者，也可能是将小说改编为电影或电视剧的编剧，而同时涉猎影、视、歌等文化领域的超级明星更不在少数。另一方面表现为艺术家同时从事艺术领域之内和之外的职业。例如艺术家会由于收入原因而从事艺术外的职业，特别是年轻的或新进入艺术领域的人，他们常常由于作品未被认可而无法从艺术领域获得收入，被迫从事非艺术工作以贴补生计和艺术创作；也包括由于自身兴趣而在艺术领域大获成功的从事非文化艺术职业的人。弹性工作形式产生的原因有两个：一是艺术活动的不连续性，允许个人同时从事几项工作；二是艺术创作往往是以项目为基础进行的，项目本身就具有非固定性、非长期性的特点。这种弹性意味着艺术家只能获得短期的合同。

因此，艰苦的培训、低成功率、冒险的职业和短期合同是艺术职业选择所固有的特点，声望成为艺术家受雇佣的核心竞争力。这些艺术职业的普遍特征导致理智的个人去选择其他职业。

除了这种与生俱来的特点外，艺术家群体还表现出另外一些特征。

就年龄分布而言，艺术家群体中年轻人的比例较高。由于年轻，更容易蔑视风险。然而，在艺术领域，经验的积累是通向成功的重要途径。不过，也存在像舞蹈这样对身体有较高要求的艺术领域，这一领域注定需要年轻人。

从收入来看，艺术家群体平均收入较低。一方面是由于工作弹性带来的不连续的短期合同而造成的，另一方面是由于在成功之前往往需要漫长的经验积累过程。成名的艺术家不仅收入很高，也在很大程度上占领了消费者选择其他艺术家的机会。

艺术家群体的特点使得公共资金或政策的扶持成为必要的选择。社会常常需要提供公共资金扶持处于劣势的艺术家以保护传统文化或保留文化的多样性，比如对非物质文化遗产的保护。同时，艺术家也需要法律，特别是版权法以保护艺术家的权利，因为艺术品尽管具有很强的异质性，但艺术市场的不合法利用现象仍旧大量存在，技术发展也给仿制伪造留下空间。

二、艺术家的市场特征

与其他劳动力市场不同，艺术家市场具有以下特征。

（1）身兼数职。首先，艺术家可能只能从其创作的艺术品中获取较低的收益，有些艺术家特别是刚踏入艺术领域的艺术家甚至无法通过创作艺术品获取足够的收入来满足必需的生活。其次，如果存在其他可赚钱的机会，艺术家可以利用这些机会使自己迅速而有效地获得收入，从而使他们在工作之后能够最大限度地把剩余时间用于非营利性艺术工作。因此，艺术家极有可能从事其他非艺术工作。此外，艺术家身兼数职也可能在于，大多数艺术家与雇主之间只签订项目制的短期合同，在同一时间艺术家可能为不同的项目工作，或是从事多种职业。

（2）大多数聚集在城市。这与文化企业聚集在城市相关。文化企业之所以聚集在城市特别是城市的某一特定区域，主要原因在于：①艺术产品和服务的消费者主要是当地居民；②聚集区内上下游企业的合作能够有效降低企业之间的交易成本，特别是降低企业收集信息的成本；③在聚集区内，各种人才会集在一起有利于降低企业的招聘成本，并吸引更多的优秀人才。由于城市集中了大量的同类文化企业，因此，吸引了众多的艺术家，反过来，众多艺术家的聚集又促使更多的文化企业聚集在一起，二者相互影响。

（3）性别歧视并不明显。一般的劳动力市场的职业存在较为明显的性别差异。但在艺术劳动力市场上，女性也受到雇主的青睐，女性同样可以通过自己的努力获得成功。

（4）工作时间弹性较大。艺术家的工作时间富有弹性，原因在于：一是文化领域特别是视觉艺术领域进入壁垒低，使得从业人员的工作不具连续性；二是文化产品的多样性使得文化领域多以项目为基础进行生产。

专栏

维尔苏斯：艺术家与艺术商①

（5）从业人员收入分布不平衡。超级明星理论（Rosen，1981）在一定程度上可以解释艺术家之间收入分布不均衡的现象。导致艺术家之间收入巨大差异的原因在于：第一，假设人们对艺术家的才华达成共识，并且可以无成本地欣赏到艺术家才华，而任何特殊才华都具有不可替代性，因此，在对艺术家的需求不降低的情况下，艺术家的收入将提高；第二，受新媒体的影响，市场规模的增加允许联合消费。

第三节　艺术职业与艺术人才过度供给

一、艺术职业的选择

根据人力资本理论，职业选择建立在职业寿命的期望收入基础之上。由于能力偏差会降低获取技能和资质的成本，学生们将基于其比较优势选择职业。从整个社会来说，个人理性行为将导致人力资本最优配置。某一职业存在过度供给将减少收入并降低个人回报率，

---

① 相关著作参考：Olav Velthuis. Talking Prices: Symbolic Meanings of Prices on the Market for Contemporary Art.

进而造成从事这一职业的人们至少在某种程度上转而换成其他职业，从而使得劳动力市场达到均衡。技能欠缺将鼓励在职培训，需要在高等教育和职业培训花费更大投资的职业，为人们提供了一个更高的终生收入以弥补更高的学习成本。工作经验增加了人力资本从而获得了更高的收入。

上述理论是否适用于艺术家劳动力市场？或者艺术家劳动力市场真的与其他劳动力市场有所不同？人们普遍认为，甚至艺术家自己也经常声称，他们可能并不是追求财富的最大化（Abbing，2002），但这一行为假设难以直接验证。问题的关键在于，艺术职业的选择是否建立在对人力资本进行投资的私人回报率基础之上——这一比率取决于学校教育成本和艺术家收入。Towse（2010）认为，人力资本理论在艺术领域的应用范围有限。

调查显示，艺术领域某群体的收入中值总是低于其他职业同样群体的收入中值，尽管艺术家受教育程度高于平均值。在艺术领域，更低的期望寿命收入与更高的机会成本，使得贴现成本超过贴现收益。艺术寿命更长的艺术家可能逃脱这一"厄运"，有些艺术家到生命结束还在工作，即使他们不在人世，仍然可以源源不断地获得版权收入。[①]

二、艺术人才的培养

学校正规教育是否能增加艺术家人力资本以及培训是否能增加天赋不足的艺术家价值仍旧存在争议。但不可否认，可以通过学校正规教育、培训以及资格论证等方式培养艺术人才（厉无畏，2006）。

（一）学校正规教育

毫无疑问，学校正规教育是培养艺术人才最为重要的途径。比如，英国在创意教育方面的实力首屈一指，伯明翰艺术设计学院、格拉斯哥艺术学校、东伦敦大学、爱丁堡艺术学院、肯特艺术与设计学院、伦敦学院、利兹城市大学、雷文斯本设计与传播学院、威尔士大学等都相继开设了创意类专业。在全英国范围内开设的创意类专业学位课程超过37000个，其中艺术设计类课程占了很大比例，而且层次多样，分为职业课程、本科课程和研究生课程。

由于文化产业涉及的门类较多，要求艺术人才综合能力较强，知识要全面，因此学校在设置学科时要兼顾文化学、传播学、新闻学、艺术学、管理学、经济学、计算机科学等学科的知识。这样，高校在师资配置上应尽可能地引进既有文化、艺术又有经济学等背景知识的人才任教。学校在教育方法上要勇于创新，打破旧的教育模式，着重提高学生的综合素质，在强调人文和文化知识的同时，要注重文化经营管理理念的培养。加强国际合作，注重国际交流，加大文化产业相关学科的对外交流力度，为学生和教学人员创造更多与海外著名艺术人才和艺术机构接触的机会，拓展他们的视野。注重"产学研"相结合，加强

[①] Towse, R. Human capital and artists' labour markets. In Ginsburg, V.A. and Throsby, D.(eds), Handbook of the Economics of Art and Culture, 2006: 865-894.

与企业的联系,为学生创造更多的实践机会,从而增加学生的实操经验。

(二)培训

对已经有一定专业知识和专业技能的艺术从业人员进行培训,是培养合格艺术人才的一条捷径。从事培训的主体主要包括高等院校、政府劳动主管部门以及相关企业等。

高等院校拥有丰富的科技和智力资源,完全可以承担起艺术人才的培训任务。文化产业界、政府主管部门应与高等院校建立培训合作机制,文化产业界、政府主管部门可以制订相应的人才培训计划,而高等院校负责组织有效的教育资源来实施这一计划。为了调动文化产业界以及高等院校的积极性,政府相关部门可以设立艺术人才培养基金,对文化企业和高等院校给予一定的补贴。

政府主管部门可以根据文化产业发展的需要,有针对性地组织培训项目,从而提高相关艺术人才的素质,缓解这一领域人才缺乏的局面。比如,某市劳动部门针对创意人才短缺这一现状启动了"创意型人才培养工程"。这一项目的培养对象为广告业、建筑业、数码媒体业、工艺品产业、文化产业和设计业六大类行业中从事创意工作的人员,培训项目初步定为视觉设计、工业设计等七大类专业,共涉及近40个具体职业工种(模块)。

同时,国家应鼓励其他专业的培训机构充分利用其自身的优势积极参与对艺术人才的相关专业知识的培训,丰富艺术人才的知识结构,提高艺术人才的综合素质。引进境外知名培训机构项目,借助"外脑"培养国内本土艺术人才。

(三)资格认证

对艺术人才进行资格认证是培养艺术人才、规范艺术人才市场的一个重要手段。

文化产业是一个新兴产业,新职位不断涌现,需要政府劳动部门进行资格认证,以规范对从业人员的专业素质要求,理顺人才市场的运作,同时提高从业人员的素质和积极性。比如,我国部分地方的劳动部门推出了包括游戏美术设计师、游戏程序设计师、食品处理技术、色彩管理技术、摄影师、数码影像技术工、服装制版师等职业技能鉴定,鉴定级别分为五级,各级别标准各不相同。

三、艺术人才过度供给

社会学家、经济学家和史学家在谈及艺术人才市场时都认为这个市场存在过度供给。比如,经济学家认为,由于政府强大的支持以及自由市场的兴起增加了更多的工作机会,因此,在莫扎特时期维也纳涌现了大量试图靠作曲为生的作曲家,造成音乐市场劳动力供给过度。这实际上道出了为什么艺术人才市场会出现过度供给的部分原因。

学校教育是造成艺术人才过度供给的又一因素。大量的学校开设有关艺术方面的专业课程使得更多的人有机会系统学习专业知识,为艺术劳动力市场提供了大量的艺术人才。虽然艺术劳动力市场一度存在比较高的失业率,但这种"阵痛"并没有打消学生进入这一行业的热情。曾有学者对 19 世纪英国音乐行业进行过调查，发现过去的 60 年里，音乐家是增长最迅速的专业人员群体。这些音乐家通过成立专业协会和工会组织应对这种残酷的竞争。

对文化产品和服务需求的增加也会造成艺术人才过度供给。城市化、受教育程度的提高、收入的提高、业余时间的增加以及公共基金的增多等，提高了个人和公共机构对文化产品和服务的需求，进而吸引越来越多的企业和个人从事艺术行业。这种需求又间接地刺激了培训机构的扩张，进而导致大量的艺术人才出现，造成供过于求的局面。

技术的革新降低了文化领域的进入壁垒，增加了艺术人才的供给。特别是对于工艺品行业而言，技术的创新降低了这一行业的专业性水平，流水线的作业方式使得普通人只要掌握某一项技术就可以从事这一行业，无形之中降低了这一行业的门槛。比如，深圳大芬油画村以流水线作业的方式临摹原创作品，批量生产各种油画。在这里，有意从事这一行业的人只要花上数千元的培训费，培训几个月就能成为一名画工。

组织的柔性是造成艺术人才过度供给的另一重要因素。文化企业的生产主要以项目为导向，为了节约成本，企业往往尽可能地临时聘用各类人员，随着项目的结束，这些艺术人才又进入到人才储备库。比如表演行业，在项目制的表演艺术机构中，雇主通常从表演行业劳动力市场上招聘艺术人才和其他工作人员以减少日常管理费用。由于有丰富的可供选择的表演人才，雇主可以组建高效且富有竞争力的临时团队，在演出结束后，这些团队自动解散。出版业和音乐行业也存在类似情况。

第四节 创意阶层的崛起

一、创意阶层概述

Florida（2002）在《创意阶层的崛起》中最早提出了创意阶层的概念。他通过对创意经济时代美国社会阶层结构进行考察后发现，美国社会阶层结构发生了重大变化，除了劳工阶层、服务阶层外，一个新的阶层正在兴起，并且已成为美国社会的支配阶层。他把这个阶层称之为创意阶层。他明确提出，创意阶层是从事"创造有意义的新形式"的工作阶层。接着，Florida 进一步把创意阶层分为"核心群体"以及"创新专家"两种类型。前者包括由科学家与工程师、大学教授、诗人与小说家、艺术家、演员、设计师与建筑师等构成的"超级创意核心群体"，以及由非小说作家、编辑、文化人士、智囊机构成员、分析专家、其他舆论制造者等构成的现代社会的思想急先锋。后者主要包括在高科技、金融、法律等知识密集型行业的从业人员。Timberg（2015）在 *Culture Crash: The killing of the creative class* 一书中指出，从文艺复兴开始，扮演辅助角色的阶级也是重要的创意阶层成员，如那些帮助创造或传播文化的人，如除了雕塑家和建筑师以外的播音员、书店职员、剧场布景师、图书出版社的编辑等。

相比于 Florida 和 Timberg 对创意阶层理解的宽泛性，我国学者蒋三庚等人（2009）则集中于文化创意产业链的不同环节,从创意人才角度将创意阶层分成三种类型,即创意生产者、创意策划者以及创意成果经营管理者。创意生产者包括艺术工作者、设计师、民间艺术家和民间手工艺人等。创意策划者包括导演、广告策划人以及项目策划人等。创意成果经营管理者包括项目经理、公司经理、经纪人以及中介人等。

与传统的劳工阶层和服务阶层主要依靠执行规则获取报酬不同,创意阶层更强调通过打破规则和创造规则而获取报酬。

二、创意阶层的特征

创意阶层既不是传统价值观的拥护者,也不是随波逐流地认同现代价值观,其特征可以归纳成三个方面(Florida,2002)。一是个性化。创意阶层具有强烈的个性化与表达自我的倾向,他们不喜欢循规蹈矩,更不愿意听从组织或机构的指挥,"特立独行""行为乖僻"往往是他们的标签。二是精英化。创意阶层有一个共同的品质,即非常崇尚精英人物所具备的实力。创意阶层希望凭工作的优秀表现获得成功,但他们的成功不是以金钱为主要衡量标准。创意阶层接受了精英管理思想,他们希望赢得同行的认同和尊重,进而不断激励自己。三是多样性与包容性。多样性并不是一种政治口号,创意阶层非常看重多样性,并希望它在各个层面都能体现出来。创意阶层喜爱具有多样性的群体,渴望一个有包容性的环境,这种环境对种族、性别、性取向、宗教信仰等持中立态度,不会以某种歧视的理由排斥其他人。在 Florida 分析的基础上,Timberg(2015)进一步认为,创意阶层的特征还应包含一定的传播力。没有传播力,文化将无法被传递到观众手中,文化将会孤掌难鸣。缺乏传播力的创意天才,代表的是浪漫主义时代的遗物。

我国学者结合国内现状研究后,提出了创意阶层的四个特征(易华,2010)。①就个人特征而言,创意阶层具有创意和创造力,他们的受教育程度普遍较高,具有一些共同的价值观和能力。②就工作特征而言,创意阶层主要以团队形式进行创作,注重工作的价值和弹性。③就消费特征而言,创意阶层崇尚多样性文化,注重体验式消费。④就地理特征而言,创意阶层偏好基础设施水平较高、社会文化氛围包容性较高的城市,这些城市主要为他们提供了便利的生活条件。与其他阶层相比,创意阶层的最大区别在于他们的创造性、创新性,是赋予产品高附加值的人。

从创意管理的角度,创意阶层是内容创意的主要提供者,内容创意生成的背后是创意阶层对文化价值和经济价值,特别是文化价值的偏好。他们自身的综合素养特别是文化素养使得他们能够创造出既有文化情怀、又有市场效应的创意内容。因此,可以把创意阶层界定为文化价值和经济价值双重目标下的文化创意的提供者。

三、创意阶层的回报

对创意阶层而言,文化创意的动机有内在动机和外在动机之分,相应将获得内在回报

（如认同和尊重）和外在回报（如金钱报酬）（Frey，1997）。内在动机是创意阶层出于内心追求，比如自身对艺术的热爱而自觉地、主动地进行文化创意。在这种动机驱动下，创意阶层的文化创意是一种纯粹的、非经济目的的"为艺术而艺术"的行为，是满足艺术家自身获得尊重（如同行认同、赢得社会尊重）甚至自我实现（如开创新的流派）的精神层面的需要。外在动机是创意阶层受到外在刺激，而非自觉地、被动地，有时甚至是违背自身意愿地进行文化创意。在这种动机驱动下，创意阶层的文化创意是为了借助文化创意这一介质而获取相应的经济效益，从而满足创意阶层物质层面的需要。

"挤出理论"认为，内在驱动的人被给予外在回报时会引起意外的挤出效应，使得本该充当驱动力的因素失去驱动力甚至起到相反效果（Frey，1997）。由可以推测，创意阶层受外在动机的影响进行创作，其艺术品数量将会上升，而质量反而会下降。然而，也有经验表明，如果以恰当的外在回报方式给予创意阶层的内在动机以支持，那么将发生"挤入效应"。显然，适宜的制度安排对激励文化创意显得尤为重要，比如版权法律就是这样的一种制度（Towse，2011）。

2015年全国艺术创作工作会梳理了艺术创作生产面临的六个方面的主要问题，提到两个"重"和两个"轻"。其一，重市场轻责任。受市场利益驱动，有的艺术工作者投机取巧、沽名钓誉、自我炒作、一味媚俗，把作品当作追逐利益的"摇钱树"，成为市场"奴隶"。究其原因，是他们在市场经济大潮中迷失了方向、放弃了责任。其二，重评奖轻评论。评奖过多过滥，奖项重复交叉，有的艺术工作者为获奖而创作，把评奖当作"指挥棒"。一些艺术评论沦为"人情评论"和"红包评论"，盲目套用西方文艺理论来剪裁中国人的审美，用简单的商业标准取代艺术标准，弱化了评论褒贬甄别的功能，销蚀了其战斗力和说服力。由此反映出外在回报带来的"挤出效应"在我国艺术创作中非常明显。

案例分析

铁人的"因"与"果"[①]

艺术家或宽泛的艺术人才是文化经济活动中最为重要的群体，因此本章关注的劳动力市场侧重探讨艺术家劳动力市场的相关问题，主要涉及闲暇劳动力的供给与需求、艺术家的界定及其基本特征、艺术家市场的特征、艺术人才过度供给的成因、创意阶层的崛起等方面。

闲暇劳动力是对闲暇有特殊偏好的特殊劳动力，闲暇劳动力理论为艺术家的劳动力市场分析提供了理论基础。闲暇劳动力的供给曲线有着鲜明的向后弯曲特征，这与闲暇劳动力的替代效应与收入效应有关。艺术家是典型的闲暇劳动力，对闲暇有着特殊的追求和热爱，有着特殊的供给曲线。

---

① 原载于《创意管理评论》第五卷，作者李婷婷。

艺术家是具有高度异质化的群体，这种异质性是由艺术创作本身决定的。艺术家市场具有以下特征：身兼数职，大多数聚集在城市，性别歧视并不明显，工作时间弹性较大，从业人员收入分布不平衡。

调查显示，尽管艺术家受教育程度高于平均值，但艺术领域某群体的收入中值总是低于其他职业同样群体的收入中值。这与艺术人才的过度供给有关。造成艺术人才过度供给的原因是多方面的，既与政府强大的支持、大量的学校开设有关艺术方面的专业课程有关，也因技术的革新降低了文化领域的进入壁垒，增加了艺术人才的供给。组织的柔性管理也催生了艺术人才过度供给。

创意阶层是最近20年艺术家劳动力市场发生的重要变化。与传统的劳工阶层和服务阶层主要依靠执行规则获取报酬不同，创意阶层更强调通过打破规则和创造规则而获取报酬。对创意阶层而言，文化创意的动机有内在动机和外在动机之分，相应将获得内在回报（如认同和尊重）和外在回报（如金钱报酬）。内在回报和外在回报间存在"挤出效应"。

思考与练习

1. 如何理解闲暇劳动力？
2. 有数据统计，出生在四川或在四川工作过的中国当代艺术家占据半壁江山，如何解释这种现象？
3. 分析艺术家劳动力市场的特殊性及其成因。
4. 中国艺术人才是否存在过度供给？是总量上的过度供给，还是结构上的过度供给？
5. 创意阶层与传统的劳工阶层、服务阶层的差别是什么？
6. 分析发生在创意阶层上的挤出效应和挤入效应。
7. 年薪100万元的设计师和年薪10万元的设计师，他们的差异在什么地方？解释这种差异。

第六章 文化企业家

> 在舒尔茨的商业策略里,他将咖啡豆浪漫化了。
> ——道格拉斯·霍尔特和道格拉斯·卡梅隆《文化战略》

史蒂夫·乔布斯1955年出生于美国加利福尼亚州旧金山,被认为是计算机业界与娱乐业界的标志性人物。他经历了苹果公司几十年的起落与兴衰,先后领导和推出了麦金塔计算机、iMac、iPod、iPhone、iPad等风靡全球的电子产品,深刻地改变了现代通信、娱乐和人们的生活方式。乔布斯也是前皮克斯动画工作室的董事长及首席执行官。

1985年从苹果辞职之后,乔布斯花费1000万美元收购了Lucasfilm旗下的电脑动画效果工作室,并成立独立公司——皮克斯动画工作室。该公司成为众所周知的3D电脑动画公司,并在1995年推出全球首部全3D立体动画电影《玩具总动员》。

乔布斯深知美学的重要性。重回苹果后,1998年乔布斯召开了一次会议,并提出了这样的问题——苹果产品的问题就是出在没有美学因素。随后推出的iMac,创新的外壳颜色透明设计使得产品大卖,并让苹果度过财政危机。

乔布斯让人们对苹果公司产生了这样的印象,即苹果打动消费者的不是其生产的产品本身,而是这些产品所代表的意义。

2011年乔布斯去世,比尔·盖茨说:"很少有人对世界产生像乔布斯那样的影响,这种影响将是长期的。"

保罗·艾伦说:"他懂得如何创造出令人惊叹的伟大产品。"

你怎样看待乔布斯,相对一般意义的企业家他有什么不同?

第一节 文化创业

创业是现代经济中最难以琢磨和极易被误解的概念之一。讽刺的是,它常常被许多现代经济学家极大地忽视,却又被他人错误地反复提及。因此,在讨论文化创业之前需要对经济学家所理解的创业的含义和作用进行思考。[①]

一、简史

理查德·坎蒂隆(Richard Cantillon),一个拥有西班牙名字却定居法国的神秘爱尔兰

---

① Mark Blaug, Ruth Towse. Towse R. A Handbook of Cultural Economics. Second Edition. Cheltenham: Edward Elgar, 2011: 153-158.

人。在其出版于 1755 年的法语著作《商业性质概论》中使用了"企业家"一词,从现代意义而言他是第一个使用这个术语的人。在该法语著作中,他认为企业家通过冒险给市场带来竞争——他们以确定的价格买进再以不确定的价格卖出。他明确指出企业家和资本家的功能是不同的。资本家拥有资本并雇佣劳动力,目的是获得资本回报。但企业家从事商业经营时却可以不依赖这两样(资本和劳动力)。

从这个观点来看,他远比亚当·斯密先进。亚当·斯密没有做这样的区分,而是使用英语术语"计划者(projector)"和"承担者(undertaker)"来描述那些结合了资本家和管理者角色作用的商业经营者。穆勒在《经济原理》中普及了"企业家"这个术语,却保留了斯密派关于企业家角色的概念。这个观点一直盛行,直到 20 世纪早期熊彼特的著作出现。

二、熊彼特派的观点

约瑟夫·熊彼特关心的是企业家通过创新实现发展的能力,他在《经济发展理论》一书中将创新者确定为企业家。熊彼特的"创新",不同于"发明",指的是新技术、新产品、新的原材料和新的产业组织的发现。他认为创新是对于现状的不可避免的"创造性毁灭",使经济得以发展。创业就是这种动态的改变和增长的力量,其回报就是利润。企业家可以是资本家或公司管理者,由于创新活动而获得回报。而且,熊彼特意识到,一旦一项新的事业被建立起来,生意就会固定下来并且失去创业的动力,企业家就会转变为单纯的资本家或管理者。这些生意先是由于创业的因素形成垄断,然后通过进一步的努力保持垄断。

三、现代发展

历经一段时间,熊彼特派的观点才为现代经济学所采纳。公司的新古典理论中并没有容纳企业家的空间,因此那些不赞成新古典理论的人采纳并发展了创业的概念。新奥地利学派就创业利润的本质进行了争论:它到底是通过对熊彼特创新机会的"警觉"而被偶然发现的收入,还是积极行动去创造新利润来源机会的回报?一些经济学家质疑创业活动是否总是有益的创新,以及它是否只是以公司接管、避税努力、专利诉讼或其他类似形式存在的一种寻租行为。Baumol(1990)区分了有成效的创业活动和无成效的创业活动,后者对社会贡献的减少大于增加。他还认为是资本社会的全部"游戏规则"决定了企业家行为的明确本质。

创业不仅局限于经济活动:大体上而言,那些会做出异于常人判断的个体在所有社会中都会有所表现,同经济领域一样,政治和军事领域也为创业提供了诸多适用范围。

四、文化创业的动机

尽管如我们以下所见的许多企业家,都变得富有了,但是利润并非驱使他们的动机。

正如 Swedberg（2006）指出，根据熊彼特的观点，企业家主要为非经济利益动机所驱动，比如建立商业帝国、与来自于外部及内部的阻力抗衡、猎奇和最终完成项目。受到熊彼特精神的启发，Swedberg 将文化创业看作是在文化范围内一些新的并被欣赏的创造力，内在的、固有的动机才是其驱动力量。

五、文化创业的边界

在剧院业中：莎士比亚、伊丽莎白时期的剧作家和演员群体中的一员，拥有、建造和管理了伦敦的剧院。在我们的时代，韦伯是一系列流行音乐的作曲家，也是 Really Usefull 戏剧公司的创始人，在伦敦拥有许多剧院，还拥有一些公司持有自己的音乐版权，出版、复制音乐以及生产电影。

在音乐界，意大利戏剧企业（组织）委托剧作家（通常是知名诗人）和作者（如 Bellini、Donizetti、Rossini）制作新产品（戏剧），做出生产安排，包括雇用歌手、音乐家、服装和道具，筹措大量资金，并安排到处巡回演出。这种组织方式从 18 世纪中期一直运作了百余年。直到音乐出版商 Ginlio Ricordi，一个优秀的企业家，改变了这一模式。瓦格纳为自己的戏剧写剧本和音乐，并通过剧院设计、运作革新了戏剧的生产方式。卡特创立了一家戏剧公司并委托 Gilbert 和 Sullivan 写剧本，采用音乐会代理（代表歌手 Adelina Patti 和作者 Oscar Wilde 等），通过伦敦的剧院和酒店房产获得收益。狄亚基列夫创立了公司，组织巡演，委托 Debussy、Ravel、Satie、Prokofiev 和最有名的 Stravinsky 写作剧本，雇用 Fokine 编舞，还拥有传奇舞者 Nijinsky、Pavlova，并一直保持公司运作直到 1929 年去世。

文化产业中，华特·迪士尼曾是一名演员、动画设计者、剧本作者，以及世界上最有名的电影制片人和导演。2008 年，迪士尼公司总收入接近 400 亿美元。在荷兰，恩德，一位德国亿万富豪、戏剧制片人、传媒大亨，也是 Endemol 公司（拥有蝙蝠侠的电视版权）的创始人之一。他的生意伙伴 John de Mol，创作了 *Big brother* 和 *Deal or No Deal reality* 的电视版，并因此变得富有。我们也不要忘记斯蒂芬·斯皮尔伯格，电影导演和制片人，掌握着 Modern Blockbuster 电影公司。

上述这些案例中，有一些是艺术家通过别的商业活动补偿自己的艺术工作，他们在自己的艺术中是个体的创新者。还有一些是主要从事文化商业的人，他们非常有名而且部分人还很富有。这样的文化创业事例不胜枚举。

但边界在哪里？比尔·盖茨进行的是文化创业，因为他创造的软件事业？理查德·布兰森进行的也是文化创业，因为他创立了录音公司和广播站？

案例观察

音乐剧大师韦伯①

---

① 来源：好奇心日报，2018-03-06。

文化创业从新奇的文化活动中产生收益，文化创业不只是管理文化活动，更重要的是对能带来收益机会的警觉，包含新产品、新材料、新流程或所有这些要素的某种结合。文化创业的案例研究显示，文化企业的创始人——是他们拥有很强个人印记的帝国的建造者。

第二节　文化企业家现象

一、新兴的文化企业家

随着文化产业的兴起，文化企业家作为企业家群体中特殊的人群逐渐进入研究人员的视野，文化企业家是一个尚未明晰且易被误解的新兴概念。[①]

Mokyr（2013）认为，文化企业家是认识焦点的创造者，这种焦点是由人们众多看法整合而成的。他认为，文化企业家具有劝说别人放弃现有观点和说服别人接受其看法的能力。这表明，文化企业家一般具有敏锐的社会观察力以及较强的创新能力，是新奇事物的创造者，能够开辟新的市场。但 Mokyr 关于文化企业家的界定并没有突出文化企业家与工业企业家的不同之处。

由于文化企业家要设法应付过度供给、不确定需求以及社会给定的评价标准等状况（Foster 等，2011），因此，Ellmeier（2003）认为文化企业家"是一个掌握了多种技能、适应性强、能屈能伸且特立独行的人；他们工作地点不固定，会随时去其他有艺术、音乐或媒体领域的地方工作"。这表明，文化企业家是创意产品的创造者，他们从事工作的地点并不局限于固定地点，他们的工作动力更多地来自于他对这一行业的热爱。

Scott（2012）则指出，文化企业家是一群由大多数年轻人组成的社会群体，他们的主要生活目标是能够在艺术圈里立足。这些人有一个共同点，即他们在生产文化产品的同时还在文化领域或非文化领域做一些其他有偿工作，原因在于这些工作所获得的收入能够保证他们从事艺术生产。他进一步指出，文化企业家同时具备以下三个特征：首先，这些人创造了新的文化产品，如歌曲、唱片以及录像和演出等；其次，作为一个"新口味制造商"（Bourdieu，1984），他们倾向于获得生产人们认同和符合社会发展轨迹的文化产品的机会；最后，他们是"企业家"，受其劳动力市场地位的影响，即使在没有大量经济资本的情况下仍不得不找到各种创新方式来生产文化产品。Scott 显然注意到了文化企业家与工业企业家的不同之处，并明确指出了文化企业家既是艺术产品的创造者也是艺术产品生产的组织管理者。换句话说，文化企业家既是艺术家也是企业家，是二者的复合体。

全球文化创业中心（Global Center for Cultural Entrepreneurship）将文化企业家理解为文化变迁的代理人[②]。他们创新性的解决方案带来了有经济性的可持续的文化企业，为文化产品和服务的生产者和消费者创造了文化价值并提高了社会生活水平。文化企业家通过组

[①] 林明华，杨永忠. 创意产品开发模式：以文化创意助推中国创造. 北京：经济管理出版社，2014：81-84.
[②] 全球文化创业中心关于"文化企业家"的观点参见其网站 www.creativestartups.org.

织与配置文化资本、金融资本、社会资本和人力资本,使文化与经济结合,在获得个人收益的同时,有力地推进文化产业发展和国民收入增加。安海尔(2012)进一步认为,文化企业家具有三重身份:以战略家的身份建立关键性的新的愿景,以改革者的身份创造出新的可能性,以催化剂的身份使事情发生[①]。

我国学者罗贵权明确指出,文化企业家是指"具有创新精神并从事创造性文化产业活动的企业经营者"。[②]他认为,文化企业家与工业企业家的不同点在于:一是关注的产品性质和用途不同,前者提供的产品是满足人们精神方面的需要,后者提供的产品是满足人们物质方面的需要;二是对员工素质要求不同,前者要求员工要有良好的专业文化素质,后者则关注员工的劳动熟练程度和专业技术水平;三是对企业效益的要求不同,前者将努力做到经济效益和社会效益相统一,后者则始终以经济效益为其经营管理目标。借鉴Throsby的艺术家决策模型,杨永忠和蔡大海(2013)研究后认为,文化企业家同时受到文化价值和经济价值的激励,两种价值的激励效果受到文化企业家自身价值偏好的调节,这种偏好与收入水平、收入多样性、文化经验、声誉、目标市场和行为观念等因素有关。

二、文化企业家的基本特征

除具有一般企业家的特征外,文化企业家还具有以下基本特征(林明华和杨永忠,2014)。

(1)文化企业家掌握了多种技能。一般说来,文化企业家也是资深的艺术家、设计师,类似Florida(2002)所说的"创意阶层"。他们一般掌握了专业知识,对各种新观念新看法总是保持一颗强烈的好奇心,能够与不同文化背景的人们交流沟通进而不自觉地扩大自己的知识面,提高自身的多种技能。由于本身具有较高的文化素养,文化企业家能够敏锐觉察隐藏在人们内心的消费观念和购买欲望。

(2)文化企业家比工业企业家承担更高的市场风险。由于创意产品是满足人们精神方面需求的,需求具有更高的不确定性,因此市场风险更高。

(3)文化企业家具有较高的资源整合能力。文化企业家经营的企业规模偏小,实力不足。因此,新创意产品开发过程中要求他们要有更强的资源整合能力和商业模式创新能力。

(4)文化企业家在追求经济效益的同时也看重社会效益。作为企业家,为了企业的生存需要他们以经济效益为目标,但由于他们又有强烈的社会责任感,促使他们在创造产品时会考虑产品所产生的社会影响,兼顾社会效益。

(5)文化企业家总是试图营造充满包容性、开放性的工作环境。原因在于,文化企业的核心创意阶层往往偏好这种包容而开放的环境,在这种环境下能够激发他们更多的创作灵感,创造出更多的创意内容。

---

① 安海尔. 对文化企业家的新的界定//杨永忠. 创意成都. 福州:福建人民出版社,2012:86-88.
② 罗贵权. 深化对文化企业家的研究. 人民日报:2012-02-29.

第六章 文化企业家

第三节 文化企业家的市场角色与市场行为

一、文化企业家的市场角色

观察绝大部分文化产业链，可以看到明显的两极：一端是类似艺术家的内容生产人员，他们"无中生有"地创作出新奇的文化内容；另一端是普通的消费者，他们购买并享受文化产品和服务的好处。在这个过程中，通过市场作为媒介，艺术变成了商品。在这个转化过程中，文化企业家的作用显得非常关键，同时承担代理人和"看门人"的角色。

就代理人角色而言，文化企业家是消费者口味的代理人，即他们天生就必须站在消费者的角度去审视文化产品。这和一般的艺术家有很大不同，大部分艺术家或文化创作者往往只考虑自己的想法而不太会考虑消费者对自己作品的看法。这些创作者显然忽略了其作品不符合消费者意愿而不被购买这一事实。因此，文化企业家必须考虑市场对产品的接受度，要求创作者应根据市场口味对其文化创意进行相应的调整。

就"看门人"角色而言，在实际的生产中，文化创意往往是超额供给的，电影剧本、艺术表演、小说手稿等各种可能商业化的文化创作，源源不断地呈现在文化企业家面前。因此，文化企业家需要从中挑选出能够用于生产的文化创意并做出提供给消费者哪些文化产品和服务的决策。这个选择的结果依赖于文化企业家的目标，比如看重经济利益的目标可能导致急功近利的庸俗文化生产。具有很大市场势力的文化企业家甚至会试图将消费者的口味锁定在某一特定产品类型，以获取垄断租金（Cameron，1995）。

文化企业家在文化创意提供者和消费者之间起到"过滤器"或媒介的作用，他们有能力去影响创作者的产出。比如，倘若出版商认为大多数女性读者喜欢以幸福结尾的爱情故事，他们会委托创作者创作这类故事而不出版其他伟大的文学精品或具有社会意义的作品，并使这一类型的作品经久不衰。虽然利润最大化仍然是文化企业的主要目标，但这种目标也可能受到文化企业家迎合特定的艺术和文化标准或获得艺术成功的渴望影响而被相应调整。

二、文化企业家的市场行为

文化企业家是文化变迁的代理人，他们通过组织文化资本、金融资本、社会资本和人力资本，使文化与经济获得快乐的结合、艺术家的梦想与企业家的冒险得到创新的结合，在获取个人收益的同时，有力地推进文化产业发展和国民收入增加。[①]

作为文化企业家，其市场行为具有四个结合。

（1）文化行为与经济行为结合。文化企业家具有文化与经济结合的战略理念，并致力于经济上可持续的文化企业发展，因此，他们熟悉和热爱文化，充满梦想地去寻求和实现

---

① 杨永忠. 民族文化创意的经济分析. 青海社会科学，2013（1）.

文化与商业经济的充分结合。在他们身上，既有文化专家的身影，也有企业家的身份。

（2）学习行为与创新行为结合。将文化转换为经济，是一种创造性的转变。要完成这一转变，文化企业家必须具有强烈的求知欲望，通过对文化知识和文化变迁、技术知识和技术变迁、管理知识和管理变迁等的持续学习和不懈关注，创新性地获取将文化转换为经济的解决思路。商业模式创新与文化企业家对市场机会的捕捉和把握能力息息相关。发现机会的能力是文化企业家从非均衡市场中敏锐地发掘可盈利的潜在价值，这是一种可习得的能力。文化企业家通过学习提升对机会的敏锐度，在对商业机会的捕捉中促进企业商业模式创新。商业机会越多则商业模式创新的频率就越高。商业模式创新给文化企业带来的成功大于产品创新、技术创新，甚至可以改变整个行业格局。

（3）组织行为与合作行为结合。由于文化创意的价值分布在文化、经济、技术、社会等多个环节，因此，在文化创意的经济活动中，文化企业家既要对存量的文化、金融、技术、社会、人力等资源进行有机的组织，又要积极探索与文化机构、经济组织、科研机构、社会组织的增量合作，拓展和丰富新的文化资本、金融资本、技术资本、社会资本和人力资本。

（4）自利行为与他利行为结合。由于文化创意产业在组织上表现的社会网络性、在空间上表现的混合再生性，决定了企业家在文化创意经济活动中的财富获取，必然建立在自利与他利有机结合的基础上。对文化企业家而言，在实现生产者财富的同时增加消费者的价值，在增加新的就业机会的同时保留城市或社区旧的空间情结，在经济得到发展的同时促进文化繁荣，将是符合文化创意产业特征、具备激励兼容效应的可持续的行为选择。

专栏

法希：赢利性的免费商业模式[①]

第四节　文化企业家资本

文化企业家在文化经营活动中扮演很关键的作用，除了风险承担，有效的资源配置也是文化企业家必备的能力。本书结合文化企业家的身份特性，从文化企业家的人力资本、文化企业家的社会资本和文化企业家的文化资本三个方面，阐述文化企业家在追求竞争优势时，各个资本的要素构成和重要性。

一、文化企业家的人力资本

人力资本理论指出，个体通过教育、培训和不同实践经验所积累的知识、技能和能力等均蕴含着不同程度的经济价值。文化企业家的人力资本，特指文化企业家这一特殊群体所具有的人力资本。文化企业家的人力资本有助于文化企业积累知识、技能和能力，是风险资本家在评估文化企业潜在的投资风险时常用的筛选指标，对于文化产业经营至关重要。

---

① 法希（Joëlle Farchy），巴黎第一大学经济学院教授，节选自 *A Handbook of Cultural Economic*。

文化企业家人力资本可以分为一般性人力资本和特殊性人力资本。前者指的是那些与文化经营活动没有直接关联的人力资本，如性别、年龄等。后者包括文化企业家所拥有的与文化经营活动紧密相关的人力资本，如文化企业家的实践经验、接受的专业教育背景等。在文化企业家人力资本的众多构成当中，实践经验和专业教育背景占重要地位。

文化企业家实践经验分为专业经验和职业经验两大类。专业经验反映了文化企业家的专业能力，如从业技能的资质认证和获奖情况等。职业经验反映了文化企业家在实际工作或创作过程中积累的相关文化行业的从业经历。实践经验能够在很大程度上减少文化经营活动过程中障碍，从而降低风险。

专业教育背景的典型代表是文化企业家接受相关专业教育的年限或学历学位，良好的专业教育是文化企业家进行文化经营活动的专业知识基础。良好的教育不仅给予了文化企业家某一特定领域的专业知识，更重要的是培养了他们在从业领域收集和处理各种信息的能力，从而使其对风险的认知更加敏锐和全面。

二、文化企业家的社会资本

社会资本是企业社会关系网络，社会资本属于无形资本，是一种非常重要的企业外部资源。在内部实力不足的情况下，企业完全可以通过启动其社会资本获得竞争优势。因此，社会资本无形之中构成企业之间看不见的异质性。

文化企业家的社会资本以文化企业家个人关系网络为核心，一个文化企业的社会资本网络的深度和宽度取决于文化企业家自身的社会资本网络构成。该关系网络可能是与生俱来的，如文化企业家家庭背景；也可能是在文化企业家发展过程中建立的，如文化企业家在商业活动中所建立的各种利益关系，包括政治关联、声誉威望、网络多样性等。

建立能够带来企业经济利益的关系网络，要求文化企业家具备一定的特质和能力。不仅如此，文化企业家还要有运用这种社会关系的能力。这种社会资本，不仅仅意味着如何链接人与人之间的关系，还包含这种关系的维持和运营。文化企业家的社会资本能够为企业发展获取更多的经济资源与发展空间，为文化企业带来竞争优势，对文化企业的发展效率有重要的影响。

三、文化企业家的文化资本

由法国著名学者布迪厄1986年首次提出的文化资本被认为是与人力资本、社会资本相对的一种重要资本。文化资本是指一系列能够带来价值增值的文化资源，与其他生产要素一样，在经济发展中起着解释变量的重要作用，贯穿于生产管理经营的始终。[①]

作为个体的文化企业家，其文化资本是文化企业家自身价值观、道德修养、思维方式、

---

① 关于文化资本的详细解释，参考本书第八章的讨论。

宗教信仰的聚合体现。文化企业家的文化资本具有以下特征。第一，象征性。文化资本是一种象征性资本，是文化企业家的无形资产。第二，转换性。在一定条件下，文化资本与人力资本、社会资本通过教育、身份、地位的制度化，可以实现彼此转换，从而获得价值增值。第三，个体性。文化资本的积累来自于长时间的家庭教育、学校培养和文化熏陶，每个文化企业家个体所处的环境不同，文化资本也存在差异。

文化企业家是文化的创造者、创新者和传播者，具有鲜明的文化资本特征。文化企业家的文化资本有助于文化企业家的人力资本和社会资本向文化产业领域的转化和发展，实现企业的价值增值，是形成企业家精神的重要源泉，是推动企业成长的重要内生力量。

第五节　文化企业家的决策

一、激励因素和偏好

1. 多维的激励因素

长期以来，企业家被视为追求经济利益最大化的决策者。但现代的企业家研究，在承认企业家必然受经济利益激励的同时，也认识到企业家的行为动机可能是复杂多元的，开始关注非经济激励的影响，包括建立"商业帝国"的热情、对胜利的追求、创造的喜悦、对事业的忠诚和责任感、获得社会承认和影响力等。

对于文化企业家来说，经济因素和上述非经济因素当然影响其行为决策。一方面，文化产品作为一种体验商品，必须满足市场需求的口味才能产生经济价值，因此为了维持个人和企业的生存与发展，文化企业家必须考虑市场口味进而获得足够的经济利润。另一方面，包括成就感、事业忠诚、社会影响力等一般的非经济因素也发挥着激励作用。值得注意的是，文化产业的独有特点和人文影响，使得某些与文化和文化生产本身相关的因素也影响着文化企业家，比如文化价值。为了从事文化产业，文化企业家必须具有一定的文化鉴赏力和一个所谓"文化圈"的稳定的社会网络（Velthuis，2005）。有学者通过案例研究表明，历史上的文化企业家通常也是文化产品的爱好者或是曾经的艺术家，出于个人审美和维护自己声誉的原因，他们在生产中常常追求产品的文化价值，即要求文化产品在审美的、精神的、社会的、历史的、象征的、真实的等多个维度上能满足某些标准，这些标准可能来自外部环境中的文化准则或文化企业家内在的鉴赏尺度。

2. 对不同激励的偏好

尽管多种因素可能同时激励文化企业家的行为，但对于不同的文化企业家，这些激励因素发挥的重要性是不同的。如果简单地只考虑经济价值和文化价值两种因素，那么对两者的权衡取舍，可以反映出文化企业家基本的激励偏好。具体地说，对于某一个文化产品的创作开发，是一味适应市场口味而创作完全通俗化甚至千篇一律的作品，还是坚持自身艺术追求而甘冒市场反应平平的风险，或多或少地取决于文化企业家自身的偏好。这种偏好可能是变化的,许多因素,比如企业性质、企业盈利水平、目标市场的不同,都影响着企业家的激励偏好。

文化企业家的行为激励,可能是为了追求多维度偏好(经济的、社会的、文化价值的)的联合最大化。因此,尽管有些文化企业甚至整个行业利润率并不高,仍然有人愿意继续工作。其他维度的偏好回报,一定程度上弥补了经济偏好的不足。

3. "工作偏好"的特点

对经济价值和文化价值的同时追求使得文化企业家呈现出与一般企业家不同的特点。一个明显的特点就是"工作偏好",分配给文化工作的时间受到维持生活需要的收入的约束,但与"传统的"劳动力经济学不同,它不受到休闲时间损失的约束——这就是 Throsby(2001)的"工作偏好"模型。简单地说,对于一般劳动力,单位时间工资收入的提高可能促使其减少工作时间去增加休闲和娱乐。而对于文化企业家,因为艺术性的工作本身就能带来对追求文化价值的满足,而单位时间经济收入的提高使他们更容易实现经济价值的目标,进而将更多的时间放在艺术性的工作上。

二、文化企业家的决策区间

和其他企业家一样,文化企业家为了企业生存发展和对利益相关者(比如股东)负责,必须要保证产品能实现一定的经济收入。因此,一般艺术家可以只追求作品的文化价值或艺术价值,而完全不考虑消费市场是否接受,但文化企业家的决策中必须要考虑产品的经济价值约束。[①]

具体地说,文化企业家的价值最大化问题为一个线性规划问题。

$$\max U = (1-\lambda)V_e + \lambda V_c$$
$$\text{s.t. } V_e \geq L, V_c \geq 0, 0 \leq \lambda \leq 1 \tag{6-1}$$

其中,U 表示文化企业家的目标函数,V_e 为产品经济价值,V_c 为产品文化价值,$L(L>0)$ 为维持文化企业生存的必要的经济价值约束。λ 表示文化价值偏好,λ 越大,文化企业家对文化价值的偏好越大。

首先,由目标函数式(6-1)可得:

$$V = -\frac{\lambda V_c}{1-\lambda} + \frac{U}{1-\lambda}$$

由于 $-\frac{\lambda}{1-\lambda} \leq 0$,从图 6-1 中可见,目标函数 U 的曲线斜率小于或等于 0,即目标函数 U 是一条向右下方倾斜的直线。

其次,引入曲线 S 代表文化产品的经济价值 V_e 和文化价值 V_c 的可能组合(见图 6-1),其变化特征反映了产品文化价值和经济价值的内在关系(Bryant and Throsby,2006):随着

[①] 杨永忠,蔡大海. 文化企业家的文化价值偏好:决策模型与影响因素. 财经问题研究,2013(12).

文化价值的增加，产品的经济价值首先呈现增加趋势，当文化价值达到临界值 $V_c(k)$ 后，经济价值达到最大值；随后，随着文化价值的增加，产品经济价值将不断下降，直到为零。

理性的文化企业家在一定的经济约束下，通过调整文化产品的投入安排，使曲线 S 与目标函数线 U 相切，切点 (V_c^*, V_e^*)，使文化产品具有适度的经济价值和文化价值，以达到 U 值最大化。

考虑到必须满足 $V_e \geq L$，因此文化企业家的决策区间（曲线 S 与直线 U 的切点）为图中 AB 区间。其中，A 点 $(\lambda=0)$ 代表文化企业家追求经济利益最大化的情况；B 点代表在满足最小经济约束时追求文化价值最大化的情况。可以看出，文化价值偏好 λ 越大，企业越倾向于追求较高的文化价值和较低的经济价值（即越靠近 B 点）；λ 越小，越倾向于追求较低的文化价值和较高的经济价值（即越靠近 A 点）。

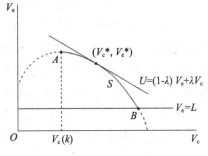

图 6-1　文化企业家决策示意图

三、有效率和无效率的文化企业家活动

文化生产的特点使得产品和生产模式的创新变得至关重要，但文化企业家的活动并非都与创新相关，这种创新也并非都有利于经济效率的提高。

观察文化企业家的活动，可以将其大致分为有效率的和无效率的。一方面，他们探索市场口味的变化，发掘新的创意人才，通过复杂的合同方式组织资本、技术、文化资源等各种投入，发展新的文化消费方式。这种有效率的活动，可以促进文化产业的模式创新，降低文化消费成本，给文化劳动者提供更多机会。另一方面，他们也可能积极投身于各种寻租活动，比如控制评论以锁定市场口味，在艺术劳动力市场上利用巨大势力来"剥削"普通艺术家，或者利用不完善合同和版权法律的漏洞来加强自身的垄断地位。这种无效率的活动，可能导致市场口味的单一化、文化资源的浪费和文化多样性的减少。

在一定的价值偏好的影响下，文化企业家在有效率和无效率活动之间的分配取决于两种活动的经济回报规则。比如，在内容创新能获得有效的版权保护从而获取较大经济回报的市场中，文化企业家更倾向于对产品不断创新改良的活动；而在不受监管的垄断定价行为能带来巨大回报的市场中，文化企业家就更喜欢通过独占销售渠道等行为来扩张自己的市场势力。不能忽视的是，文化企业家对不同活动的分配，可以极大地影响整个产业的创新和效率进步，以及新技术的传播程度。

文化创业理论为我们观察文化企业家提供了理论基础。文化创业从新奇的文化活动中产生收益。文化创业不只是管理文化活动，更重要的是对能带来收益的机会的警觉，包含新产品、新材料、新流程或所有这些要素的某种结合。文化企业的创始人是他们拥有很强个人印记的帝国的建造者。

文化企业家是文化变迁的代理人，他们通过组织人力资本、社会资本和文化资本等资源，使文化与经济获得快乐的结合、艺术家的梦想与企业家的冒险得到创新的结合，在获取个人收益的同时，有力地推进文化产业发展和国民收入增加。艺术变成了商品的转化过程，文化企业家同时承担代理人和"看门人"的角色。就代理人角色而言，文化企业家是消费者口味的代理人，即他们天生就必须站在消费者的角度去审视文化产品。就"看门人"角色而言，在实际的生产中，文化创意往往是超额供给的，文化企业家需要从中挑选出能够用于生产的文化创意并做出提供给消费者哪些文化产品和服务的决策。

作为文化企业家，其行为具有四个结合。其一，文化行为与经济行为结合。其二，学习行为与创新行为结合。其三，组织行为与合作行为结合。其四，自利行为与他利行为结合。文化企业家的决策既受到经济利益的激励，也受到非经济激励的影响，包括建立"商业帝国"的热情、对胜利的追求、对创造的喜悦、对事业的忠诚和责任感、获得社会承认和影响力等。

思考与练习

1. 有统计数据显示，25万人中才有一个企业家，文化企业家就更少。请分析文化企业家稀缺的原因。
2. 文化企业家在创业的初期通常会面临哪些挑战？
3. 采用多案例分析文化企业家成功的关键因素。
4. 文化企业家在履行社会责任方面通常有较多的思考和作为，分析其对事业的影响。
5. 作为一位文化企业家，应如何克服商业模式上的常见弊端？
6. 很多企业家身上都存在一个悖论：一方面宣称要用技术占领世界高点，另一方面又强调"生意"的重要性。文化企业家是否也面临这样的悖论？
7. 对文化企业而言，是个人英雄重要，还是集体英雄更重要？

第七章

超级明星经济学

> 今天的电视明星和体育明星的集中程度比 20 年前提高了 20 倍。
>
> ——舍温·罗森《超级明星经济学》

《福布斯》公布了 2020 年"全球收入最高男演员"Top 10 榜单。道恩·强森以 8750 万美元登顶,排在第二的瑞恩·雷诺兹有 7150 万美元,第三的马克·沃尔伯格有 5800 万美元。4~10 名分别为本·阿弗莱克(5500 万美元),范·迪塞尔(5400 万美元),阿克谢·库玛尔(4850 万美元),林-曼努尔·米兰达(4550 万美元),威尔·史密斯(4450 万美元),亚当·桑德勒(4100 万美元),以及成龙(4000 万美元)。

文化产业为什么会出现像强森、成龙这样的超级明星,他们为什么可以比一般明星获得高得多的收入?本章就这一有趣现象进行解读。[①]

第一节 需求与供给上的解释

Rosen(1981)首次提出了超级明星是指极少数的在其领域具有绝对优势并且能获得巨额薪酬的人。相应的,超级明星现象是指当今社会中存在的少数杰出人物享受流行的一个显著水平,在其从事的活动中占据支配地位,并拥有暂时的垄断权力,因此获得巨大的市场份额和超出个人禀赋的高额收入的社会现象。该现象不仅反映了文化产业的收入分配现状,还折射出当今社会的财富分配问题。因此,对超级明星现象的形成原因进行解释有助于加深对文化产业中收入分配的理解(黄晓懿、杨永忠、钟林,2016)。

一、需求因素

(一)不完全替代的需求与联合消费

Rosen(1981)认为,超级明星的出现是因为同时发生不完全替代的需求以及联合消费的生产技术。一方面,理性消费者更喜欢较少次数的高品质的服务,而不是较多次数的中

[①] 本小节主要内容参见:Rosen, S. The economics of superstar. American Economic Review, 1981, 71: 845-858; Schulze, G.G.Superstars. in In Ruth Towse (ed.), A Handbook of Cultural Economics (Second Edition), Cheltenham: Edward Elgar, 2011: 401-407.

等水平的相同服务，从而出现大量的消费者；然而由于其服务场地受到限制，进而产生了拥挤成本，限制了最佳观众人数，这样必然需要提高高水平的艺人的服务价格。因此，与低水平的艺人相比，高水平艺人将获得较高的收入。另一方面，由于CD、录像带、电影等文化产品不存在拥挤成本，在联合消费下，将使得最具才华的艺人服务于整个市场，从而形成较强的市场势力。虽然高水平的潜在市场进入者会对在位艺人的市场势力形成威胁，但潜在进入者要面对在位艺人高票价形成的市场壁垒，因此，潜在进入者的冲击有限。这样，虽然在位超级明星其才华与潜在进入者相差不大，但生产的范围经济使得在位明星仍能获得较高的租金。[①]

（二）学习过程与消费资本

学习过程是超级明星现象出现的另一重要因素（Adler，1985）。随着艺术欣赏能力的提高，艺术消费的边际效用也在增加（Stigler和Becker，1977）。即在艺术消费的过程中，消费者能够累积相应的消费资本，随着时间的推移，消费者的边际效用不断增加。这意味着，随着消费者消费某一特定艺人的服务、与他人讨论，将逐渐积累关于这一艺人的消费资本，提升对这一艺人的好感，同时也将推动他人消费资本的提高。因此，对水平相当的其他艺人，若消费者碰巧更了解某艺人，那么消费者在消费过程中将增加这一艺人的消费资本，随着与其他消费者进行讨论，其他消费者也将受到影响，从而也积累了这一艺人的消费资本，这一雪球效应最终将使得该艺人成为超级明星。

（三）搜寻成本

搜寻成本也可以对超级明星效应进行解释（Burke，1994）。在Rosen的理论中，消费者搜寻发现有才华的艺人是不需要成本的。然而，现实中，信息不对称性使得消费者在购买水平未知的艺人作品时要冒着很大的风险。为了减少这种风险，消费者需要了解关于该艺人的才华信息，因此搜寻成本在总成本中占有较大的比重。艺人才华信息可以通过不同传播渠道向消费者传递，比如歌手可以通过广播、电视、网络等提供免费试听音乐，从而降低消费者的搜寻成本。然而，若消费者接触的传播渠道有限或者传播渠道传播的信息有限，那么消费者为了降低搜寻成本、避免风险，势必将选择知名艺人的作品，这种效应将使知名艺人逐渐成为超级明星。

[①] MacDonald（1988）构建了两阶段随机动态模型对超级明星现象进行了探讨。假设表演者进行了表演，其表演水平（好或者不好）能够被所有观众观察到。由于表演结果和每一位艺术家的才华密切相关，第一阶段的表现对第二阶段的表现具有预测力。在稳定状态下，知识的累计导致了市场的分离：第一阶段表现不好的艺术家离开了市场去谋求其他职业，而第一阶段表现出众的艺术家比新进入者得到了更多的观众和更高的票价。这是因为就演出水平而论，消费者面对一个较小的风险并愿意为此付款。这些艺术家即获得了与第一阶段相比的巨额收入增长。参见：MacDonald, G. The economics of rising stars. American Economic Review, 1988, 78: 155-166.

二、供给因素

（一）才能差异

由于在一个竞争的市场中被暗中定价的才能来自一个信息积累过程，且消费者对表演者的才能差异具有识别力，那些随着时间获得好评的表演者将服务大量观众且得到引人注目的收入增长。随着投入成本的升高，消费者消费质量对消费数量的替代，使更具才能的表演者生产的服务更少被挤占，引起表演者平均质量的提高和在顶端报酬上的更大集中。但超级明星的高额收入并非完全由才能差异产生，对艺术家宣传资源的分配也可能独立于才能差异，表演的定价取决于质量水平和消费者类型。

（二）已显示才能供应的稀缺性

关于才能的信息最初非常不确切，且生产的成本很高。虽然有才能的人不稀缺，但当工作时，已显示的才能供应是稀缺的，这归因于劳动者无力对一个长期工资合同作出承诺和无法事前为工作付出代价。由于太多的平常之辈居于行业之中，降低了行业的供给能力。公司对现任劳动者的过度出价也可能是以"雪藏"新才能为代价的，即对发现才能的投资不足。以上最终可能导致一个无效率的低水平产出加上对现任劳动者的高工资支出。

（三）运气

超级明星的出现源自一个机会事件：当消费者随机选择一个新艺术家，这种最初的优势使幸运的艺术家最受欢迎，且因为消费者更喜欢流行的艺术家，其他消费者也会转向他，一个最初的优势像滚雪球一样成就一个超级明星。所以艺术家成功的分布遵循尤尔分布（Yule Distribution），相似于对数系列分布的随机过程可以代表超级明星现象的产生过程。当然，这只是一个可能的机制，仅仅解释了超级明星收入的一小部分，并不能阐述消费者选择的潜在原因。艺术家通常也不依赖这种被选择的机会，例如，为了上畅销书排行榜，一个作者购买自己的书；一个音乐家"贿赂"流行音乐节目选播员播放他的音乐。

第二节 技术环境与制度环境的解释

超级明星效应的出现除了供需上的影响以外，外部环境同样起到了至关重要的作用。这里的外部环境主要包括技术环境和制度环境两个方面。整个社会的生产技术进步对各行业的发展都有着深刻的影响，甚至引起变革，超级明星产业也不例外。

以诺斯为代表的新制度经济学派认为，与其他原因相比，决定经济增长的深层次原因是制度因素。诺斯将制度界定为一系列被制定出来的规则、守法程序和行为的道德伦理规范，它旨在约束追求福利或效用最大化的个人利益行为。[①] 根据诺斯的阐述，制度本身就是为追求经济利益而服务的，制度的发展与改革必然对经济发展带来影响，这种影响也会反映在超级明星现象上。

一、技术环境

超级明星的技术环境是指与超级明星发展紧密相关的技术水平、技术结构、技术发展趋势等，如互联网。在知识经济兴起和科技迅速发展的当今社会，与国际接轨、不断创新的技术环境为超级明星持续发展提供了强劲的动力。

技术进步扩大了所有产品和服务的潜在市场，并允许许多顶级从业者在一个国家内甚至国际上经营。超级明星属于典型的弹性消费产品。技术进步为有才能的人提供了更多的杠杆作用，也使产品或服务可轻易复制而产生质量盈余和生产盈余，这被认为是超级明星收入的真实根源。质量盈余归因于产出集中在很少的提供最高质量的超级明星之间的事实。生产盈余归因于大规模复制容易，超级明星销售的产品或服务有较低的单位生产成本的事实。

在许多情况中，低成本复制技术在一些领域增加了对明星的感知质量，进而艺术服务增加了另一个特征：艺术家因被大量观众了解而流行。传媒技术、媒体表现对超级明星的市场价值和正溢出效应也是非常重要的。搜索引擎、推荐技术更倾向于引导消费者选择主流热门产品，形成超级明星效应。

二、制度环境

超级明星的制度环境包括政治法律环境、社会文化环境等。

超级明星的政治法律环境是指对超级明星的生产经营活动中具有控制和调节作用的国家政策和法规。在稳定的政治法律环境中，超级明星可以通过公平竞争获取正当权益，得以生存和发展。稳定、健全的政治法律环境是超级明星持续健康发展的前提。

例如，技术进步推动了未经授权的生产复制现象，对未经授权的复制品征税和其他可能的限制性政策会加强超级明星已经很强的市场地位。西方国家最常见的按市场销售比例分配征税收益的政策非常有利于超级明星。这增加了推广投资超级明星的动机，从而推动市场集中。市场集中反过来将在短期内减少艺术的多样性；长期看将减少高质量的艺术创作。但通过使用有助于年轻艺术家的非线性方案分配征税收益，艺术创作可以被更有效地刺激。

此外，研究也发现了最高税率对足球运动员国际迁移的影响存在分类效应（低税吸引高能力球员）和位移效应（对外国球员的低税）的证据。而针对异质性竞争对手的锦标制度在竞争对手能力相对平均时能发挥最好的作用，能产生一个积极的超级明星效应。

[①] 诺斯. 经济史中的结构与变迁. 上海：上海三联书店，1991.

超级明星的社会文化环境是指超级明星所处地区的社会结构、人口规模和分布、价值观念、风俗习惯、行为规范、生活方式、文化资源和文化教育水平等。社会文化环境对超级明星的生产经营活动有着潜移默化的影响。例如，人口规模和分布会影响超级明星现有和潜在的市场规模及分布。价值观念、风俗习惯、生活方式会影响人们对超级明星的消费需求内容。文化资源是消费者形成超级明星的文化资本的直接来源。文化教育水平会影响人们的消费需求层次等。可见，和谐、宽容的社会文化环境是超级明星持续健康发展的保障。

案例观察

巨星效应正在逐步毁掉全球艺术品市场[①]

第三节 超级明星才华的度量与市场效率

美国著名心理学家桑代克曾经说过，凡是存在的东西都有数量，凡有数量的东西都可以被测量。超级明星效应同样是可以度量的，只是由于行业不同、对象不同、角度不同会造成一定差异。超级明星是行业的翘楚，就像市场中的寡头，数量少，但是市场占有率高，所以超级明星的市场效率常常成为学者们探讨的热点。[②]

一、超级明星才华的度量

Rosen（1981）认为，超级明星现象产生的根本原因是明星之间才华的差别，这种差别将导致明星收入存在巨大的差别。这面临着一个问题，即我们如何度量明星才华？Hemlen（1991）曾试图用声音谐波含量（harmonic content of voice）来度量明星才华，实证研究了美国歌手才华与歌曲销售量的关系，探讨了美国唱片业是否存在超级明星现象。结果表明，歌手收入差距与其才华上的差异不存在比例关系。由此，他认为，用明星才华差异导致存在巨大收入差距很难解释超级明星现象。

Hemlen 的进一步研究还发现，歌手的音色质量是影响其在单曲市场成功的重要因素，除此之外，歌手的性别、种族、形象、身份背景、舞台魅力、词曲等都会影响其在单曲市场的成功。因此很难界定超级明星的成功是否与自身才华有密切相关，即歌手才华并非是歌手成为超级明星的必要条件。不过，可以肯定的是，单曲市场对专辑市场起到质量"过滤器"的作用。消费者通过单曲市场对歌手进行筛选，因此，歌手要成为超级明星，单曲市场的反响程度起决定作用。

超级明星现象并不局限于文化领域，在体育界和其他领域同样存在。和文化领域中很难度量艺人/艺术家水平的不同，体育界中体育明星的水平是较容易观察到和度量的。有些

---

① 节选自巴塞尔艺术博览会（Art Basel）和瑞银（UBS）2012年联合发布的年度报告。
② 杨永忠,杨镒民. 基于PCI分析框架的中国超级明星市场低效率现象研究. 山东大学学报,2018(4): 64-72.

实证表明，魅力、长相等"软技能"对体育界超级明星成因起不了多大作用，其"硬技能"水平则完全可以通过目标、时间等或者利用更为复杂的计算方法来衡量。因此理论界更容易对体育超级明星现象进行实证分析（Lucifora 和 Simmons，2003）。比如，可以用媒体表现来度量体育明星在运动场上的能力水平（Lehmann 和 Schulze，2008）。

二、超级明星的市场效率

Rosen（1981）认为超级明星的市场是有效率的，因为那些有才华的艺术家进入这个市场并不存在较高的进入壁垒，同水平或者高水平的艺人同样可以进入这个市场并将自己打造成超级明星。显然，这一市场是有效率，并承认超级明星对市场的巨大影响力。

在 Rosen 开拓性研究的基础上，一些学者认为超级明星的垄断性带来了市场无效。例如 Adler（1985）指出，在位艺术家占有相对竞争者较高份额时，这种份额会稳定增长，由于学习、搜寻成本和租金等问题，其他较高水平的艺术家不一定能吸引在位艺术家的消费者，从而形成超级明星市场的进入壁垒。Borghans 和 Groot（1998）说明了垄断是超级明星获得超出自身边际贡献的收入来源。Richter（1999）等也认同超级明星市场的低效。

但另外一些学者则持相反意见，反对市场无效的看法，认为超级明星市场是竞争的。Hamlen（1994）、Peltier 和 Moreau（2012）分别从唱片市场、图书市场的统计数据否定了超级明星的垄断势力。

垄断的核心是对市场价格和产量的影响能力，实际中绝对垄断很少出现，更多的是少数明星占有或强或弱的垄断势力，需求弹性越小垄断势力越大。以国内影视行业为例，池建宇（2016）等以票房数据证实了超级明星对国内票房的影响。而明星"天价片酬"的曝光，让我们看到相对于电影行业 70% 的亏损概率，明星的固定片酬保证其不用承担相应的收入风险，凸显了明星与制作方在价格谈判中的控制力。另外，当下大量影视制作公司为保持产品吸引力以高股票份额方式绑定超级明星，也凸显了超级明星对公司正常经营的强大影响力。可见，超级明星对市场的垄断势力及其对市场效率的影响不可忽视。

罗切兰德：网络经济[①]

第四节　中国超级明星市场的效率

按照产业经济学理论，一般来说，一个市场的集中度会经历一个由低到高的过程。然后随着技术、制度等变迁，垄断边界将发生变化，垄断又开始向竞争演化。超级明星市场

---

① 罗切兰德（Fabrice Rochelandet），巴黎第三大学电影视听研究所（IRCAV）教授，相关论著参考 *Economie des arts et de la culture*.

也会出现一个市场集中度逐渐增加的阶段,但本书主要关注超级明星市场已经形成垄断之后的演变情况。考虑到超级明星市场具有典型"赢者通吃"的特点,超级明星相对于一般竞争对手会占据大量市场份额和收益(Rosen,1981;Adler,1985),形成强垄断势力,因而演化结果更可能是寡头垄断市场而非垄断竞争市场。①

因此,本节将超级明星市场的演变划分为完全垄断、潜在对手进入、寡头垄断三种假设情景。

在完全垄断假设下,超级明星的最大化追求和市场监管者的监管目标发生冲突,产生二者的"监督博弈"。随着市场的发展,在垄断利润、明星光环等吸引下必然会有潜在进入者出现,而在位明星往往不会轻易让出市场份额,并采用设置壁垒的方式延缓潜在对手的进入,从而形成潜在对手与进入者的"进入阻挠博弈"。随着竞争的推移,超级明星的寡头垄断逐渐形成,寡头之间在没有共谋情况下会维持相互竞争状态,常见策略有"产量博弈",如演出场次等。

任何主体的行为选择,总是包含在所处制度环境赋予的选择集合或机会空间中,即制度本身设定的激励机制决定了行为主体的知识投资和努力方向,也决定了行为主体的博弈策略选择。各行为主体博弈策略的选择直接影响支付矩阵,进而决定市场整体经济效率。由此,形成"制度安排(institution)——博弈行为(conduct)——市场效率(performance)"的演化逻辑。

基于此,本节提出针对中国超级明星市场的 PCI 分析框架。即首先剖析市场存在的低效率(performance)现象,继而基于不同市场情景分析低效率背后的博弈行为(conduct),最后探讨制度(institution)的改进与安排。由于国情差异,市场低效率背后的原因和机制也不尽相同,本书提出的 PCI 分析框架从制度视角针对现实问题提出有价值的解释。

一、完全垄断情景下的效率分析

(一)市场低效率现象

以娱乐市场为例,根据《揭开影视明星变相偷漏个税乱象》文章报道(网易新闻,2011-03-30),超级明星常采用移民、阴阳合同、特别员工等手段逃税或变相逃税。以近年来最流行的一种逃税方式阴阳合同为例,超级明星与商家签订"阳合同",主要是给税务等部门"准备"的,作为缴税依据之一;私下再单独签一份"阴合同",其中明星所得比"阳合同"约定的要多得多,这才是他们之间真正的合同。由此可见,超级明星在市场具有显著的垄断势力,少数超级明星由于其不可替代性,在细分市场近似完全垄断,而政府对超级明星的监督明显缺失,从而导致社会福利损失,市场低效率现象明显。

---

① 杨永忠,杨镒民. 基于 PCI 分析框架的中国超级明星市场低效率现象研究. 山东大学学报,2018(4):64-72.

（二）监督博弈的行为分析

一方面，如同明星基金经理可能利用信息不对称背离委托人利益而最大化自身利益一样，作为"理性人"的超级明星，可能利用私人信息做出机会主义行为，比如为获取净收益最大化常采用的逃税策略。另一方面，由于超级明星供给的是文化类产品，具有明显的社会效益，明星的不当行为会造成负面溢出，产生强烈的负面社会影响。因此，必须对明星的行为同时加以经济监管和社会监管，由此形成超级明星市场完全垄断下的"监督博弈模型"。

此处借用监督博弈的经典支付矩阵加以说明，以超级明星的逃税决策，说明监督博弈过程，见表7-1。

表7-1 超级明星与监管组织的监督博弈

监管组织	超级明星	
	逃税	不逃税
检查	$T+F-C$, $-F$	$-C$, 0
不检查	0, T	0, 0

其中，T为被偷逃的收益，C为检查成本，F为罚金。设超级明星采用逃税策略概率为x，监管组织检查概率为y。监管组织实现混合策略纳什均衡为$x=C/(T+F)$，此时监管组织随机选择检查或者不检查。超级明星的混合策略纳什均衡条件为$y=T/(F+T)$，此时超级明星随机选择逃税或者不逃税。从博弈分析得知，监管的缺失，将会导致明星逃税行为的概率增加。

从博弈角度，双方的行为策略是各自在所处制度空间里成本–收益考量后的选择结果，即现阶段低效率的博弈均衡状况来源于目前制度安排中明星逃税期望收益 E_1>不逃税收益E_2，而监管部门检查策略的期望收益E_3<不检查策略的期望收益E_4。

（三）提升市场效率的制度安排

由前述可知，超级明星采用逃税策略的期望收益 $E_1=T-y\times(T+F)$，监管部门检查策略的期望收益 $E_3=(T+F)\times x-C$。从明星收益来讲，中国文化市场的不断扩大，增大了明星的潜在收入，也就增大了潜在的 T。目前，我国存在纳税意识低、纳税权益保障弱的情况，导致舆论惩罚比较小，与发达国家的逃税者一经发现不仅面临巨额罚款还面临着身败名裂形成对比，总体惩罚（$T+F$）的期望偏低，由此增长了明星逃税的动机。

从监管部门收益来讲，尽管潜在的 T 在增加、x 有所上升，但我国目前税收管理更多还是"以罚代管"，惩罚标准高但处罚率低，实际惩罚期望值F偏低。更加重要的是，我国税务机关税收征管效率相对较低，比如对电子发票等新型流通形式适应缓慢。而明星收入手段却不断丰富，从以前的经纪公司代理到转变成为公司股东，再到自身成立公司成为主要股东，收入方式从劳务所得转为股东权益所得，加上无形资产价值衡量本身的难度以及影视业务的高不确定性和高风险性等，无疑增加了监管的复杂性和难度（中国经济网，2016-06-12），由此导致 C 居高不下，使得监管部门缺乏动力加强监管，监管部门的检查概率 y 下降。

由以上分析，提升本阶段市场效率，就必须从制度安排上将博弈均衡引向 x 较低、y 较高的状态。这就需要从观念、制度和技术三个层次系统考量，树立治理理念、淡化管理色彩，在制度和技术层面，既要强调提升征管效率，也须强化纳税人主体权益。同时，需要建立对监管人员的有效激励约束机制，优化执法人员个人的成本——收益考量，降低其机会主义行为概率。另外，由于超级明星的收益很大程度上取决于声誉和人气，在将声誉纳入博弈支付后，理性的明星就更容易选择披露真实信息，避免声誉受损，因此应该在治理上强化声誉的激励作用，比如定期披露名人失信名单和诚信名单。

二、潜在对手进入情景下的效率分析

由于超级明星具有超额收益，在没有行政垄断的干涉下，必然会吸引大量潜在竞争者，其中不乏具有强力竞争能力的对手。出于对自身超额收益的保护，在位超级明星必然会捍卫自身垄断势力，因此对潜在对手设立进入壁垒以阻止其进入，由此产生在位明星和潜在进入者的进入阻扰博弈。为方便解释，本节借用经典的进入阻扰博弈模型加以阐述，首先见表 7-2。

表 7-2　在位明星和潜在进入者的进入阻扰博弈

潜在进入者	在位明星	
	容许	反对
进入	40, 50	-10, 0
不进入	0, 300	0, 300

（一）市场低效率现象

从进入阻扰博弈模型分析可以看到，在理性的均衡状况下，潜在进入者和在位明星有"进入—容许"和"不进入—反对"两种策略组合。

由于潜在艺术家市场普遍存在的情况是数量上供过于求，这源于现行制度下明星超额收益诱惑、参与者过度自信、不确定条件下决策的非理性行为、社会价值观引导不足以及流行文化进入门槛低等多种原因，因而潜在进入者的"进入"策略可视为给定。由此，以上潜在进入者和在位明星的均衡状态就转为"进入—容许"策略组合。

但实际的情况是，伴随潜在对手的进入，在位明星并没有采取"容许"策略。超级明星市场常见的"雪藏"和靠"潜规则上位"获得演出机会等相关报道（台海网，2011-07-26；中国网，2016-06-23），说明在位明星和潜在进入者之间对抗是激烈的。因此，双方策略组合相当程度表现为"进入—反对"，这显然偏离了均衡结果，将会导致个人和社会整体福利的降低,由此也带来了市场低效现象。

(二)进入阻挠博弈的行为分析

接下来针对"雪藏"这种超级明星市场常用的阻挠策略,分析其低效率原因。

"雪藏"是指由于利益竞争,唱片公司签署艺人而不试图商业化。即通过签约艺人,唱片公司避免了其他公司从这些艺人的音乐中赚钱,又从艺人签约而不商业化其歌曲节约了公司成本。这也使艺人一直处在"排练/正在创作"阶段并一直等待,直到不再有竞争威胁时"雪藏"艺人就会被公司开除(Towse,2011)。公司采用"雪藏"策略,一方面,是由于搜寻成本(Burke,1996)、新才能发现困难(Terviö,2009)等原因,为规避风险,减少对新艺人的投入,并通过在位超级明星维持相对稳定的较高收入;另一方面,也有来自超级明星的压力,在位超级明星为了避免潜在的竞争,也有充分动机打压新艺人。显然,在位明星可以与公司合谋采取"雪藏"策略以阻止潜在竞争对手进入。

结合表 7-3 的进入阻挠博弈模型,在进入策略给定条件下,在位明星应该选择"不雪藏"策略,而事实上从报道出来的事件可以看出"雪藏"行为是经常发生的(台海网,2011-07-26)。作为参与博弈的理性人,任何策略选择都是寻求自身利益最大化,说明现实情况必然是在位明星判定"雪藏"策略期望收益大于"不雪藏"策略。从表 7-3 中的支付矩阵可以看到,低成本下"雪藏"成为在位明星的占优策略,其总会选择"雪藏"策略。

表 7-3 低成本时在位明星和潜在进入者的进入阻挠博弈

潜在对手	在位明星	
	不雪藏	雪藏
进入	30,100	-10,140
不进入	0,400	0,400

(三)提升效率的制度安排

可见,市场对效率的偏离主要来自于超级明星阻止进入时所承担成本太低。明星的阻挠成本主要有监管惩罚和声誉损失,声誉的损失来源于不当行为的曝光和传播,而这又来自于监管过程的有效,因此关键仍在于监管成效。

监管成效低的原因主要有两个方面。一方面,由于文化市场的信息不对称特征,容易发生市场失灵:相对于监管者和消费者,超级明星具有信息优势,容易造成优秀的潜在进入者被逐渐挤压出局的"次品市场"。另一方面,也可能发生规制失灵:相对于公众,政府、监管者有信息优势,容易出现与明星合谋、被俘获、不作为等背德行为。此外,我国文化市场存在的管理体制不健全、市场信用制度未建立、文化法制建设不完善等问题,也会导致整体监管效率偏低。

从制度变迁来讲,演化而成的诱导性制度供给速度慢、容易陷入路径依赖,政府主导的强制性制度变迁则能更多发挥强制力的优势，快速建立制度规范。因此，短期而言，我国文化市场远未完善，市场机制尚不健全，依靠自我规制、规制下的自我规制和共同规制难以取得显著效果，现阶段应加强政府的市场进入规制。从长期来看，政府的规制相对于市场而言始终是外生的，其边际效用呈递减趋势，因此应该培养自我规制、规制下的自我规制和共同规制，使之能在长期内逐渐取代政府规制的主体作用。

在进入规制上，现行制度下，普通艺术家与经纪公司签约后将自身的劳动力产权或者知识产权交由经纪公司开发、运营，由此产生"委托—代理"问题：经纪公司利用其信息和资源优势，很容易采取机会主义行为。因此，有必要加大保护普通艺术家利益尤其是"退出"自由，避免合同绑架，减少"雪藏"风险。另外，在信息技术和消费行为不断发展变化的当下，经纪公司和超级明星通过对媒介资源的占有形成的优势受到一定消融，市场机会也在增加。例如文件复制分享之类的新技术、新路径有利于扩大一般艺术家的市场份额，接触到未曾消费其产品的消费者，对市场是有利的。因此，规制上可以鼓励普通艺术家利用新传播途径，如互联网和文件分享复制技术，通过创新发展路径努力掌握市场发展的主动性。

三、寡头垄断情景下的效率分析

由于大量进入者的出现，即使成为超级明星的概率很小，仍然会有少数后来者在市场中站稳脚跟，并成为新的超级明星。新形成的超级明星将和已在位者形成寡头垄断局面。

（一）市场低效率现象

根据经典的经济学原理，超级明星们（生产者）在理性寻求自身利润最大化情况下是有演出场次（产量）上限的。然而，超级明星通过不断扩大演出场次以扩大垄断势力却屡见不鲜。

以20世纪80年代后期的香港流行乐"谭张争霸"为例，二者几乎垄断了当时香港乐坛重要奖项，双方唱片销量与演唱会次数屡创纪录，在"金曲"和红磡演唱会上更是以"打擂台"方式激烈竞争（山西电视台，2013-10-11）。近几年来我们看到，为了保持竞争优势，超级明星们一方面尽可能地扩大演出规模；另一方面，由于数字技术的发展，文化产品的高沉没成本、低边际成本和衍生性的特点更加显著，即超级明星可以通过交叉补贴的方式用较低票价的现场演出吸引和维持人气，然后通过数字音乐、CD专辑、影视综艺节目、广告代言等方式，将流量"变现"。可见在技术背景下，超级明星更是具备了无限扩张的意愿，不断向影视歌舞综艺等项目扩张以扩大业务范围，实际产量较20世纪80年代更高，更远远大于古诺均衡产量。

这种超级明星"产出"的无限扩张，对于消费者来说，短期内会带来产量增加和价格下降的好处。但从长远来看，出于文化产品的特性，如审美疲劳，超级明星过多产出会导致文化产品供应单一、消费者的效用下降，从而导致消费剩余减少。对于超级明星来说，过高的产量和激烈竞争也会给个人身心带来极大压力,出现酗酒等丑闻和发生自杀等不幸事件。对于市场来说,集中度过高形成市场壁垒,会使得潜在竞争对手的生存空间受到挤压,导致有效竞争匮乏,进而导致市场效率下降。因此,从长期来看,寡头垄断市场存在显著的低效率现象。

(二)低效率行为分析

以"古诺双寡头模型"为例,可以说明其相互的博弈。假设超级明星 A 和 B 演出场次分别为 Q_a 和 Q_b,面临共同的线性市场需求:$P = F - K \times Q$。其中,F 和 K 为与总需求及价格弹性相关的固定常数,Q 为 A、B 演出场次之和。计算得均衡时市场 Q^* 为 2F/3K,价格 P 为 F/3。然而,超级明星市场典型的"赢者通吃"特点,将刺激超级明星们"刷存在感"般地不断努力扩大自身的产出数量,因此实际的产出量会明显大于古诺均衡产量 Q^*。

可见,市场的低效主要是超级明星过度扩张产出(如演出量)导致的,其扩张行为包括两方面的动力。一方面,由于市场需求处于不断变化的过程,而且随着经济、技术的发展,市场变化速度在加快,使得明星提供的单一产品价值衰减加快,在位明星为维护、提升自身价值会不断扩张自身业务范围以及产量;另一方面,超级明星市场的低边际成本的生产特点和基于声望的经营特点,使得明星希望实现其规模经济和范围经济。由此,形成了超级明星的产量扩张。

(三)提升效率的制度安排

按照大众文化品、传统文化品、高雅文化品和公共文化品四类的界定,大众文化品主要面临无效供给导致的过度供给问题,传统文化品和高雅文化品面临需求约束而导致的相对供给过度问题,公共文化品处于供给不足。超级明星现象主要出现在前三类市场。

在大众文化品市场,超级明星过度扩张产量的行为从长期来看会对自身带来身心压力和收益损失,消费者也容易产生审美疲劳,因此应引导超级明星的供给质量提升,同时避免超级明星产量扩张对供给多样性的伤害。而就大众文化品本身而言,其适用一般需求模型,受价格弹性和替代效应作用(徐文燕,2013),并且随收入的上升,个性化和差异化需求会增加,因而始终存在分众市场,超级明星效应和长尾效应能够共存。因此对制度安排而言,有必要引导寡头垄断市场走向差异化竞争,鼓励多样化的产品创造。

在传统文化品和高雅文化品市场,由于需求约束导致的相对过度是主要问题,因此行业的首要追求应该是扩大整体市场规模。以钢琴明星为例,这类行业通过创造出高接受度的超级明星能够缩短与大众的文化距离,有益于整个行业市场的扩大和发展。此类产业本身容易出现成本困境,行业整体演出场次会受到成本约束。而超级明星作为文化资源,可以利用光环效应对其进行产业链的开发和跨界融合,促成文化产品向创意产品转化,由此拓展行业边界,发挥创意产品的低边际成本优势,即使不能完全解决原产品的成本约束,也可以实现交叉补贴。因此,此类行业在制度安排上,一方面,应该引导和鼓励超级明星以扩大行业边界的方式进行博弈竞争,而非传统边界内的竞争内耗,即引导超级明星发展创意产品的消费者，从而扩大行业整体消费规模；另一方面，也需要在市场的扩张和产业链的发展中，照顾受需求约束影响最大的普通艺术家的生存和发展。

由以上分析可见，中国超级明星市场存在明显的低效现象。这种低效反映了中国超级明星市场对博弈均衡的偏离，而这源于制度安排的不当。突出表现为对超级明星个人行为、对普通艺术家发展以及对市场竞争的规制不足。从长远来看，提升中国超级明星市场效率应该建立三方协同机制。对于监管方而言，一方面要加强对超级明星个人经济行为和社会行为的监管，对其过分扩张产量的行为加以抑制并注意保护潜在进入者或普通艺术家的生存空间和契约自由；另一方面要注重监管效率尤其是技术效率的提升，改进自身的激励与约束机制。对于超级明星经纪方而言，一方面要约束超级明星行为，避免不当竞争导致的企业整体和长远收益损失；另一方面要树立正确的市场价值观，形成保障普通艺术家权益的商业规范。对于潜在进入方而言，须理性认识超级明星市场，寻求差异化进入，避免和超级明星的同质竞争。

案例分析

好莱坞明星背后的造型师

小结

超级明星是指极少数的在其领域具有绝对优势并且能获得巨额薪酬的人。超级明星现象是指当今社会中存在的少数杰出人物享受流行的一个显著水平，在其从事的活动中占据支配地位，并拥有暂时的垄断权力，因此获得巨大的市场份额和超出个人禀赋的高额收入的社会现象。

超级明星现象的形成原因有以下四个方面。一是需求因素，包括不完全替代的需求与联合消费，学习过程与消费资本，搜寻成本。二是供给因素，包括才能差异，已显示才能供应的稀缺性，运气。三是技术环境，主要指与超级明星发展紧密相关的技术水平、技术结构、技术发展趋势等，不断创新的技术环境为超级明星持续发展提供了强劲的动力。四是制度环境，包括政治法律环境、社会文化环境等。

如何度量超级明星才华？研究者曾试图用声音谐波含量、歌手的音色质量来度量明星才华，实证研究美国歌手才华与歌曲销售量的关系。结果发现，明星才华差异导致巨大收入差距很难解释超级明星现象。因此很难界定超级明星的成功是否与自身才华有密切相关。

关于超级明星市场是否有效率存在争议。Rosen 等认为超级明星的市场是有效率的，因为那些有才华的艺术家进入这个市场并不存在较高的进入壁垒，同水平或者高水平的艺人同样可以进入这个市场并将自己打造成超级明星。另一些学者指出超级明星的垄断性带来了市场无效。当在位艺术家占有相对竞争者较高份额时，这种份额会稳定增长，由于学习、搜寻成本和租金等问题，其他较高水平的艺术家不一定能吸引在位艺术家的消费者，从而形成超级明星市场的进入壁垒，可见超级明星对市场的垄断势力及其对市场效率的影响不可忽视。

中国超级明星市场存在明显的低效现象。这种低效反映了中国超级明星市场对博弈均衡的偏离，而这源于制度安排的不当。突出表现为对超级明星个人行为对市场竞争的规制不足。

思考与练习

1. 超级明星的价格是如何决定的？

2. 为什么电影产业会出现像道恩·强森、成龙这样的超级动作明星，而汽车修理行业却不会出现超级明星？

3. 网红大咖属于超级明星吗？

4. 试用巴斯扩散模型解释超级明星的影响力。

5. 据报道，10年前一部国产电视剧的演员费用约占全部制作费用的30%，但近几年国产剧演员片酬超过总制作成本50%已成常态。在一些更为倚重"流量偶像"的IP大剧中，明星片酬在制作成本中的占比甚至升至75%。因为钱都装到了明星腰包，诸如编导、剪辑、后期制作这样的环节，只能是一省再省，这也导致了最终作品制作粗陋。你怎样看待这一问题？

6. 试说明最低工资法与最高（明星）限价令的理论基础。

7. 假定美国篮球协会（NBA）篮球队中锋的需求方程为：$L_d = 400000 - 2W$

中锋的分段供给函数为：

$L_s = 32$，$W \geq 40000$ 美元

$L_s = 0$，$W < 40000$ 美元

式中，L 为运动员数，W 为年薪。

请确定NBA中锋的均衡年薪。

假定现场观众和电视观众的人数突然下降，需求函数变为：$L_d = 300000 - 3W$。试问NBA中锋的年薪和数目会发生什么变化？

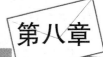

文化资本

> 文化资本是一种身体化的文化资源，本质上是人类劳动成果的一种积累。
> ——皮埃尔·布迪厄《资本的形式》

今天，用炫耀性的消费来区分社会阶层的方法已经失效。

我们注意到，随着生产力提高，各种高端消费品都在向大众普及，再贵的名牌包，中等收入者努力一下也能负担得起。背一个名牌包，并不意味着你就是一个有钱人，可能你只是一个喜欢买名牌包的都市白领。

那么，今天区分社会地位的是什么的呢？是谈资。[①]

谈资的本质是什么？借用法国社会学家布迪厄的一个概念，谈资实际上是凝结在一个人身上的文化资本的体现。布迪厄说，我们在划分阶层的时候，通常只考虑一个因素，就是财富状况，也就是一个人的经济资本。但其实，财富状况并不是决定社会地位的唯一要素。

第一节 文化资本的出现

文化资本也在决定着一个人的社会地位。但是经济资本和文化资本有一个很不一样的地方，就是经济资本可以迅速获得，比如继承遗产、中彩票，或者突然做成一大笔买卖，致富的速度可以非常快。而文化资本就不同了，不仅积累起来非常慢，而且几乎无法侥幸获得。布迪厄讲了一句话，"文化资本，就像肌肉发达的体格，或被太阳晒黑的皮肤，极费时间，而且必须由投资者亲力亲为才能获得"。

一、文化资本的概念

（一）资本的演变

"资本"这一术语广泛应用于经济学领域，是用于生产的基本生产要素之一，被定义为一种随着时间的推移能够产生服务流量，而且结合劳动等其他生产要素能够产生更多商品和服务的一种持续性的生产要素。可以看出，能够投入再生产而不断增值，是资本最重要的特点，也是它和消费品的重要区别。

---

① 万维钢. 精英日课. 转自深夜笔厨，https://www.jianshu.com/p/2424f913b733.

广泛意义上的资本主要分为三类：①物质资本，是指用于生产物品与劳务的厂房和设备、机器、建筑物等；②人力资本，是指能够进行生产的内植于人本身的特征，包括劳动者通过接受教育和培训、经验而获得的知识与技能；③社会资本，是指个体或团体之间的关联，是人们在社会结构中所处的位置给他们带来的资源。

后来，资本的概念延伸到艺术和文化领域，出现了第四种资本——文化资本[①]，这类资本与其他投入要素结合后有助于生产出更多文化产品与服务（Throsby，2001）。

（二）文化资本的定义

文化资本应该如何定义，才能与传统的三种资本相区别？目前主要有两种观点。

一种观点认为，文化资本是指那些属于资本类商品而非消费类商品的文化商品，这种定义预设了一种"文化商品"的定义。尽管在经济学家之间有许多争论，比如文化商品与服务是否和如何能与"一般"的商品与服务区分开来？但至少有一种合理的能被大多数人接受的解释认为：文化商品是一种在生产过程中融入了人类创意（可以看做是某种智力资本），传达着某种可以被识别的象征意义（或者多重意义），并且具有产权（通常是某种知识产权）的商品。在这一文化商品的定义上，我们就可以更好地理解文化资本的概念。比如，一部小说，它包含着作者的个人创意，表达了一些可被理解的涵义，并且受到知识产权法律的保护。这个文化商品如果被用于再生产其他商品（比如根据小说的故事情节拍摄一部电影），那就可以看作是一种文化资本（Cheng，2006）。

另一种观点主要是从区分其产生的经济价值和文化价值的角度出发，将文化资本定义为能够带来价值增值的文化资源。文化资本除了具有可交易的经济价值（通常以市场价格来衡量）或不可交易的经济价值（可以通过支付意愿来衡量），还具有无法用货币符号表达的非经济意义——一般被称为文化价值。比如一座历史建筑，具有作为房地产项目的潜在销售价格以及人们想要保留它而愿意支付的非市场价值。但除此之外，该建筑作为文化财富，还具有更广泛和复杂的意义，比如它的建筑风格的影响力和作为历史的象征。从经验上看，文化资本的文化价值往往会影响其经济价值，但两者不具有必然的联系。

二、文化资本的类型

（一）有形文化资本和无形文化资本

从存在形式上看，文化资本可划分为有形文化资本和无形文化资本。有形文化资本表

[①] 文化资本的研究起源于法国社会学家 Bourdieu，他在 *The Forms of Capital*（1986）一文中从社会学角度首次完整地提出文化资本理论。在他看来，文化资本是一种身体化的文化资源，本质上是人类劳动成果的一种积累。文化资本有三种表现形式：身体化形式（个人的知识、教养、技能等）、客观化形式（书籍、绘画、古董、文物等知识载体和文化表现形式）和制度化形式（学历文凭、资格证书、行业执照等）。详见：Bourdieu,P. The forms of capital. In J. Richardson (Ed.), Handbook of Theory and Research for the Sociology of Education. Westport, CT: Greenwood Press, 1986:241-258.

现出物质特征，如绘画与雕塑，以及历史建筑、遗址和遗迹等。无形文化资本表现出非物质特征，既包括口头文学、音乐，也包括价值观、信念等构成的一个群体的价值体系，不论这个群体是民族、地域、宗教、政治、伦理或者其他意义上的。而且，无形文化资本还存在于支持人类活动的文化网络与文化关系，存在于社区中的各种文化形式——也就是说，存在于文化生态系统、文化多样性等各种现象之中。①

（二）存量文化资本和流量文化资本

有形和无形的文化资本可以作为一个国家、地区、城市或者个体经济机构所持有的一种资本存量而存在。这种存量能在一个给定时点决定一项资产的经济价值和文化价值。在一个给定时间段内，来自资本存量的增加和减少的净效应指示着在此期间文化资本可从经济和文化方面衡量的净投资，并决定这项存量在下一期期初的公开价值。

任何持有的文化资本存量都随时间产生文化资本流量，并直接进入到最终消费，或者结合其他投入而产生更多文化商品与服务。比如，被一个艺术博物馆作为资本项目持有的艺术品服务能结合材料、人力和其他投入成为博物馆游客的消费经历。另外，这些艺术品能通过它们的影响激发到此参观的艺术家创作更多作品，进而引致进一步的资本形成（Throsby，2001）。

三、文化资本的特性

文化资本具有可转化性、损耗性、多样性等基本特性（Throsby，2001；林明华和杨永忠，2014）。

（一）可转化性

文化资本本质上是一种可转化的文化资源。文化企业拥有某种文化资本，其原因在于该文化企业认同某种文化资源并且具备利用这种文化资源的能力。否则，它仅仅是企业的文化资源。因此，随着时间的推移，文化企业若认同更多的文化资源，并且具备利用这些文化资源的能力，那么企业可投入的文化资本将越多；反之文化资本将变少。因此，文化资本一个显著的特征是可转化性，即文化资源可以转化成某文化企业的文化资本，原来是某文化企业的文化资本也可能会再次转化成文化资源。

（二）损耗性

像其他形式的资产一样，有形文化资本会随着开发利用或时间流逝而产生物理损耗，因此需要对它们进行维护或翻新，以维持其固有的文化价值。无形的文化资本有所不同，它不会因为不断开发利用而产生物理损耗。相反地，它会因为长期得不到利用而消减，或者由于错误的利用方式扭曲了其原有的含义而受到损耗。比如得不到传承的少数民族艺术，

---

① 从这一角度，非正式的人际交往技巧、习惯、态度、语言风格、素养、品位与生活方式也是一种文化资本。

或者对经典文学作品的简单化和庸俗化解读。

（三）多样性

文化资本的多样性与自然资本中的生物多样性之间具有相似之处。文化为个体创造了多样的价值，通过联系不同文化并赋予人类生活意义，文化资本得以扩展。如同某些尚未被深刻认识的自然物种一样，某些文化形式也可能具有尚未被认识的经济和文化价值，其损失可能会招致经济成本或机会的丧失。应该采取谨慎性原则以保护文化资本的多样性，即对于那些可能导致文化资本不可逆转的决策（比如历史建筑物的拆除），应该从严格风险规避的角度极为谨慎地对待。

案例观察

青神竹编

第二节　文化资本的估值

对文化资本的管理和配置不可避免地涉及价值评估问题，这里将文化资本的价值区分为文化价值和经济价值。本节在探讨文化资本估值存在的困境之后，分别探析文化资本的文化价值和经济价值，最后阐述文化资本估值的基本方法。

一、文化资本估值的困境

源自文化资源的文化资本具有私人物品和公共物品的双重属性，以及体验商品或信用商品的特点，文化资本的价值形式非常多样化。即使利用文化价值与经济价值这种区分方法，也很难在理论上将其统一在同一量纲之下，更不用说得出真实的、具有可比性和可重复的文化资本价值。事实上，一个全面且量化的评估方法几乎不存在，原因在于任何一个价值评估方法都仅能关注到文化资本的某些侧面，仅能评估出部分价值（Snowball, 2008）。

此外，应该认识到，文化资本的价值评估还包括增进社会整体福利的价值，这也是为什么历史遗迹不同于同样能带来收入的一般市场的原因所在。因此，当难以决定文化资本的公共或私人投资分配时，一些衡量文化带给个体和社会的多种价值的估值方法就可能是非常有用和有力的工具。

二、文化价值及其评估逻辑

根据文献梳理，文化价值可进一步细分为美学价值、精神价值、社会价值、历史价值、象征价值和真实价值等多个维度，涉及文化物品的表现、认知、道德、宗教、象征、体验等不同的影响因素。文化价值的评估是一个主观判断的过程。由于不同的目标、动机和文化内容，这种评估是非常有弹性的，不存在统一的判断标准。一般认为，文化资本的文化价值评估工作应该由具备相关文化知识和经验的专业人士按照一定的操作标准来进行，但由于文化资本的多样性和相关专家的个人差异，如何实现可比较和可重复的评价标准仍是一个问题。

文化价值评估的研究主要集中在三个方面：价值评估的逻辑状态、估值影响因素分析、估值结论的推断。价值评估的逻辑状态主要是考虑描述价值观点的语言，以及规范化表达是否遵循了可操作的规则。估值影响因素分析是探讨影响文化价值不同维度的主要因素。估值结论的推断主要考虑在多种因素的基础上如何得出价值评估结论，主要包括归纳法、推导法或者综合运用归纳法、推导法等。

三、经济价值及其评估逻辑

经济价值的评估一般是在市场交易过程发生并通过支付价格来体现。若要合理地利用支付价格体现价值，那么在交易之前就要明确物品效用的所有信息。与一般商品不同，文化产品是典型的"信用商品"：它的效用是不确定的。由于文化产品的初始成本较高而复制成本较小，因此无法用边际生产成本来衡量其经济价值。许多文化资本不具有良好的可流动性或耐久性，很难实现市场交换。因此，市场中的价格信号往往是不可信的。这种情况下，减少效用的不确定性、增加使用和接触文化物品的机会、减少仿冒和盗版行为，都有助于经济价值的评估。比如，文化专家的意见可以提供文化物品未来价值的稳定期望，使得价格更能真实反映其经济价值。

四、文化资本估值的方法

条件价值评估法（CVM）是文化资本估值的一种方法。以不可再生的有形文化资本（如历史建筑）为例，如果利用条件价值评估对其进行估价，一般可以选择支付意愿（WTP）作为测量目标，确定受该有形文化资本影响或与之利益相关的人口总体（比如该建筑所在地居民、主要旅游者等），通过精心设计的问卷询问样本个体对保留该有形文化资本愿意支付的费用。随后将所有样本个体的支付意愿进行处理，就能得出该文化资本总体价值的估计值。

专栏

弗朗索瓦：文化遗产

例如，张维亚和陶卓民（2012）借助条件价值评估法（CVM）衡量了世界文化遗产南京明孝陵的总体价值，运用二分时选择法的提问方式，要求受访者在了解问卷中透露的明孝陵旅游和文化价值信息细节后，回答是否愿意支付假设的价格。最后将问卷数据输入效用函数和概率公式，计算出WTP。研究发现，文化遗产WTP的大小与文化商品消费水平成正比。在本案例研究中，样本被分成两个部分，其中被界定为文化高消费水平人群样本比文化中低消费水平人群样本的WTP要高。从WTP影响因子分析中可以发现，影响文化消费水平的因子同样影响WTP的高低。

第三节　创意与文化资本形成

一、创意的界定

联合国发布的《2008年创意经济报告》（*Creative Economy Report 2008*）将"创意"这一术语用于创意产业、创意集群、创意城市和创意产品及服务之中。这份报告中的创意是指新想法的形成，以及应用这些想法来生产原创的艺术和文化产品、功能性创造物、科学发明和技术创新。这一定义将科学发明和创业活动也包括在内。Florida（2002）认为，创意是打破一个格式塔建立另一个更好的格式塔的过程。这个定义较为抽象，他将创意进一步分成技术创意（通常称为科技创新）和文化创意。其中，技术创意是通过改变生产技术以降低消耗并提高效率，而文化创意是通过观念、感情和品位的传达赋予产品和服务某种独特的象征意义。技术创意是文化创意的先导，技术创意所导致的效率提高使得物质生产更加丰富。Bilton（2007）指出，创意的定义依赖于两个标准：一是创意必须产生出新东西；二是创意必须产生出有价值或有用的东西。黄永林（2012）认为，广义的创意是指头脑中的一种思维和有形创作，狭义的创意是指有形创作。

我们认为，创意一般是指文化创意。文化创意是以文化为基础，通过创意人员富有想象力的创造性活动所产生的具有新奇特征、能够为创意企业带来潜在经济利益的内容创意过程（杨永忠，2009；林明华和杨永忠，2014）。

二、创意的本质

创意的本质是对文化价值的挖掘和表现，是文化资本的形成过程。文化价值泛指任何事物对于人和社会在文化上的意义，可分为内在价值和外在价值（杨永忠，2013）。

内在价值是创意的基本价值构成，或者是狭义的文化价值。创意首先就是要把文化价值挖掘出来，即作为一个创意，必须首先回答究竟包括哪些文化价值。按Throsby（2001）对文化价值的界定，内在价值包括美学价值、精神价值、社会价值、历史价值、象征价值和真实价值。其中，美学价值展现了创意的美的特质，建立在创意的知识合成基础上，表现出富有民族气息的美的内涵，能够满足人的愉悦需求，其价值大小受风格、时尚、品位等影响。精神价值反映了创意的信仰诉求，既可以被具有相同信仰的群体或部落的所有人以一种内在的、具有力量的感受所分享，也可以通过交流、开导等方式为群体或部落外的其他人所理解、欣赏或接受，展现出一种独特的文化意蕴，能够满足人的精神需求。社会价值反映了创意的社会关系，表现出个体的人与其他人相互间的一种联系的感知，增进和丰富了人们对所生活的社会特点的广泛理解，能够满足人的社会交往需求，具有身份识别和地点识别的意义。历史价值蕴含了创意的历史变迁，即创意活动或创意作品与历史之间的联系，既是对文化作品创作时候的生活环境的反映，又通过与过去的连续意义说明了现在，能够满足人的认知和发展（借鉴）需求。象征价值反映了创意的符号意义，即创意作品作为一种意味深长的价值宝库和价值传递者而存在。观赏者和消费者可以通过洞察这一作品提取和获得其内在包含的象征意义，从而满足人的自我实现需求，并获得一种效用上的提升。真实价值是通过创意作品本身反映出它是真正原创的、独一无二的作品，包括真实性与完整性两个方面。

创意不仅仅停留在文化价值的挖掘上，还必须将这些文化价值借助一定载体和一定方式通过艺术与市场的结合表现出来，这就涉及外在价值。外在价值建立在内在价值的基础上，是通过对内在价值的合理开发而表现出的综合价值。外在价值对内在价值的合理开发，包括了对内在的美学价值、内在的精神价值、内在的社会价值、内在的历史价值、内在的象征价值和内在的真实价值的开发。通过开发，挖掘和展示出文化所包含的美学、精神、社会、历史、象征以及真实等不同层面的价值。一方面，外在价值通过外在的私人价值而实现，即作为理性的消费者，根据个体的消费需求，通过文化创意市场的直接消费而产生。这种私人价值一般通过市场过程的租金、门票得以反映，并根据个人的使用价值、个体的支付意愿而表现出不同的效用。另一方面，外在价值通过外在的公共价值而体现。外在的公共价值，来自于创意的有益的外部性，来自于其产生的正的溢出。相对于私人价值，创意的公共价值更加隐蔽，具有明显的集体性，并且很难用个体的货币价值进行衡量。

由以上可见，创意的本质是文化的内在价值转化为外在价值的过程，特别是文化活动转化为文化经济活动的创意和创新过程。

三、文化资本中的融合创意

后福特经济的一种发展景观，就是以文化和创造力作为经济发展的工具，更密切地联合其文化遗产，更重视当地文化，以文化为基础推动区域文化资本的形成。基于此，在文化资本的形成过程中，其创意机制体现出"旧瓶装新酒"的融合思路。

1. 文化与经济的融合创意

在文化创意的实施和发展中，将充分考虑各地方的文化特征，这是文化创意的基础，也是文化创意的差异性所在。也就是说，必须重视不同文化的传统价值，包括美学价值、精神价值、社会价值、历史价值、象征价值和真实价值，通过对文化的传统价值进行充分挖掘、整理、提炼，以使文化创意产品具有鲜明的、独特的文化特征。与此同时，文化创意虽然根植于文化，但更重要的是一种经济活动，要求实现财富的增长。因此，必须按经济规律进行文化生产，通过文化与经济的结合机制，让文化的美学价值、精神价值、社会价值、历史价值、象征价值、真实价值焕发出新奇特征和经济活力，从而激发消费者的文化体验需求，满足消费者的文化身份主张，使文化实现合理和充分的经济表达。

2. 文化与技术的融合创意

文化创意以文化为基础，但本质是一种创造型经济和知识型经济，因此，文化创意的生产过程也是文化和新技术应用的一种组合选择。文化要合理和充分实现其经济表达，满足现代社会更高层次的文明追求，将越来越依赖现代技术手段，通过信息处理、物质转化、空间整合，使其美学价值、精神价值、社会价值、历史价值和象征价值得以充分和有机反映，使其新奇特征凸显，使其经济表达得到完整和准确的呈现。虽然技术是文化创意产业转型和发展的重要工具，但在具体的实践中，不同的文化创意应该根据其文化资源的禀赋情况，选择不同的、适宜的技术实现机制。例如依托于劳动力资源的文化产品，可以选择劳动与技术充分结合的技术实现机制。依托于资本资源的文化产品，则可以选择资本与技术的有机结合。

3. 文化与社会的融合创意

由于消费者的文化身份特征、价格的社会网络特征和空间的体验特征，决定了文化创意离不开社会活动，离不开消费者与消费者间的社会交往、消费者与生产者间的社会交往、消费者与各种中介组织间的社会交往。特别是，作为消费者的文化身份，本身也有一个唤醒、激发和培养的过程，而通过社会参与是极其重要的实现途径。因此，在文化创意发展中，建立消费者间的社会联系、消费者与生产者间的社会联系、消费者与中介组织间的社会联系，将降低文化创意市场各种主体的社会进入壁垒，促进文化与社会的充分融合，有利于文化创意的深入推进。

4. 文化与空间的融合创意

从国际建设的成功经验来看，基于前文化设施、前工业设施的文化创意再生计划，由于更能结合城市规划和多利益相关者，从而有着更强大的可行性。因此，文化创意空间应充分考虑原文化设施、废弃的工业厂房，通过这些文化的延续性载体，借助政府的空间发展机制和经济政策引导，促进旧的空间有机注入和展现现代文化创意元素，实现文化与地区废旧空间的混合再生。也就是说，通过文化创意使地区的文化空间转变为创意空间，使地区的废旧空间再生出新奇空间，实现空间的财富增长效应。

5. 文化与组织的融合创意

文化的创意过程，也是文化、艺术、遗产的知识连续、知识合成和知识创造的过程。为此，在文化向文化创意产业的转化中，必须建立文化知识的建设性和创新性的连接机制，使文化专家、艺术家、企业家、技术专家、各种中介、具有创造活力的消费者，形成富有创造性的组织。这一组织将对文化创意的资源开发、生产流程、技术配置、市场发展等问题充满兴趣，并能够通过互动和合作有效促进上述问题的解决。

第四节　文化资本的开放、保护与可持续管理

一、文化资本的开放与保护

各地区文化资源的区域性特点决定了文化资本的多样化，多样化的文化资本也使得文化产品和服务呈现多样性，进而丰富了人们的精神生活。然而，随着文化产品和服务的国

际贸易日益频繁，文化资源是否会趋于同质化则是仁者见仁，智者见智。

有些观察家认为，文化产品和服务贸易的全球化将使得强势文化资本横流，而弱势文化资本则日趋消失，最终将使得全球范围内文化资本趋于同质化。原因在于，强势文化资本将随着文化产品和服务跨国消费逐渐培育他国消费者对这种文化资本的消费偏好，弱化消费者固有的文化资本消费偏好。持这种观点的人认为，与一般资本不同，来自外国的文化资本被视作一种复杂的、意义深刻的精神财富，同时也可能是本国社会关系的完整性与稳定性的威胁。因此，各国应该对本国文化资本采取必要的保护措施。在各国经济与政治日益相互依赖的全球化背景下，国家在国际贸易中通过协商来保护民族文化是很有必要的，有助于维护本民族主权和身份认同。

另一些观察家则提出，文化资本的消亡恰恰是由于该文化资本逐渐被人们忽视，然后通过文化产品和服务的跨国消费，使更多消费者积累这种文化资本的消费资本，从而使该文化资本获得新生。因此，只要跨国贸易不是强加的，而是自愿的，消费也不是强制性的，全球化将带来文化资本的多样化。持这种观点的人认为，从利用国际化规模生产和专业性的好处、增加消费者的选择机会、引入多样性来刺激创意和商业机会等角度考虑，各国应采取开放性的文化政策。这样，每一个国家都可以机会均等地进入世界性的"文化菜单"，为世界其他成员做出贡献。

文化实践中，联合国教科文组织鼓励文化产品的自由流动，并在文化资本（比如文化遗产）的不正当贸易问题上达成约定。通过建立独立于 WTO 的国际文化政策管理机构，或者加强文化产业利益在 WTO 磋商中的议价地位，创造一个基于规则的约定来保护和促进文化表达的多样性。

二、文化资本的可持续管理

自然资本与文化资本的共通之处是二者都具有长久持续的属性并且需要持续的管理。"可持续性"的概念最早于 20 世纪 80 年代由世界环境与发展委员会提出，是指这样一种发展：它既满足当代的需求，又不致影响后代满足其需求的能力。当将可持续性应用于文化资本时，它被赋予了有关文化可持续发展的内容。文化资本可持续管理的原则如下。

（1）物质福利与非物质福利，指的是文化资源的使用、文化商品和服务的生产与消费带给个体和社会的有形和无形利益。

（2）代际公平或者跨期分配正义，指的是福利、效用和资源在代际之间分配的公平性，特别是当代与下一代之间。它适用于包括有形与无形文化资本的管理，因为这些资本蕴含了我们从祖先那里继承并将移交给后代的文化。

（3）代内公平。这项原则肯定了不管属于什么样的社会阶层、收入群体、地域类别等，当代的所有人都有权利公平地获取文化资源和源自文化资本的收益。

（4）维持多样性。文化资本的多样性因素对个体和社会都具有重要价值。

（5）谨慎性原则，是指对于那些可能导致不可逆转变化的决策，应该从严格风险规避的角度极为谨慎地对待。比如，一座历史建筑面临拆除威胁或一种土著语言面临灭绝危险时，谨慎性原则就可以应用于对文化资本的管理。

（6）维持文化系统与承认相互依赖性。关于可持续性的一条总体原则是，在一个系统内没有任何部分可以独立于其他部分而存在。由此，我们可以认为，文化资本对长期可持续性所做的贡献基本上与自然资本是一样的：如果漠视文化资本，不管是任由文化遗产状况恶化，还是不维持能够带给人们认同感的文化价值，抑或不承担维持和增加有形文化资本存量与无形文化资本存量所需投资（如新艺术品的生产），都同样会置文化系统于危险境地，或者导致文化系统崩溃，从而造成社会福利与经济产出的损失。

当把可持续性原理应用于文化资本时，上述的最后这条原则从本质上刻画出了完整的可持续性概念。整体来看，这些原则定义出了文化的可持续性发展的概念，这对文化资本理论的意义，就像生态可持续发展对自然资本理论的意义一样。

"文化照明"点亮"智慧城市"？

小结

本章主要阐述文化经济实践领域中的文化资本这一特殊要素，侧重从文化资本的出现、文化资本的估值、创意与文化资本形成以及文化资本的开放、保护与可持续管理四个方面进行描述。

经历了物质资本、人力资本、自然资本的发展，资本的概念延伸到艺术和文化领域，出现了第四种资本——文化资本。这类资本与其他投入要素结合后有助于生产出更多文化产品与服务。

文化资本可划分为有形文化资本和无形文化资本，存量文化资本和流量文化资本。文化资本具有可转化性、损耗性、多样性等基本特性。

对文化资本的管理和配置不可避免地涉及价值评估问题，文化资本的价值形式非常多样化，很难在理论上将其统一在同一量纲之下。条件价值评估法（CVM）是文化资本估值的一种有效方法。一般可以选择支付意愿作为测量目标，通过精心设计的问卷询问样本个体的愿意支付的费用，就能得出该文化资本总体价值的估计值。

创意对文化资本形成具有重要意义。创意的本质是对文化价值的挖掘和表现，是文化的内在价值转化为外在价值的过程，是文化资本的形成过程。文化资本的创意形成需要文化与经济的融合、文化与技术的融合、文化与社会的融合、文化与空间的融合、文化与组织的融合。

文化资本的可持续发展涉及物质福利与非物质福利、代际公平或者跨期分配正义、代内公平、维持多样性、谨慎性原则、维持文化系统与承认相互依赖性。

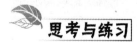

1. 文化资本如何扩张？

2. 一家博物馆与一家制鞋企业是否适合兼并?
3. 萨缪尔森说过:"今天的投资产生未来的消费。"请解释文化资本投资与未来消费的关系。
4. 分析个人在投资文化资本上会受到哪些因素的影响。
5. 分析企业重组中的文化资本与其他资本的协同效应。
6. 社区在建构文化资本上有哪些模式?
7. 城市为什么要投资文化资本?
8. 举例分析文化资本是如何提升一个国家的竞争力的。

第九章　文化的数字化

> 如果把各种相互冲突的关于新媒体的定义摆在一块寻找相同点的话，核心的一条便是"数字化"。
>
> ——大卫·赫斯蒙德夫《文化产业》

在新一轮科技革命的浪潮中，人们的生活方式与以往相比发生了巨大改变，这种改变很大程度上是由数字化推动的。世界因数字化而更加多彩，生活因数字化而更加不同。比如，依靠虚拟现实（VR）技术，人们可以在网上通过3D视觉来挑选服饰，通过机器人模特穿戴来观看效果。依靠增强现实（AR）技术，人们可以通过网络直接体验身穿服装的感受。

数字化不仅改变着人们的衣食住行，还在不断拓展和满足人们更高层次的需要。数字化技术通过融入传统文化产业领域催生出新的文化产品，对文化经济实践领域影响深远。

第一节　数字艺术

一、数字艺术的演变

数字艺术（digital art）是以数字设备为创作平台，运用数字技术等手段进行分析和编辑的一种新兴艺术，它通过网络和计算机承载传播，包括数字图片、GIF图片、3D图片、增强现实（AR）、虚拟现实（VR）、游戏、动画等形式。

在艺术史上，技术对艺术风格的影响是显而易见的。新的创作手段、新的交易平台，都会带来艺术风格的转换。15世纪印刷术的普及，带来文艺复兴。19世纪照相机的发明、20世纪摄影技术的应用，催生了动画、电影等新的艺术形式，深深影响了艺术风格，给艺术表现形式带来变革。

信息时代，计算机和互联网的运用带来了艺术作品的全新形式，数字艺术应运而生。20世纪60年代，计算机开始运用于艺术创作中，迈克尔·A.诺尔完成早期电脑图像作品"高斯二次方程式"，并参加电脑合成作品展，开创了完全由程序运算驱动的艺术创作。20世纪70到80年代，绘画、雕塑、建筑、摄影、录像和表演艺术等各个艺术领域的艺术家们开始实验运用计算机图形技术进行艺术创作。1983年苹果公司推出Macintosh计算机，将图形用户界面推向市场，数字艺术有了更广阔的发展空间。到20世纪90年代，数字技术已渗透到传统设计和艺术的各个领域。进入21世纪，移动互联网的普及使得网络进入人们日常生活，手机、iPad 等各种移动互联网终端让普通人拍完照——不管是照片还是影像——立即可以发布到社交媒体，一系列基于移动互联网的数字艺术形式开始流行起来。最近十年，随着科技不断发展，艺术的边界不断发生变化，一些艺术家在科技原理和人工智能逻辑的启发下进行艺术创作，随后人工智能设计软件让数字艺术作品成千上万地批量生产出来。

计算机图形（CG）设计技术在数字艺术中发挥了重要作用。"CG"是计算机图形computer graphics 的缩写，它既包括艺术也包括技术，渗透进三维动画、影视特效、网页设计、平面设计、动漫游戏等文化创意产业门类。采用 CG 制作的数码影视逐渐成为主流，好莱坞电影《玩具总动员》《阿凡达》等，国产数码电影《哪吒之魔童降世》《姜子牙》等，都大量采用 CG 技术制作电影，带来了天马行空的创造力、想象力。以 CG 为支撑的数字媒体，已成为数字艺术的中流砥柱。

数字艺术具有天然的大众性。数字艺术与之前的艺术流派血脉相连，比如观念艺术、达达主义等。这些流派给数字艺术的重要启示是强调观念、行为和观众参与，反对千篇一律的物质形式。数字艺术高度依赖技术手段，从二维图像处理到三维图像的创作再到虚拟现实、数字孪生场景创造，使得数字艺术有着广泛的应用空间。信息技术的普及使得数字艺术创作从少数极客扩展到更广泛的大众。数字艺术给传统艺术形式带来巨大冲击和影响，在数字艺术潮流下，经典艺术被世俗化。数字技术对传统经典艺术可以做任意修改，产生出多种版本，表达出个人的创作情感。与此同时，数字电影、网络游戏、短视频，这些新兴的数字艺术所具有的交互性和传播性，让艺术不断走向大众。

二、区块链与数字艺术

数字艺术作品在互联网上并不稀缺，人们很容易大量创作、复制数字作品。在网络空间，创作、绘制、剪辑成了文化时尚。原创作品、原创内容不仅容易复制，也很容易被篡改或增减。摄影和摄像技术曾经被看成真实生活的反映，但经过 AI 技术处理、深度伪装，网上的照片和视频在数字媒体泛滥的当今时代越来越难以辨明来源和真伪。人工智能、深度学习的任意运用，所改造的数字作品以假乱真，滋生了数字艺术作品的信任危机。网络的交互性、中心化的互联网溯源性差，使得任何创作者都难以把握数字艺术品的最终形式和呈现效果。

区块链技术为数字艺术的版权保护提供了可靠、可行的解决方案。区块链的非中心化信任机制和真实时间戳，为数字版权管理提供了一种不可更改的分布式版权登记形式。区块链是一个数学上可以自证清白、公平且高度自治的系统，为数字艺术的版权保护提供了现实可行的解决方案。区块链的基本结构是用户把一段时间内的信息，包括交易数据或代码打包成一个区块，盖上时间戳，与上一个区块衔接在一起。每一个新区块的页首都包含了上一个区块的哈希值，然后再在页中写入新的信息，从而形成新的区块。任何一个区块内信息的修改，都会导致哈希值的改变，而因为各区块环环相连，修改一个区块中一个字节信息就必须相应修改接下去整条链的信息，成本极高，因此区块链存储的信息实际上是无法篡改的。

区块链即服务（BaaS）模式，让数字艺术具有了更长久的生命力。区块链赋能数字艺术产业体现在以下几个方面。第一，作品版权存证，成为技术性保护作品真实的工具。区块链版权存证数字艺术作品，已被司法实践吸纳。第二，区块链加密艺术，赋予数字艺术全新的创意空间，提升了数字艺术品的交易价值。第三，区块链为创意产品大规模协同开发提供了很好的确权、协作环境。BIM（建筑信息建模）与区块链结合，就很好地带动数字设计协同合作。第四，物联网区块链技术，让线上线下的数字艺术孪生成为可行可靠的实践。实体艺术品物理形态就有了数字孪生作品。区块链的技术特征对于数字艺术发展具有重要意义，就数字作品真实性和防伪溯源而言，区块链是目前数字艺术作品确权的最好技术方案。

三、NFT 数字艺术

（一）NFT 的发展脉络

NFT 数字艺术是在区块链技术体系中衍生出来的数字作品确权、溯源、交易的新机制，正以狂澜之势席卷着娱乐、游戏、体育、艺术、音乐、时尚等各个文化创意领域。

在比特币主导的区块链 1.0 时代，一个名为 Yoni Assia 的人在 2012 年 3 月写下了《bitcoin 2.X（aka Colored Bitcoin）-initial specs》的文章，描述了他关于彩色比特币的想法。彩色比特币设想对比特币做上标记，且这些被标记的比特币能被追踪到，这种特殊标记的比特币能产生许多其他的用法。这被认为是 NFT 的萌芽。

以太坊融合了智能合约，赋予区块链完备编程特性，开启了区块链 2.0 时代。2017 年，CryptoPunk（加密朋克）项目上线，它通过改造以太坊 ERC20 标准，生成了 10000 个完全不同的 punk 像素风头像。CryptoPunk 为实现 NFT 做出的努力对加密艺术圈产生了深远的影响。2017 年 9 月，以太坊社区提出 ERC721 非同质存证标准。运用这一标准开发的加密猫游戏（CryptoKitties）在网上爆火。在加密猫游戏中，每个 NFT 对应一只虚拟猫，玩家拥有两种以上的猫还能培育出独特卡通图案的新品种猫仔，并且可以繁殖多代。这款游戏在 2017 年底推出后，涌入大批玩家，培育了初代 NFT 玩家。共有数百万个加密猫 NFT 被发行并在平台上交易，一些加密猫甚至卖到 10 万美元以上。

2018 年，OpenSea、Rarible、Async Art、SuperRare 等 NFT 平台相继成立，用户可以在这些平台独立发布智能合约下的加密艺术作品。2020 年以来，由于实体画廊、线下拍卖等相继暂停，人们纷纷开始选择数字艺术品，加密艺术收藏和交易在几个 NFT 网站上迅速增加。DappRadar 报告显示，2020 年 NFT 市场交易量增长 785%，达到 7800 万美元。据 NonFungible 数据显示，2021 年第一季度，艺术领域 NFT 交易额达到了 8.6 亿美元，占全球 NFT 市场规模的 43%，进入爆炸性增长时期。2021 年 3 月 11 日，网名 Beeple 的数字艺术家连续创作的数字艺术组合作品 *Everyday: The First 5000 Days* 以 6934.6 万美元高价拍卖，创下数字艺术品拍卖新高。

（二）NFT 概念和特性

NFT 是英文 Non-Fungible Token 的缩写，意为非同质化存证，是一种基于区块链技术的凭证。非同质化是指它具有不可替代、不可拆分、独一无二的特点。利用这个特点，NFT 可以和现实生活中的任意商品绑定，成为发行于区块链上的数字资产。当它跟艺术品（画作、音频、视频等）绑定，就诞生出数字加密艺术。

最早的 NFT 标准是以太坊 ERC721 标准，每个存证都有独立唯一的编号，而且无法再做分割。可以用加密猫来解释 NFT，每只虚拟加密猫是一个 NFT，任意两个加密猫都是独立的个体，分别有独立的基因和色彩表达，不能互相替换。零代猫最有收藏价值，另外在某些情况下，比较罕见属性的猫也会受到追捧。

创作者在加密艺术上可以注册他们作品的 NFT。图片、音乐、视频、电子书、AR、VR 等各种类型数字媒体，都可以注册到区块链系统中，使用智能合约，创建非同质化存证 NFT 进行确权和流转。创作者在 NFT 作品中，通过密码技术与区块链分布式账本记录，建立可信任的确权凭证，在区块链上形成不可篡改的智能合约。智能合约意味着一种数字形式的承诺，关于合约的一切协定都会被写入代码中，交由区块链网络自动执行。智能合约不仅控制着加密艺术品版权的确权和流转，而且控制着付款方式和艺术品收益分配权利。

（三）加密艺术与传统数字艺术的比较

NFT 数字艺术的火爆，很容易让人联想到前两次数字文创的热潮。第一次是门户网站。第二次是 App 和社交媒体，大量创业项目涌现。与互联网流量变现的盈利模式不同，前两次数字文创热潮需要创意团队了解 IT 技术和代码。网站域名、App 都是以技术形式为创意确权。门户网站、爆款 App 的发展轨迹已经趋于顶点。NFT 数字艺术的兴起，解决了数字艺术确权问题，可供数字艺术家创作、发布、变现。NFT 数字艺术开启的文化创意内容上链热潮带来了数字艺术品交易的高价值，释放出数字艺术市场的巨大潜力，形成了一种自生长的数字艺术生态。

NFT 作为一种标识和防伪溯源手段，为链上艺术品提供一个可信的追溯机制，这是 NFT 加密艺术区别于传统数字艺术的核心功能。NFT 也能确立数字艺术作品的稀缺性，进而在网络交易平台为作品确立价值。

相较于传统数字艺术，NFT 是一种艺术的新载体，也是一个新的运营概念，具有确定身份、高效流转、价值承载、映射链接等功能，用技术性解决了数字艺术作品确权、流转、追溯、信任的难题。表演艺术、烟花艺术等传统艺术形式，原本具有物理属性，不适用数字化加工。但在 NFT 平台上，可以通过建立加密艺术 NFT 方式，为传统艺术建立数字媒体副本，进而在数字艺术体系内确权认定和交易流转。

（四）NFT在数字艺术领域应用展望

NFT适合于粉丝经济的运营，粉丝社区为NFT产品推广提供势能，一批艺术拍卖行、高端文创品牌已经开辟了NFT赋能。NBA Top Shot将球员比赛的经典视频做成NFT数字资产，拍卖价值达到4亿美元，NBA庞大的粉丝群体为NFT流转和交易提供用户基数。对于在线音乐、影音等一直受盗版问题困扰的数字内容，NFT不仅可以解决创作者的版权问题，还带来了新的收入来源和粉丝互动方式。

NFT数字艺术的应用场景丰富，可以扩展到游戏道具、活动门票、域名等领域，也可以被用于物理实体艺术品确权认证，打造NFT文创用品。NFT赋能创意设计，让各种AI艺术创作成果可靠、可信、可证，打造出高度可信的人工智能艺术设计平台。展望NFT应用发展，它将把全球亿万个社区的共识价值化，将会有越来越多的价值主体开始参与到NFT数字艺术庞大的蓝海市场中。

本质上NFT代表了一种新的价值创造模式，是一种新的商业模式的呈现，即在区块链技术赋权下，以更加自治的方式，实现利益相关者的利益重新分配和分享。NFT的出现，对经济学的理论和实践，管理学的变革和创新，都将带来新的思考和启示。[①]

第二节 数字音乐

在数字时代之前，音乐消费仅限于购买黑胶唱片、磁带和CD，或参加音乐会。随着数字化和移动技术的发展，音乐消费出现了爆炸式增长[②]。音乐产业近年来逐渐发展为我国文化产业中的支柱行业之一，而数字音乐产业更是发展势头强劲。根据艾瑞咨询的统计，中国数字音乐市场规模在2018年已达76.3亿元，保持着较高的增长趋势[③]。

本节在界定数字音乐以及简明阐述数字音乐的分类后，将分析数字音乐的特点，探讨数字音乐的销售，包括几种典型的销售模式以及销售的现状。

一、数字音乐及其分类

数字音乐是指在音乐的制作、储存、传播与使用过程中，利用了数字化技术的音乐生产和消费形式。由于在整个过程中是以数字格式存储，因此，无论被下载、复制、播放多少遍，其品质都不会发生变化。

[①] 杨永忠在国际创意管理空中沙龙从管理学的角度对NFT进行了创造性的诠释，首次提出了NFT是"New+Factor+Tag"的管理学注解。首先，NFT代表的是新的代理商、中间商的标签。加密艺术出现后，传统艺术市场的传统中间商画廊、拍卖行受到明显冲击，艺术上链技术、加密交易平台等新兴的艺术市场中间机构正在兴起。其次，在新的中间商标签背后，NFT本质是一种新的商业模式，是一种新的价值创造模式。

[②] Arditi, David. Music Everywhere: Setting a Digital Music Trap. Critical Sociology, 2017:089692051772919.

[③] 艾瑞咨询. 商业化的复兴：2019年中国数字音乐产业研究报告. https://www.iresearch.com.cn/Detail/report?id=3353&isfree=0.

根据传播与使用方式的不同，数字音乐一般分为在线音乐和移动音乐两大类。在线音乐，就是通过互联网传播的数字音乐。在线音乐的使用方式可以是直接在线欣赏，也可以是下载到 MP3 等其他播放器上欣赏。移动音乐，是指通过移动增值服务提供的数字音乐，包括下载的手机铃声、彩铃、IVR 中的音乐收听，以及整曲下载到手机中的音乐等（李思屈，2006）。

二、数字音乐的特点

数字音乐改变了音乐产品的生产、分销流通乃至消费形式，使得音乐产品摆脱了以往用胶片、磁带或是光碟作为载体，并主要通过有形物理渠道进行分销流通的传统商业模式。取而代之的是数字化、无形化的纯数字音乐，并通过互联网向消费者传递（芮明杰等，2005），展现了可复制、易传播、易检索、易存储、可修改、无损耗和可单独制作的优点[①]。

与传统音乐相比，数字音乐则呈现出单曲销售、低边际成本、低进入壁垒、低市场集中度、激烈的市场竞争、易获取、强互动等特点。

（一）单曲销售

数字音乐市场一直不断开拓新的销售领域，如移动电话、电脑和便携式数字音乐播放器，不再受困于 CD 和磁带的空间，以及展示橱窗的大小，推行单曲销售。根据英国唱片行业协会 2009 年的统计，英国 2000 年的数字音乐市场可以完全忽略不计，但到 2008 年年底，数字音乐已经占到音乐产业收入的 12%。数字音乐打破了传统音乐以专辑形式捆绑销售的模式，从而获得了消费者的欢迎。到 2008 年，单曲音乐的下载已经占到英国音乐产业单曲市场的 95%；单曲发行数量大幅增加，超过 7000 首。

（二）低边际成本

音乐的数字传播方式消除了供应商对制作 CD 的需求，降低了单位成本，并实现了音乐传播到最终用户的规模经济，因为传输 1 首音乐作品到某一特定地区的费用并不比传输 100 首音乐作品到这一地区的费用高很多。与传统的离线营销方式相比，在线营销可以充分使用互联网和在线社区等途径，更加直接、有效地将音乐传递到最终用户。

（三）低进入壁垒

与传统唱片公司相比，数字唱片公司的最小有效规模和所需资金的不断降低，意味着进入壁垒不断降低。艺人不需要借助唱片公司就可以让大众消费者接受其作品，他们可以把自己的歌曲放到网络上进行传播。例如，庞龙的歌曲《两只蝴蝶》在一夜之间通过网络传遍了大江南北。

---

① 江凌，傅晓敏. 试论我国数字音乐产业的高质量发展——基于产业价值链结构的视角. 南京艺术学院学报，2020(2)：116-123.

（四）低市场集中度

随着数字音乐的发展，音乐产业的收入向在线方向转移，这进一步降低了音乐产业的集中度。根据 BPI 2009 年的统计，在英国实现数字音乐销售的大幅增加之前，每年前 100 首销售最好的单曲占据了单曲销售总量的半壁江山，但这一比例从 2004 年的 53%急剧下降到 2005 年的 30%，到 2008 年这一比例仅为 20%。市场集中度的降低是因为消费者的搜寻成本降低，消费者在听到音乐以前将无须付费，可以在网络上寻找自己喜爱的任何歌曲，而不受时间上和空间上的限制。

（五）市场竞争加剧

数字音乐的出现使音乐的生产和发行更加方便、快捷，也加剧了音乐市场的竞争。

一方面，数字音乐与传统音乐竞争日趋激烈，主要表现在传统音乐唱片的销售量和销售金额在逐渐下降。国际唱片业协会（IFPI）的《2017 年全球音乐报告》统计表明，2016年全球录制音乐总收入为 157 亿美元，比 2015 年增长 5.9%，且数字音乐收入为 50%，首次占了全球录制音乐行业年收入的一半。此外，艺人和艺人之间、音乐公司与音乐公司之间的竞争也日趋激烈，原因在于数字音乐增加了消费者的选择对象数量，消费者更加主动地选择而不是被动地接受音乐产品。

另一方面，随着数字技术的发展，音乐产品的传播形式、生产过程和销售市场都受到影响，原有价值链上各主体在音乐产业内的地位被颠覆，数字音乐为音乐产业生态带来了新的生机。例如，在数字音乐产业中，唱片公司原本的核心地位衰落，艺人、制作人可以直接与数字音乐零售商对接，拉近与消费者的距离，这为更多的创作者和艺人提供了崭露头角的机会。

（六）易获取，强互动

随着无处不在的链接，云存储和流媒体成为常态，数字生活已经发生天翻地覆的改变。我国用户对数字音乐的获取渠道或者工具主要有以下三类[①]：①搜索引擎，如百度、360 等；②下载工具，如迅雷、VeryCD 等；③音乐客户端，如酷狗、酷我等。从数字音乐作品的获取看，绝大部分的数字音乐用户都拥有智能手机，可通过手机随时随地进行在线试听或观看，十分方便。

从数字音乐用户的互动看，数字音乐平台功能的持续发展不仅使数字音乐的获取变得更加容易，也加强了用户之间的互动。例如，数字音乐信息上传功能使用户可以上传自己的数字音乐信息，K 歌平台用户可以上传自创作品。数字音乐信息的分享功能使得用户可以将喜爱的数字音乐信息分享给他人或宣传自创数字音乐。评价与点赞功能让用户可以在数字音乐信息平台进行留言、点赞、打分等。可以说，数字音乐的社交功能已经越发明显。

---

① 娄冬，周密，王雪莹. 基于 KANO 模型的用户数字音乐信息获取途径品质要求研究. 情报科学，2020，38(1): 116-124.

根据艾瑞咨询统计，目前我国数字音乐消费关键词中包括"音乐社交"，凸显了"以声音带动现实、听觉与视觉联动的娱乐景观社会特征"[①]。

三、数字音乐的销售

数字音乐较传统音乐有更丰富的销售模式，常见的销售模式主要有以下几种。

（一）长尾式销售模式

针对网络销售的特点，克里斯·安德森（2009）提出了著名的"长尾理论"，即只要存储和流通的渠道足够多，成本足够低，非主流产品（尾部）也会有顾客愿意购买，并且这些产品的利润可以和畅销品所获得的利润相匹敌。当前，数字经济网络销售时代的产品分布正在朝着"平而杂"的趋势发展，畅销产品的销量在减少，非主流产品的销量在大幅增加。由于每个人对音乐类型偏好各不相同，并且同一个人在不同的心情下对音乐的需求也可能不一样，这就导致数字音乐市场是一个主流与利基产品共同存在的市场。根据安德森的观点，数字音乐市场长尾现象的出现与三种因素有关，即数字音乐生产工具的普及、互联网使数字音乐消费更加便捷、传播工具降低了数字音乐的消费成本。

（1）数字音乐生产工具的普及。以前音乐的创作和制作只能由专业公司来完成，现在个人电脑和相关软件的普及，使每个业余爱好者也能成为音乐的创作者和制作者。生产者的队伍壮大使得数百万的歌曲被创作出来并发布到全世界。由此，可选的音乐产品的种类和数量迅速增加，促使数字音乐长尾向右延伸。数字音乐生产工具普及的最终结果是：数字音乐种类和数量更多，长尾更长。

（2）互联网使数字音乐消费更加便捷。互联网降低了音乐消费者接触数字音乐的成本。音乐消费者在任何时间、任何地点，通过互联网就可以以最低的价格在世界范围内购买到不同风格、符合自己需求的数字音乐。互联网提高了长尾市场的流动性，带来了更多的消费。

（3）传播工具降低了数字音乐的搜寻成本[②]。音乐消费者的兴趣已趋向多元化，构成了众多音乐消费小圈子。面对数量庞大的传统音乐产品，消费者从中选取满足自己偏好的音乐将面临较高的搜寻成本。和传统音乐消费不同，在数字媒介下，搜索引擎、推荐系统、微博、微信等各类信息传播工具能够让数字音乐迅速在消费者中传播，拓宽了潜在顾客的视野，降低了搜寻成本。从长期来看，传播工具有助于提高数字音乐的销量，扩大整个数字音乐市场，这样一来，更长的尾巴也能变得更厚。此外，免费的力量也不容小觑。30秒的音乐剪辑和视频预览可以降低消费者的搜寻成本，可以使其对利基产品有一个初步的了

---

① 谢辛. 声音的视觉化——从抽象动画电影到"互联网+声音 BGM"观念延伸. 北京电影学院学报, 2018, 143(5): 56-64.

② 搜寻成本指任何妨碍消费者寻找目标物而引致的成本。有些成本是非货币性的，如时间浪费、争论、错误的时机或迷惑之处。其他一些成本是明码实价的，如错误的购买，或是因为没有找到更便宜的选择而被迫高价购买。

解，让消费者找到符合自己的利基产品并为之消费。

以 Rhapsody[①]数字音乐销售情况为例。如图 9-1 所示，流行度排名靠前的歌曲下载次数非常高，但歌曲下载次数并没有随着歌曲流行度的下降而迅速下降至 0，直到排名第 90 万首后的歌曲仍有少量的下载量。通过观察可以发现，像沃尔玛这样的传统零售商，音乐产品的需求量止步于第 2.5 万首。但是，对 Rhapsody 这样的在线零售商来说，音乐市场似乎是无穷无尽的。在 Rhapsody，不光排名前 6 万首的曲目能每月至少被下载一次，甚至到第 90 万首都能被下载到。可以推测，只要 Rhapsody 添加新的数字音乐产品，这一数字音乐极有可能会被消费者下载。因此，数字音乐的销售是一个无尽的长尾市场。

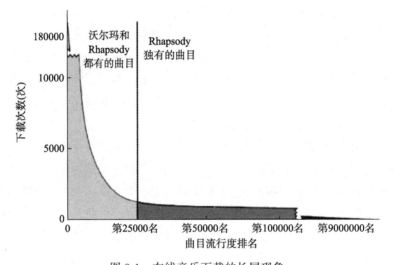

图 9-1　在线音乐下载的长尾现象

资料来源：王睿. 利用长尾理论调整商业模式. 世界电信. 2010，9：64-67.

（二）捆绑式音乐销售模式

这是一种将终端播放设备和音乐内容一体化的音乐销售模式，直接催生了目前为止国际上最为成熟的在线音乐盈利模式。苹果公司将数字音乐软件和服务与其硬件融为一体，利用"iTunes+iPod"的组合，开创了全新的音乐商业模式。随着 2003 年 iTunes 的出现，苹果公司进入了音乐市场，它不仅靠卖产品赚钱，还可以通过售卖音乐来赚钱。因为 iTunes 能够让更多人更方便地下载和整理音乐，大大促进了 iPod 的销售。iTunes 打破了音乐爱好者必须整盘购买专辑的行规，开创了单曲销售时代，0.99 美元/首的低价格策略让普通消费者承受得起，促进了 iTunes 的良性发展。短短 3 年内，凭借"iTunes+iPod"模式，音乐等内容的下载量突破了 10 亿次，为苹果公司带来了近 100 亿美元收入，几乎占到公司总收入的一半。到 2011 年上半年，iTunes 音乐商店已售出 150 亿首歌曲，成为全球第一大音乐分

---

① Rhapsody 是 RealNetworks 公司旗下的流媒体服务商，美国在线音乐公司之一，开创了付费音乐订阅服务的先河。

销商。之后，索尼公司很快效仿这一销售模式，非音乐唱片公司的沃尔玛也紧随其后，RealNetworks 和 Microsoft 也推出了媒体软件。

（三）广告分成模式

在这种模式下，音乐服务提供商从音乐内容提供商处获得歌曲授权，然后向在线音乐用户提供音乐的免费下载服务，利用用户流量、点击量吸引广告商投放广告，再与音乐内容提供商按比例对广告收入进行分成，如我国的百度、新浪、九天等几乎都可以向音乐用户提供在线的免费下载服务[①]。

（四）数字专辑模式

埃米纳姆的数字专辑 *Kamikaze* 在 2018 年于 QQ 音乐上售出了 225 万张，火箭少女 101、陈立农、BIGBANG 等头部音乐人的数字专辑销量也多达百万张，说明数字专辑是激发用户付费的有效销售模式[②]。而且数字专辑的销售还可以衍生很多差异化服务。例如，在销售数字专辑的过程中，腾讯平台用视觉、听觉和触觉等多感官营销方式，打造了"全媒体式沟通互联的内容产业"，让粉丝在购买音乐之余，可以观赏音乐 MV，参与众筹，与明星在线对话[③]。

（五）"免费下载+付费订阅/增值服务"模式

这是我国结合自身情况运用的较为广泛的模式。由于我国终端消费者免费下载的观念根深蒂固，正版音乐付费使用难以实现营收，故而我国数字音乐平台多使用"免费下载+付费订阅/增值服务"的商业营销模式。在这种模式下，各数字音乐平台为用户提供合法授权的普通品质音乐试听和下载服务，同时通过细分化服务，如高品质音乐、广告过滤等付费模式实现平台收益。

随着技术的不断发展和各个数字音乐平台的完善，目前我国的数字音乐销售现状已经发生了天翻地覆的变化。当前的数字音乐销售已然以数字音乐平台为中心展开。数字音乐平台在数字音乐产业链的核心环节已经负担起了多元化的作用，它的商业化和规模化使得用户可以更加深入地参与音乐产业链的上下游，在歌曲的创作、版权和分发三个阶段都扮演起重要角色，其中心枢纽的地位越发明显。在未来，流媒体模式将可能进一步发展。流媒体音乐指的是在互联网平台上以流式传输的方式播放的音乐。在这种流媒体模式下，在线

iTunes 兴衰史

---

① 佟雪娜.音乐产业运营与管理. 北京：中国传媒大学出版社, 2016.
② 艾瑞咨询.商业化的复兴：2019 年中国数字音乐产业研究报告. https://www.iresearch.com.cn/Detail/report?id=3353&isfree=0.
③ 陈思睿. 数字专辑出版营销的特征、规律及发展路径探析——以腾讯专辑商城为例. 中国编辑, 2018, 2: 80-84.

收听取代下载保存的模式可以激励用户持续付费。目前我国该模式正在起步阶段，未来可能得到更多探索[1]。

第三节 数字出版

随着数字技术在出版行业的全面普及和深入应用，数字出版逐步在技术、商业层面成为出版产业发展的基本方式和主要载体。在对数字出版进行界定后，本节阐述了数字出版的基本特征，讨论了与数字出版相关的技术和盈利模式，然后探讨互联网技术与出版物的销售问题，最后讨论了我国数字出版产业发展的基本情况。

一、数字出版及其特征

数字出版源于"digital publishing"一词，可译为数字资源出版或出版的数字化。作为一个概念，"数字出版"最近10年才开始流行起来。

数字出版一般是指利用数字技术进行内容编辑加工，并通过网络传播数字内容产品的一种新型出版方式，其主要特征为内容生产数字化、管理过程数字化、产品形态数字化和传播渠道网络化。目前数字出版产品形态主要包括电子图书、数字报纸、数字期刊、网络原创文学、网络教育出版物、网络地图、数字音乐、网络动漫、网络游戏、数据库出版物、手机出版物（彩信、彩铃、手机报纸、手机期刊、手机小说、手机游戏）等。数字出版产品的传播途径主要包括有线互联网、无线通信网和卫星网络等。由于其海量存储、搜索便捷、传输快速、成本低廉、互动性强、环保低碳等特点，已经成为新闻出版业的战略性新兴产业和出版业发展的主要方向。[2]

关于数字出版的特征，学术界主要从产品形态、技术和经济活动视角进行了分析。

从产品形态视角看，数字出版是依靠互联网并以之为传播渠道的出版形式。其产生的数字信息内容建立在全球平台之上，通过建立数字化数据库达到在未来重复使用的目的。数字出版主要源于全球电子出版业发展的数字化与网络化趋势，将图文信息与数字信息库技术的应用相结合，改变出版社的传统业务流程，生产以光盘或网络出版物为代表的产品形态，以此作为数字出版的萌芽业态。

从技术视角看，数字出版是用数字化的技术从事的出版活动，广义上是二进制技术手段在出版环节的运用，主要包括原创出版物内容、编辑加工处理、现代印刷生产、营销发行和阅读使用五项的数字化。数字出版是内容加工的数字化和数字出版物传播的网络化，具有生产、管理、形态和传播的数字化与网络化的鲜明特征。

---

[1] 艾瑞咨询.商业化的复兴：2019年中国数字音乐产业研究报告. https://www.iresearch.com.cn/Detail/report?id=3353&isfree=0.

[2] 新闻出版总署. 关于加快我国数字出版产业发展的若干意见.（2010-08-24）http://www.nppa.gov.cn/nppa/contents/312/23777.shtml.

从经济活动视角看,数字出版是传统出版的数字化改造和数字技术的出版化,强调内容作品的数字化加工和传播,以满足读者多媒体形式的知识行为需求。

近年来,在数字技术的推动下,出版产业与新闻传播业、数字娱乐业产生了深度融合。在这一背景下,数字出版演变为以全媒体出版为特点,是以数字技术为支撑,立足于内容层面的复合出版活动。

二、数字出版盈利模式

数字出版是由内容提供商、消费者、广告商与互联网构成的一平台多用户的双边市场结构,消费者、广告商、内容提供商、平台厂商之间存在需求的相互影响,即存在显著的交叉外部性特征,并依靠互联网平台发生交易。消费者通过平台获取内容产品,同时将"注意力"集中在平台上,于是平台厂商可以将"注意力"销售给另一个客户终端——广告商,从而获得广告费。内容提供商将吸引消费者的内容产品提供给网络平台,获得平台厂商的盈利分成。[①]

根据双边市场中各个终端用户彼此之间的相关性与影响,可以把数字出版的盈利模式分为以下几类。

(一)对消费者完全收费模式

当数字出版商不依赖于广告市场时,则双边市场的实质发生改变,近似于单边市场。出版社必须通过消费者市场获得收入,对消费者实行完全收费。采用这种模式一般具有两个条件:一是所售内容产品不可替代性较高,消费者具有较高的付费意愿;二是网络平台不适宜大规模的广告投放,消费者群体规模小或者人群狭窄,广告效果有限。

专业内容产品的数字出版具有以上两个特征,其对消费者完全收费的盈利模式发展比较成熟。互联网四大期刊数据库即知网、万方、维普和龙源,专业数字出版类企业如超星数字图书馆、阿帕比、书生之家等,其收入直接来自消费者的付费。它们收录的文献专业性强,针对性强,价值含量高。对于有需求的专业消费者,这类内容产品不可替代,即使收费也愿意消费。但对于非专业消费者,即使免费他们也没有意愿去消费这类内容产品。因此这类数字出版的消费者群体不大,而且由比较单一的专业群体构成,不具备大规模吸引广告商的条件。

(二)广告商补贴消费者模式

广告商补贴消费者模式是互联网产业发展之初所采取的主要模式,目前仍旧是数字出版产业的重要模式。2019年,我国数字出版产业的产值为9881.43亿元,其中互联网广告

---

① 姚林青,杨文. 双边市场下数字出版产业赢利模式. 产经论坛,2012,14: 53-57.

的收入达到 4341 亿元，占总收入的 43.9%。[①]数字出版平台商对消费者群体免费或微收费，通过广告市场的收入补贴消费者市场，扩大消费者群体规模，进而提高广告市场的收入规模。比如数字出版领域图书搜索引擎的代表企业谷歌，它将图书内容、音乐加入图书搜索频道和 MP3 音乐频道，并且进一步促进全球图书数字化。谷歌将出版社提供的图书免费提供给消费者，通过吸引消费者注意力获得广告收入。

理论上，广告商补贴消费者模式是双边市场价格结构非中性的典型表现。广告商从消费者市场获得正外部性，消费者由于广告的存在而产生负外部性，通过两个市场方向的定价结构，正负外部性得以消除。

（三）服务盈利模式

内容提供商在双边市场上处于一个特殊的地位，通常情况下与网络平台商处于同样的角色——内容产品经营者，它们之间通过分成共享利益，一般可以简化为网络平台的组成部分。例如，谷歌会把广告收入的 50%分给内容提供商。但当内容提供者不再是经营合作者，而是被收费服务的对象时，它们就不再是平台的一部分，而是平台连接的另一市场主体。网络平台可以为有出版自己作品需求的作者提供数字出版平台，收取不同级别的服务费用，形成了一种新的盈利模式。这种基于服务的盈利模式，经营得比较成熟的是美国两大数字出版网站 Iuniverse 和 Xlibris。它们将自己定位为网络技术出版提供商，主要提供作者服务、出版商服务和商业服务，所出版的图书都有独立的 ISBN 编号。

三、互联网技术与出版物的销售

就出版业而言，传统发行体系严重浪费出版业的资源，出版业在费用惊人、场地庞大、高度浪费的发行体系下苦苦挣扎，很多内容优质的书籍上架率不够。读者很难找到想要的书籍，作者无法接触到潜在读者，出版社因新书成本太高总认为书价定得太低。此外，一些内容毫无意义的、甚至不能称其为"书"的书籍因为是畅销书却在市场上大卖，而真正有意义的书籍却因为未能成为畅销书而最终被迫退出市场。

相对于传统的发行销售模式，在线零售电子商务（例如亚马逊网络书店）的出现，给图书发行渠道带来了一场革命。在线零售是一种"先挑选再打包"（pick-and-pack）的商业模式，可以为消费者提供优质的服务、优质的商品。与书店不同，在线销售由于消费者能够更加快捷地在网络书店寻找到所需要的任何图书，消费者的搜寻成本大大降低，他们可以以很低的成本关注正态分布曲线的"尾部"，关注"尾部"产生的总体效益甚至会超过"头部"。例如，一家书店通常可以摆放 10 万种书，但亚马逊网络书店的图书销售额中，有 1/4 来自排名 10 万名以后的书籍。这些"冷门"图书的销售比例正在高速增长，预估未来可占整个销售市场的一半。这表明，在线销售使大规模的图书市场转化为无数的利基市场。从

---

① 中国数字出版产业年度报告课题组. 步入高质量发展的中国数字出版. 出版发行研究, 2020, 11: 20-25.

中可以发现，读者在面对无限的选择时，真正想要的图书和想获取的渠道都出现了重大变化，一套崭新的商业模式正在崛起。

另外，对于发行商来说，通过网络技术和数据挖掘技术，借助读者的历史搜索记录可以主动推荐与读者兴趣有关的图书。对读者而言，如果好的搜索机制能够让他们得到更准确的其他相关图书的信息，这势必会激发读者进一步搜索的兴趣以及唤醒对图书的热爱，从而创造一个更大的图书市场。

此外，从市场而言，网络书店的长尾效应使得文化消费更加多元化，从而终结了因为长期以来图书分销渠道的单一而导致的流行文化处于绝对统治地位的局面。

但需要说明的是，网络书店集中度远远高于传统图书发行业的集中度。例如，亚马逊网络书店已经控制了美国80%以上的网络图书销售市场。

第四节　数　字　娱　乐

在数字化盛行的时代，人们的娱乐活动越来越多地被数字技术所渗透。以动漫和游戏为代表的数字娱乐正日益成为娱乐产业发展的重点领域和数字技术的重要组成部分（夏杰长等，2019）。本节针对数字娱乐，在简要界定概念后，分别探讨了两类典型的数字娱乐产品，即动漫和游戏。

一、数字娱乐的界定

从字面理解，数字娱乐是以数字技术为基础，以娱乐为目的的产品。在数字娱乐的内涵和外延的看法上，学界存在一定的争议。有的学者认为网络游戏、数字摄影、电子图书、彩信、3D动画、Flash动画等应纳入数字娱乐范畴；有的学者认为，数字娱乐以网络游戏、网络文学、数字短片、数字音乐、数字电影电视、动漫和数字出版物等为主体内容；也有的学者认为，数字娱乐包括数字游戏、数字动漫、数字影音等；还有的学者认为，数字娱乐是指以动漫、卡通、网络游戏等基于数字技术的娱乐产品，涉及移动内容、互联网、游戏、动画、影音、数字出版等多个领域。

从本质来看，数字娱乐是以文化创意为内容、以数字技术为生产手段、以经济利益为目标的娱乐产品。这意味着，数字娱乐的内涵和外延较为丰富。从市场占有率而言，数字娱乐领域主要包括动漫和游戏，因此本节侧重阐述动漫和游戏这两类数字娱乐产品。

二、动漫

（一）动漫的界定

动漫是动画（anime）和漫画（comics）的集合，以创意为核心，以动画、漫画为表现形式。随着现代传媒技术的发展，动画和漫画之间联系日趋紧密，两者常被合称为动漫，并逐渐成为一种文化时尚。作为一种艺术表现形式，动漫通过制作，使一些有或无生命的东西拟人化、夸张化，赋予其人类的一切感情、动作；或将虚拟的场景通过绘制，使其真实化，从艺术的另一个角度展示人类的文化与文明，反映人类的精神（熊澄宇等，2014）。

根据《动漫企业认定管理办法》的规定，动漫产品具体可以划分为以下几种。

（1）漫画：单幅和多格漫画、插画、漫画图书、动画抓帧图书、漫画报刊、漫画原画等。

（2）动画：动画电影、动画电视剧、动画短片、动画音像制品、影视特效中的动画片段，科教、军事、气象、医疗等影视节目中的动画片段等。

（3）网络动漫（含手机动漫）：以计算机互联网和移动通信网等信息网络为主要传播平台，以电脑、手机及各种手持电子设备为接收终端的动画、漫画作品，包括 Flash 动画、网络表情、手机动漫等。

（4）动漫舞台剧（节）目：改编自动漫平面与影视等形式作品的舞台演出剧（节）目、采用动漫造型或含有动漫形象的舞台演出剧（节）目等。

（5）动漫软件：漫画平面设计软件、动画制作专用软件、动画后期音视频制作工具软件等。

（6）动漫衍生产品：与动漫形象有关的服装、玩具、文具、电子游戏等。

（二）动漫产业的特征

一般而言，动漫产品的制播周期较长。在制作方面，好的 3D 动画电影至少要一个制作团队耗费 3~5 年时间。在播出环节，动漫作品（如动画片）的播出周期通常比较长。在盈利模式上，动漫产品以版权为核心，具有较高社会影响力的动漫产品的形象可以通过版权开发，授权其他企业或自主开发经营，延伸产业领域，实现版权的价值，由此获得利润。根据国际动漫产业发展规律，动漫产业利润的 70%来自于衍生产品。

近年来，动漫产业整体规模呈增长趋势。2019 年，我国动漫图书出版数量达 1295 种；电视动画生产备案数量达 472 部、188185 分钟，电视动画生产完成数量达 94659 分钟；动画电影生产备案数量 164 部，完成生产数量 51 部，动画电影票房收入 112.74 亿元。新一代信息技术的持续进步不断地推进着中国动漫的发展，显现出以下发展特征（魏玉山等，2020）。

（1）漫画出版持续加速从纸媒向网络迁移。纸媒出版的品种数量大幅缩减，网络出版的用户规模增长至近亿人，网络动漫的兴起导致传统动漫出版物的发行销售模式迅速衰落。

（2）电视动画创作生产和播出数量渐趋稳定。投资回报低导致创作生产机构难以维系产量，生产机构的优胜劣汰已经步入深度调整期，电视动画播映体系布局已较为完整，动画播出时长的增长空间趋于饱和。

（3）动画电影成功晋身主流电影类型，专业机构和优质 IP 脱颖而出。无论是动画电影的票房收入或所占比例，还是《哪吒之魔童降世》高达 1.39 亿人次的观影人次，都标志着动画电影已经跻身主流电影类型行列。在票房过亿元的 6 部动画电影中，多数是基于 IP 的开发。

（4）网络视频平台利用播出优势拓展投资制作。综合视频网站纷纷开设动漫频道，视频网站及其 App 成为各类动画片的重要播出平台，在采购节目内容播映版权的同时，还联合内容制作方投资制作自有版权内容，网络动画的备案数量和上线数量日益增长。

三、游戏

（一）游戏的概念

对于不同的主体而言，游戏的概念各不相同。

对于玩家来说，游戏是一种体验。玩家是游戏的最终消费者，也是游戏的二次创作者，玩家对游戏的再创作体现为独特、自我的游戏体验。对于开发者而言，游戏是一种技术产物与艺术作品的集合体。开发者的不懈追求使游戏开发技术日新月异，并且在人文层面超越文本、超越个体体验，向艺术层面发起探寻。对于发行商而言，游戏是一种商品。游戏的艺术性与商业性是硬币的正反两面。游戏 App 是移动互联网中盈利最为丰厚的 App 类型，游戏产业也是许多国家文化产业的重要支柱。

游戏可以按照不同的标准进行分类，包括平台、制作组、发行商、类型、世界观、交互方式、美术风格、是否有剧情、线性流程/开放世界等。著名游戏测评平台游民星空将其分为单机游戏、网络游戏、主机游戏和手机游戏[①]。单机游戏一般是指不需要联网，仅使用一台设备就可以独立运作的游戏。网络游戏是指以互联网为传输媒介，以游戏运营商服务器和用户计算机为处理终端，以游戏客户端软件为信息交互窗口的多人在线游戏。主机游戏包含掌机游戏和家用机游戏两部分，能带来高配置的游戏体验。手机游戏是指运行于手机上的游戏软件，简称"手游"。

（二）游戏的特征

游戏具有以下几个主要特征（北京大学互联网发展研究中心，2019）。

（1）规则核心性。游戏作品的构成以游戏规则为核心，而游戏活动必须以游戏规则为最高准则进行。

（2）目标导向性。游戏在设计尤其是规则制定之初，就设置了较为明确的游戏目标供游戏玩家达成，提高玩家的参与度。

（3）娱乐性。显而易见，游戏是一个以娱乐为重要目的的活动。元宇宙的发展，打开了游戏娱乐新的空间。

（4）交互性。游戏的过程是若干种交互形态的总和。交互，可以是对游戏样态的改变，也可以是与其他游戏者的各种交流。

（5）二象性。当游戏没有被玩时，它是一个作品或者说是一套虚拟的规则，是静态的，但当它被人们玩的时候，它便是动态的活动。

---

① 游民星空网站 https://www.gamersky.com。

现代文化经济学

（三）游戏的盈利模式

游戏的盈利模式主要有时间模式、广告植入、虚拟物品与增值服务等模式（陈娴颖，2017）。

时间模式是用户登录网络游戏后按照游戏的时间进行收费，这种模式分为混合制收费和包月收费。其中，混合制收费即按照玩家的级别分类，在某一级别之下的玩家是免费用户，但是超过规定级别之后就需要按照游戏时长付费，如网易旗下的《梦幻西游》的玩家在10级之前免费而之后则以游戏时间计费。包月收费是一种不常用的收费模式，一般与时长收费并行，玩家以月为单位购买游戏时间，在包月时限内玩家可以不限时在线游戏。

广告植入模式是通过将商品广告嵌入游戏界面或使其成为游戏的一部分，运营商从中收取一定的费用。较有代表性的案例，如天联世纪与可口可乐公司达成为期1年、总价值近亿元人民币的广告合作。其合作内容为，在天联世纪免费运营的网游《街头篮球》中，出现以可口可乐为代表的厂商广告。

专栏

亨腾：数字化技术①

虚拟物品与增值服务模式是游戏玩家通过人民币兑换代币，开发商在游戏中构建能通过代币消费的商城来出售部分虚拟物品，从中获取收入。这是目前最重要的一种盈利模式，多数游戏开发商都在使用。常见的虚拟物品是内置于游戏中的各种道具，包括武器、卡牌、皮肤、药水等。比如，通过购买武器可以让玩家加速游戏进度，加强战斗力，等级领先队友。

第五节 虚拟博物馆

本节在阐述虚拟博物馆的定义及其分类之后，探讨了虚拟博物馆的特征，与虚拟博物馆相关的技术，最后分析了虚拟博物馆的运作策略。

一、虚拟博物馆及其分类

现代技术与博物馆越来越紧密地联系在一起，虚拟博物馆（vitual museum）的不断涌现就是一个活生生的例子。虚拟博物馆是应用可形成仿真、虚拟人造景物的虚拟现实技术营造而形成的博物馆。虚拟博物馆除了原始博物馆实物加文化的收藏形式外，还包含了大量与之相关的多媒体收藏，通过三维模型、视频、图像、声音、文献记录等数字信息为藏品提供更全面的信息。英文语境中"虚拟博物馆"的概念有多种表达，如数字博物馆（digital museum）、线上博物馆（on-line museum）、电子博物馆（electronic museum）、超媒体博物馆（hypermedia museum）、网页博物馆（web museum）等，其所指大致相似，都强调文化

---

① 亨腾（Anders Henten），丹麦奥尔堡大学通信、媒体和信息技术教授，相关论著参考 *Innovations from the ICT-based service encounter*.

遗产机构以现代计算机网络技术为基础，以数字媒介的形式向社会提供收藏、教育和研究服务，其实质类似于对其馆藏进行数据存储、公开和再生产的循环。直到1996年，杰弗里·刘易斯在《大不列颠百科全书》中，才给出了虚拟博物馆的比较通行的解释，即"通过电子媒体访问的，由数字所记录的图像、声音、文本文档以及其他具有历史、科学或文化内涵的数据的集合"。

虚拟博物馆的发展经历了从博物馆数字化到数字化博物馆的过程。博物馆的数字化是指利用数字化的手段对传统博物馆进行改造，如建立网站、办公自动化等，以方便馆际之间的交流为公众提供信息服务、方便研究等。其作用在于利用数字化技术使得实体博物馆更好发挥其功能。而数字化博物馆是以文化遗产为中心，通过各种数字化信息技术，将主题文物的相关信息保存，以网络为媒介，以互动方式进行浏览参观、信息查询与研究。虚拟博物馆在展示文化遗产方面具有巨大潜力，因为它能够生动地展示文化遗产，而不损害或破坏文化遗产（Koukopoulos & Koukoulis, 2018；Huhtamo, 2010）。博物馆越来越多地使用信息和通信技术（ICT），为展示文化遗产内容提供了新的机会，使其能够在一个连贯的展览空间中合并真实和数字艺术品（Gomes等, 2014）。它不受时间和空间的限制，易于维护和更新内容，而且成本比传统博物馆低得多（Caggianese等, 2017）。

从形式上看，虚拟博物馆有三种类型：①不包含虚拟场景，整合了文字、图像等多媒体信息的数据为中心的系统，不使用三维展示技术；②提供了三维场景和三维展品的展示功能，但参观者没有自己的主动观察路线和角度；③建立在虚拟环境下的形式，参观者可以随意走动观看，还具有交互和协同功能。

二、虚拟博物馆的特征

与传统博物馆相比较，虚拟博物馆具有以下特征（迪克斯, 2012）。

（1）参观者可以在家里不限次数、在任何时间都可以参观某个数字博物馆，从而潜在地增加了博物馆的可接触性。

（2）有利于传统博物馆的持续发展。诚然，数字化不太可能取代保存现实物品的功能，但未来的博物馆可以将空间用于收藏物品然后再利用虚拟形式进行展览。或者，博物馆完全用数字化的方式建立起来，该博物馆现实中并不存在。

（3）虚拟博物馆可以通过提供更多背景材料来提高阐释能力。

（4）具有很强的互动功能，这一功能将吸引更多的观众参观实物博物馆。

（5）虚拟博物馆的出现意味着，无须修建昂贵的展览空间也可以展示特定的文化，更加有利于文化的传播。

三、与虚拟博物馆相关的技术

虚拟博物馆的建设主要涉及虚拟现实技术、J2EE开发技术、虚拟现实建模语言、多媒体技术、网络技术、无线数字通信技术等诸多技术。这里主要介绍虚拟现实技术、J2EE开发技术、虚拟现实建模语言等关键技术（刘刚，2006）。

（一）虚拟现实技术

根据虚拟程度的不同，虚拟现实技术通常分为增强现实（Augmented Reality，AR）、增强虚拟（Augmented Virtuality，AV）、虚拟现实（Virtual Reality，VR），其中增强现实（AR）和增强虚拟（AV）又被合称为"混合现实"（Mixed Reality，MR）。虚拟现实技术（VR）出现在20世纪末，它融合了数字图像处理、计算机图形学、多媒体技术、传感器技术等多个信息技术领域，它用计算机生成逼真的三维视、听、嗅等感觉，使人作为参与者通过适当装置，自然地对虚拟世界进行体验和交互作用，使人和计算机很好地"融为一体"，给人一种身临其境的感觉。一般的虚拟现实系统主要由专业图形处理计算机、应用软件系统、输入设备和演示设备等组成，不同的项目可以根据实际需要选择头盔式显示器、跟踪器、传感手套、屏幕式或房式立体显示系统、三维立体声音生成装置等工具。混合现实（MR）技术与虚拟现实技术的主要区别在于它是一种建立在真实基础上的虚拟。它也是近些年来才逐步兴起的一项应用技术。混合现实，顾名思义，就是将实体的场景或物体与虚拟的场景或物体相结合所产生的混合世界。那么混合现实的两个子概念增强现实和增强虚拟又是如何定义的呢？可以这样来区分它们：将一个虚拟的人物放到一个真实的场景中所形成的混合图像就是增强现实（即用少量的虚拟事物混合到现实场景中）；而将一个真实的人物放到一个虚拟的场景中所形成的混合图像就是增强虚拟（即用少量的真实事物混合到虚拟场景中）。

现有虚拟现实的主要技术包括动态环境建模技术、实时三维图形生成技术、应用系统开发工具以及系统集成技术等。

（1）动态环境建模技术。虚拟环境的建立是虚拟现实技术的核心内容。动态环境建模技术的目的是获取实际环境的三维数据，并根据应用需要，利用获取的三维数据建立相应的虚拟环境模型。

（2）实时三维图形生成技术。三维图形的生成技术已经较为成熟，其关键是如何实现"实时"生成，为了达到实时的目的，至少要保证图形的刷新率不低于15帧/秒，最好是高于30帧/秒。

（3）应用系统开发工具。虚拟现实应用的关键是寻找合适的场合和对象。选择适当的应用系统将大幅度地提高生产效率、减轻劳动强度、提高产品开发质量。

（4）系统集成技术。虚拟现实中包括大量的感知信息和模型，因此系统集成技术起着至关重要的作用。系统集成技术包括信息的同步技术、模型的标定技术、数据转换技术、数据管理模型、识别和合成技术等。

（二）J2EE开发技术

J2EE（Java 2 Platform Enterprise Edition）是一种利用Java 2平台来简化组织机构解决

方案的开发、部署和管理相关的复杂问题的体系结构[①]。J2EE 技术的基础就是核心 Java 平台或 Java 2 平台的标准版。J2EE 不仅巩固了标准版中的许多优点，同时还提供了对 EJB（Enterprise Java Beans）、Java Servlets API、JSP（Java Server Pages）以及 XML 技术的全面支持。

J2EE 平台使用了一个多层的分布式的应用程序模型，这个应用程序可以分为不同的层，包含了四个部分：运行在客户端机器的客户层组件；运行在 J2EE 服务器中的 Web 层组件；运行在 J2EE 服务器中的商业层组件；运行在 EIS 服务器中的企业信息系统层件软件。

（三）虚拟现实建模语言

VRML（virtual reality modeling language）是虚拟现实建模语言，其发展的初衷是用来创建基于浏览器的、具有实时漫游特性的虚拟现实场景，实现了基于 B/S 结构的客户端三维动画和基于对象的用户交互，从而改变了传统网页的单调、交互性差等缺点，能够根据不同层次水平的要求来实现虚拟现实技术的沉浸感和交互感。其特点是交互性强、网络流量小、多用户支持和极强的临场感、脚本支持功能。

VRML 中的 script 节点是 Java 和 VRML 通信的桥梁，VRML 只负责对场景表现的描述和以 route（路由）方式定向情景表现的顺序，而不能决定场景改变的逻辑。因此，要实现对这种逻辑的支持，script 节点是首选。

四、虚拟博物馆的运作策略

虚拟博物馆与实体博物馆是互为依存、相互补充的关系。事实上，一些虚拟博物馆是实体博物馆的延伸。未来，虚拟博物馆在和实体博物馆共存的基础上其占比将逐渐增大。与实体博物馆采用各自为政的"土围子"运作不一样，数字世界中的虚拟博物馆应采取不一样的运作策略，才能突现其独有特征，充分发挥其作用。

在加拿大遗产部文化遗产信息中心的推动下，加拿大国家虚拟博物馆，无论在文博机构和专业人员的参与规模、参与程度，或者全民共享文化资源的可行性、高科技引入以及数据信息的开发和储存等方面，均处于世界领先地位。我们以加拿大国家虚拟博物馆为例，探讨虚拟博物馆的运作策略。[②]

首先，推动和支持博物馆之间以及专业研究人员之间的网络合作。具体做法如下：一是协调研发项目，重点解决博物馆所面临的问题和博物馆受众的需求，提供合作管理软件、可移动技术等；二是创造合作机会，使博物馆能够开发新的专业领域，比如鼓励博物馆与私人企业、国家科研机构以及加拿大太空总署合作，研发三维立体扫描技术等；三是引导

---

① Java 是一种可以撰写跨平台应用软件的面向对象的程序设计语言。Java 技术具有卓越的通用性、高效性、平台移植性和安全性，广泛应用于 PC、数据中心、游戏控制台、科学超级计算机、移动电话和互联网，同时拥有全球最大的开发者专业社群。

② 张海云. 加拿大虚拟博物馆的运作策略. 中国文化报，2011-11-21.

案例分析

腾讯移动游戏平台

和资助当地人参与合作研发,如开发表现原住民艺术品的创意项目。

其次,为博物馆机构专业人员提供专业技能资源和服务。具体做法如下:一是专门为加拿大本土的博物馆和文化遗产保护工作者设置课程科目,提供一对一的学习机会和专业技能培训,同时根据具体要求为国际同行提供有偿培训科目。二是提供在线服务。

最后,创建虚拟博物馆,充实虚拟博物馆数据库内容和条目。协调信息资源的分享、维护资源的完整性是信息中心工作的重中之重。目前,加拿大经常性参与信息资源收集的文博单位超过300个。

 小结

数字化技术与传统文化产业的结合,催生出了新的文化产品,对文化经济实践领域影响深远。本章对这一现象进行了探讨,主要内容包括数字艺术、数字音乐、数字出版、数字娱乐以及虚拟博物馆五个方面。

数字艺术是以数字设备为创作平台,运用数字技术等手段进行分析和编辑的一种新兴艺术。它通过网络和计算机承载传播,包括数字图片、GIF图片、3D图片、增强现实(AR)、虚拟现实(VR)、游戏、动画等形式。区块链为数字艺术的版权保护提供了现实可行的解决方案,基于区块链的NFT加密艺术解决了数字艺术作品确权、流转、追溯、信任的难题。

数字音乐是指在音乐的制作、储存、传播与使用过程中,利用了数字化技术的音乐生产和消费形式,一般分为在线音乐和移动音乐两大类。与传统音乐相比,数字音乐呈现出单曲销售、低边际成本、低进入壁垒、低市场集中度、市场竞争加剧、易获取及强互动等特点。数字音乐的销售模式主要为长尾式销售模式、捆绑式音乐销售模式、广告分成模式、数字专辑模式、"免费下载+付费订阅/增值服务"模式等。

数字出版是指利用数字技术进行内容编辑加工,并通过网络传播数字内容产品的一种新型出版方式,其主要特征为内容生产数字化、管理过程数字化、产品形态数字化和传播渠道网络化。根据双边市场中各个终端用户彼此之间的相关性与影响,可以把数字出版的盈利模式分为对消费者完全收费模式、广告商补贴消费者模式、服务盈利模式等类型。

数字娱乐是以文化创意为内容、以数字技术为生产手段、以经济利益为目标的娱乐产品。从市场占有率而言,数字娱乐领域主要包括动漫和游戏。动漫是动画和漫画的结合,具有制播周期较长、以版权为盈利核心、辐射效应较强等经济特征,产业发展呈上升趋势。游戏是玩家体验,是技术产物与艺术作品的集合体,也是商品,具有规则核心性、目标导向性、娱乐性、交互性、二象性的特征。游戏的盈利模式主要有时间模式、广告植入、虚拟物品与增值服务等。

虚拟博物馆是应用可形成仿真、虚拟人造景物的虚拟现实技术营造而形成的博物馆，其发展经历了从博物馆数字化到数字化博物馆的过程，其建设主要涉及虚拟现实技术、J2EE开发技术、虚拟现实建模语言等关键技术。虚拟博物馆与实体博物馆互为依存、相互补充。与实体博物馆采用各自为政的"土围子"运作不一样，数字世界中的虚拟博物馆应采取不一样的运作策略，才能突现其独有特征，充分发挥其作用。

数字化不仅改变着人们的衣食住行，还在不断拓展和满足人们更高层次的文化需求。未来的文化发展将与数字化结合得更加紧密，文化因数字化而更加多彩。

 思考与练习

1. 互联网是如何影响文化的生产和消费的？
2. 新媒体"新"在什么地方？
3. 最近五年来文化产业出现了哪些融合？
4. 文化的数字化对传统文化产业的劳动分工带来了哪些冲击？
5. 讨论文化产业的数字化与去中心化的关系。
6. 分析数字化对亚文化的影响。
7. 数字化是增加文化的创造性，或是减少了？
8. 结合相关案例分析数字化在文化DIY中的作用。

文化的地理与贸易

> 当前许多城市文化经济由集中的、复杂的和区位上集中的生产群体构成,但是它们通常也嵌入交易广泛的全球网络之中。
>
> ——艾伦·斯科特《城市文化经济学》

文化产业越来越呈现鲜明的空间集聚特征,中国具有代表性的文化创意产业园区起步于20世纪90年代,从2007年开始,园区建设呈现出爆发式增长的态势。根据中国企业报提供的资料,2008—2012年期间全国共建成各类园区1122座,年均增速42%。但七成文创园区处于亏损状态,真正称得上"文化产业集聚区"的园区不到5%。更有甚者,有的文创园只是一个幌子,实际做的还是房地产开发。澳大利亚创意产业与创新重点研究中心金迈克教授认为,中国并没有搞清楚创意产业园区是什么就"大干快上",完全按工业园区来做,以为围墙围起来就可以了,这是完全错误的。在文化产业集聚的同时,文化与文化产品在地理上的分工与贸易也越来越明显,特别是国家文化贸易。

以地区经济增长和开放经济为背景,围绕文化地理及其引发的相关问题,正引来越来越广泛的关注。

第一节 艺术的毁灭问题

凯夫斯(2004)对纽约艺术中心的研究表明,现代艺术品市场的空间分布具有一种"自我毁灭"的特性,这种"开始是艺术,结束是商业"的生命周期演进规律在市场经济自发形成的创意产业集聚中普遍存在。20世纪80年代以来,纽约东区不到10年就经历一次"自我毁灭"的循环。我国有名的文化区798历经10年左右的发展似乎也难以逃脱这一规律。

一、商业繁荣为什么会排挤艺术生产

传统意义上,商业繁荣对艺术生产具有一种天然的排挤效应,下面以图10-1所示的长期平均生产成本曲线进行解释。图10-1(a)中的LC表示一般产品的长期平均生产成本曲线。LC向右下方倾斜表示即使商业繁荣带来房屋、土地等租金的相应上升,一般产品的生产厂商也会由于规模经济、技术进步等原因实现平均生产成本的下降。但是,就艺术产品生产而言,由于传统意义上的艺术产品,如油画、雕塑等,是通过艺术工作者的个体创作完成,一般不存在规模经济、技术进步带来的成本节约。因此,商业繁荣引致的房屋、土

地等租金的上涨，将必然带来艺术产品的长期平均生产成本的上升，如图10-1（b）中随着产量增加而向右上方倾斜的艺术产品的长期平均生产成本曲线 LC 所示。可见，艺术产品的发展带来了区域的商业繁荣，但商业繁荣最终引致的成本上升又将艺术生产者排挤出去，从而出现"开始是艺术，结束是商业"的生命周期演进。

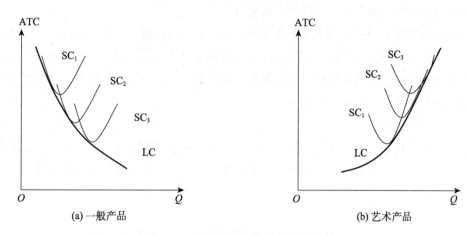

图 10-1　长期平均生产成本曲线比较

二、商业繁荣是否一定排挤艺术生产

现代意义上，商业繁荣并不必然意味着对艺术生产排挤。原因有两个方面。一是艺术正日益与经济、技术融合发展，这正是创意经济、创意产业在最近10年蓬勃发展的重要原因。如以传统文化为素材，通过现代艺术工作者与多媒体、软件结合而实现的动漫产品设计，就呈现出图10-1（a）中所示的一般产品的长期平均生产成本下降的特征，甚至比一般产品的长期平均生产成本更低。二是艺术与商业融合可以通过组织变革实现。实际上，图10-1（a）中所反映的是产品生产要素在尚未形成约束情况下的长期平均生产成本分布。一旦规模经济、技术进步出现瓶颈，一般产品的长期平均生产成本曲线也将出现类似图10-1（b）中所示的上升趋势。在此情况下，一般产品的生产通常是通过厂商的组织变革实现长期平均生产成本的再下降。例如厂商会将产品生产部门转移至低成本地区，而将研发、营销等部门保留在商业繁荣地区，即所谓的总部加基地模式；或者将技术含量高、附加值高的产品生产保留在商业繁荣地区，而将技术含量低、附加值低的产品生产转移到低成本地区，即所谓的垂直分离模式。由此类推，艺术产品在商业繁荣的趋势下，也可以借鉴一般产品的组织变革模式实现商业繁荣与艺术生产的合理配置。

三、艺术与商业融合的基本模式

归纳起来，现代意义上艺术与商业的融合发展有四种基本模式。

（1）技术融合模式，即通过文化与现代技术的融合，创造出传统艺术新的生产形态、新的产品形态和新的服务形式，使现代艺术生产同样体现规模经济和技术进步。

（2）连续融合模式，即通过艺术家与企业家在战略层面的分工与协作，形成双方的连续型身份，以企业家的商业创造刺激艺术的市场化渗透，以艺术家的文化创造推动商业的艺术化发展，从而实现艺术、经济的有机融合。

（3）一体化融合模式，即通过艺术家向文化企业家的高度一体化的身份拓展，实现艺术与商业在管理上的高度融合。例如电影导演是传统意义的艺术家，但如果通过资本运营发展为像华谊兄弟这样的影视公司的大股东，就成为文化企业家，从而可以更好地在组织与空间层面完成艺术与商业的共同繁荣。

（4）地区融合模式，或采取前述的总部加基地模式，或采取垂直分离模式，将不同的部门，将文化与技术、经济融合程度高的艺术产品与融合程度低的艺术产品，分别在商业繁荣地区与低成本地区进行合理配置，从而实现艺术创作与市场推广在不同地域的空间分离与价值融合。

第二节　创意区的形成与文化产业景象

本节主要围绕创意区的形成、文化产业持续发展即文化产业景象，以及创意产业集聚区与一般产业集聚区的差异逐一展开。

一、创意区的形成

产业集聚的形成一般经历了企业在地理上的集中、企业间逐渐建立联系、形成一个稳定系统的过程（韦伯，1909；Ottaviano 等，2002；金祥荣等，2002）。创意产业虽具有特殊性，但仍不失产业的基本特征。因此，从产业集聚的一般过程，基于演化经济视角，创意区即创意产业聚集区的形成一般会经历单元聚集、界面构建、网络发展三个阶段。其中，单元聚集反映已经进入和即将进入创意产业集聚区的微观个体、企业或组织，界面构建表示微观单元间的相互联系及联系方式，网络发展显示了微观单元间的复杂组织结构和空间结构。如图 10-2 所示，横坐标表示演化阶段，反映了创意产业集聚区从单元聚集、界面构建到网络发展三个阶段的序列推进。纵坐标表示演化程度。对演化程度的判别，本书借鉴国内外一些学者对共生系统评价体系的相关研究，通过单元信息共享程度和合作关系固化程度两个指标进行综合判别。其中，单元信息共享程度体现为微观单元间关于知识、技术等信息传播的广泛度，广泛度越大，信息共享程度越高，演化程度越高。合作关系固化程度表现为微观单元间的合作时间长短及交易频率的高低，合作时间越长，交易频率越高，合作关系固化程度越高，演化程度也越高。总之，随着三个阶段的有序推进，创意产业集聚区的演化程度不断提升。

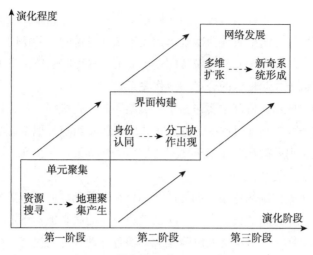

图 10-2 创意区形成的三阶段假说

1. 单元聚集

微观单元在区域上的地理集中现象，从时间上表现为同类企业到上下游企业、再到辅助性机构。由于创意产业的劳动力具有较大的自由度，消费者也有更多的机会参加合作创造（co-creation）（Ross, 2009），因此，作为创意产业的一个特点，广义的单元聚集还包括消费者的集聚与参与。

该阶段主要是由于经济因子与身份因子的存在，吸引了微观单元的进入。经济因子与一般产业集聚相似，主要来自低成本因子和外部经济效应因子，而身份因子则与创意产业的特殊性有关。身份之所以对创意产业的微观单元产生吸引力，主要是由于社会对创意产品的价值判断较一般商品具有更大的不确定性（Potts, 2011）。因此，创意工作者如果要实现其产品价值，会尽可能借助各种信号以显示其现实的或潜在的艺术价值，而身份就是一种重要的信号。创意工作者通过进入创意产业集聚区，利用创意产业集聚区的艺术氛围和艺术定位，将有助于其信号显示与身份确定。身份因子体现了创意产业发展的社会属性，在身份因子诱导下，创意产业的微观单元可以借助社会网络搜寻合适区位并进行集聚。

在单元聚集阶段，由于微观单元合作时间很短、交易频率较低，技术、知识等信息传播的广泛度较弱，因此单元的信息共享程度和合作关系固化程度均较低，演化程度不高，主要是一种地理上的简单聚集。

2. 界面构建

随着微观单元的关系互动增加，单元间的联系形式逐步显现，单元界面逐步从不稳定走向稳定。此时，微观单元的合作交流不断深入，信息共享程度和合作关系固化程度都得到强化，演化程度普遍提高，创意产业集聚区从简单的地理集聚走向分工与协作。

在创意产业集聚过程中，微观单元的界面构建实际是一种身份建构。Akerlof 和 Kranton（2000）认为，身份函数依赖于个体行为与其他个体行为的相互关系。由于身份函数是创意产业微观单元的一种重要效用函数，因此微观单元间的相互联系及联系方式，即界面构建，在创意产业就更加突出地表现为微观单元关于彼此身份的一种认同与确立。随着微观单元的关系互动增加，微观单元的身份认同逐步清晰，界面间的彼此身份逐步从非均衡走向均衡，从而相应地建立起稳定的分工与协作关系。

界面（或身份）的构建机制主要包括正式机制和非正式机制。正式机制是微观单元在其设计、研发、生产、营销等过程中，通过正式协议或契约与其他企业结成长期稳定的身份关系。非正式机制则是微观单元基于共同的社会文化背景，在长期的交互作用中形成的非正式或非契约的认同关系。

通过正式和非正式机制的作用，创意产业集聚区的单元界面逐步形成，并表现为不同的身份特征。其中，单元间的典型身份反映出微观单元的联系极不稳定，这种点型的联系形式的生成具有随机性，机会主义的风险极大。随着互动程度的提高，微观单元间可能进入间歇型身份，这时微观单元的联系表现出非连续的、间歇的稳定性，这种联系形式已脱离了完全随机性，身份生成具有某种必然性和选择性。随着互动程度的进一步提高，将促使创意产业集聚区的微观单元建立长期的合作关系。此时单元界面表现为连续型身份，单元间的联系已具有内在必然性、较强的选择性和更高的稳定性，双方机会主义行为明显降低。当创意产业集聚区的微观单元有了形成（如战略联盟的）互动需要时，它们之间就可能形成一体化身份。这四种身份中，以连续型最为理想，因为点型和间歇型意味着较大的市场交易成本，而一体化则由于制约微观单元的创新而不一定适应市场发展的要求。

3. 网络发展

Potts、Cunningham、Hartley（2008）等研究认为，创意产业本质是生产者和消费者适应新奇观念的社会网络市场，可见网络发展是创意产业空间集聚形成的重要标志。当创意产业集聚区内各种单元聚集到一定程度，不仅单元间的交易频率越来越高，技术、知识等信息的传播越来越丰富，而且更多的单元加入了相互交易，使得单元信息共享和合作关系固化在更广泛、更丰富的空间进行。这时单元身份也从简单的线性关系向复杂的网络关系进行多维扩张和固化，从而形成一个完整的充满新奇观念的社会网络系统。一般而言，创意产业集聚区最早出现的同类单元之间容易形成竞争型网络。随着上下游单元的加入，包括具有创意产业特征的消费者单元的加入与合作创造，使供需型网络逐渐显现，而一些辅助性企业的入驻则完善了互补型网络。一个创意网络系统通常包括多种类型，在多种类型中往往有某种或某几种居于主导或支配地位，其决定了创意产业集聚区网络系统的演化方向。

综上，从图10-2中可以看出，在创意产业集聚区形成的三阶段演化中，每一阶段都体现了随着时间的演变，微观的单元行为引出群体的共生结果，即微观单元出于自身利益考量的行为引起整个创意产业集聚区的变化。比如第一阶段"单元聚集"中从个体资源搜寻行为到群体的地理聚集产生，第二阶段"界面构建"中从单元身份认同行为到群体的分工、协作出现，第三阶段"网络发展"中从个体多维扩张行为到群体的新奇网络系统形成。阶段与阶段间则体现为创意产业集聚区的演化程度不断提高。就微观单元而言，在三个阶段的发展中，经历了从资源搜寻、身份认同到多维扩张的演化过程。就群体而言，则随着信息传播的广泛度、合作时间、交易频率的增强，共生群体从简单的地理聚集产生、分工协作出现，到最后形成具有较高信息共享程度和较高合作关系固化程度的具有新奇特征的网络系统。

应该注意的是，在经济演化分析中，任何假说或模型都只是对真实世界的一种简化和抽象的描述。因此，图10-2中也只是一个简化和抽象的创意产业集聚区形成的三阶段分析框架。实际上，创意产业集聚区的演进过程，并不意味着一个阶段结束、另一个阶段开始。更通常的是，一个阶段尚在进行中，下一个阶段已经出现。例如，在第一阶段的单元聚集过程中，个别或部分具有新奇能力的微观单元在偶然的非正式机制互动中，就会逐渐构建第二阶段的身份界面，而身份界面构建反过来又会不断吸引和促进单元聚集。同时，随着"身份资本"较为雄厚的微观单元率先进行网络扩张的探索，在界面构建中，也会推动第三阶段的网络发展，使新奇的共生系统逐步显现、适应和稳定。

二、文化产业景象

接下来，探讨创意区的可持续发展问题。

一般意义上的产业集群是以专业化分工和协作为前提，通过纵向专业化分工和横向经济协作，使集群内的企业提高了交易效率，降低了交易费用。然而通过观察我们可以发现，受人文景观的影响，某些特定区域聚集了众多企业，包括文化企业、咖啡店、酒吧、餐饮店等，这些企业不一定存在真正意义上的专业化分工关系，相反很多企业经营的产品甚至具有替代性。这是一种与一般产业集聚区有本质区别的集聚区，即创意产业集聚区。与一般集聚区相比较，创意产业集聚区除了表现为经济溢出、技术溢出外，还有很重要的文化溢出，并且消费者会充满兴趣地一次次去参观，甚至与区内企业一起合作创造（杨永忠等，2011）。这种创意产业集聚区所独有的空间表现形态我们称之为"文化产业景象"。

文化产业景象是文化区的高级发展形态，是各类群体利益冲突与合作的可持续展示场所。其可持续发展主要取决于三个关键因素：一是文化氛围；二是文化与技术、经济的有机融合；三是消费者的合作创造程度。其中，文化氛围是文化产业景象形成的基础，文化与技术、经济的有机融合是文化产业景象的实现手段，消费者的合作创造程度是文化产业景象持续发展的助推器。

（一）文化氛围

在《中国大百科全书》中，文化有广义和狭义之分，"广义的文化泛指人类创造的一切物质产品和精神产品的总和；狭义的文化专指语言、文学、艺术及一切意识形态在内的精神产品"。这意味着，文化具有时间性，同一地区不同时期都有与其相适应的文化；文化也具有空间性，同一时期不同地区都有与其相适应的文化。文化的时空性造成了文化具有唯一性、多样性、易逝性和不可复制性的特点。文化是人类活动的产物，但文化又反作用于人类活动，文化特别是当地文化对本地社会和经济的发展影响深远。

基于上述广义文化的定义，我们把文化分为有形文化和无形文化两种类型。有形文化是指人类在社会实践中创造的物质财富，比如建筑物、历史遗址、文学作品、产品等。无形文化是指人类在社会实践中创造的精神财富，比如语言、思想、习惯、价值、风格等。

有形文化是产业景象形成的物质基础。形成文化产业景象的地区大多数位于城市中心或城郊，并且与当地知名景点相邻，交通较为便利。区内建筑物一般都具有时代特色或者地方民俗特色，是地方无形文化的物化。除含有真实价值外，大多数建筑物也同时具备审美价值、精神价值和象征价值等（Throsby，2001）。审美价值表明这些建筑物拥有美的特征，人们通过参观能更加真实地体验并感受到美的存在。精神价值会给当地带来文化自信，使本地形成身份意识，有助于吸引人们参观这些建筑物或者在那里工作。象征价值意味着这些建筑物传达一些意义和信息，帮助所在地区解释其身份并确立其文化特征，这种价值无疑将使得这些建筑物成为垄断性的资源。因此，区内的有形文化是吸引各类群体汇集到该地区的有形载体。

然而，仅仅依靠有形文化并不一定能形成产业景象。实践中，虽然有些地区存在大量的颇具地方特色的建筑物，而且这些建筑物也具有便利的区位优势，基础设施比较完善，却并没有形成产业景象。其原因在于区内建筑物这种有形文化与当地无形文化难以形成耦合，从而难以吸引足够多的、不断累积的参与群体。必须看到，建筑物是可以复制，但地方无形文化却是这一地区独一无二的社会精神特质。这种特质具有传承性、渐变性的特点，复制成本非常高昂。这种特质使得这一地区的产品具有独特风格，从而为这一地区在空间层面带来独具特色的商业氛围。这样，该地区的无形文化实质成为该地区企业获得持久市场动力的源头，通过充分挖掘这种无形文化，极有可能使企业获得立足于市场的差异化机会。由于企业提供的具有当地无形文化蕴意的产品和服务，更多的是一种品位，消费者在消费过程中也获得了身份认同的满足。因此，从根本上说，地方无形文化是吸引各类群体聚集在一起的内在原动力，是文化产业景象形成的关键和不可复制的资源。

总之，有形文化是无形文化的物化形式，通过当地有形文化与无形文化的相互兼容，才能构成文化氛围，才能构成产业景象形成和发展的引擎。

（二）文化与技术、经济的有机融合

劳动价值理论认为，一般物品的价值取决于包含在该物品中的劳动量，这种经济价值实质是物品的绝对价值。除此之外，有些物品如艺术品还具有文化价值，这种文化价值与一般物品的经济价值有时是正相关，有时是负相关。与物品的经济价值不同，文化价值是多元的，又是可变的，难以用定性或定量的工具来测量。它由这件商品所体现的美学质量、身份意识、历史联系、文化意义以及象征意义等因素决定并受到评价者主观判断的影响（Throsby，2001）。由于文化价值会刺激经济价值，因此文化商品的价值可能会因为其文化价值而得到比较显著的提升。这意味着，蕴含着文化元素的商品，其价值大小由经济价

值和文化价值共同构成。这样，在消费者认同文化商品所体现的文化价值时，企业将获得超额利润。可见，创意产业集聚区的健康发展，即产业景象的形成，客观要求文化与经济的有机融合。

但超额利润的获取，要求企业必须理解进而挖掘消费者认可的文化元素，从中获得创作灵感并通过其创造性的活动生成内容创意。然而，并不是所有的内容创意都有利可图，原因在于，有的内容创意在现有技术水平下根本不可能转化成样品，有的内容创意在现有技术水平下生产批量产品将面临巨大的生产成本以至于企业不能获得正常利润。因此，内容创意转化成产品要受到现有技术水平的制约，内容创意只有和生产技术相结合，才能生产出具有经济价值和文化价值的产品。

随着生产技术的不断发展，企业在文化与技术的结合方面，一是可以借助于现代技术把更多的内容创意转化成产品；二是借助于各种现代科技，企业可以把相同的内容创意转化成更多的产品类型，实现"一意多用"，或者进行低成本的生产以实现规模经济；三是可以借助现代技术特别是互联网技术拓展产品的销售渠道、提高产品的知名度，进而为企业带来更多的收入。因此，不断发展的技术与当地丰富的文化资源相结合，将增加企业获得更多利润的机会，并降低企业进入产业景象区的壁垒。文化与技术的有机融合带动了产业景象的形成与发展，将为聚集内企业带来倍增的利润并吸引更多的企业进入区内。

总之，文化与技术、经济的有机融合，才可能使当地文化的不可复制性转化为商品，转化为经济资源，转化为市场需求。在为消费者带来精神愉悦的同时，也将吸引更多的企业开发更丰富的创意产品，进而实现更高的价值，维系和提升产业景象的可持续发展。因此，文化与技术、经济的有机融合是实现产业景象持续发展的重要手段。

（三）消费者的合作创造程度

作为一种体验产品，文化产品的价值增值主要在于产品的创意，但创意价值的最终实现取决于消费者的主观判断。因此，创意更加紧密地体现出与消费者内在联系的要求。这样，企业选择与消费者进行合作创造，成为文化产品创造的内生性需求。

区内企业与消费者合作创造主要体现在以下几个方面。①消费者为区内企业提供创作素材。区内众多消费者来自四面八方，他们具有不同的知识背景、风俗习惯、价值观念等，这些消费者无疑是企业的活的文化资料库。②消费者直接参与企业的内容创意生产过程。此时，消费者实际上是企业的编外参谋人员，他们从消费群体角度为企业提供参考意见，企业可以从中筛选出具有市场潜力的信息，为新产品的研发提供参考依据。③消费者直接参与文化产品的制作过程。这时，消费者具有多重身份，既是产品的需求者，也是产品的生产者，更是企业的合作者，他们与生产者一起设计出符合自己偏好的产品。④消费者亲身体验文化产品的制作过程或其中的某一个环节，有助于提高消费者对这种文化产品价值的认同。

对区内企业而言，通过与消费者进行合作，一方面可以降低企业的生产成本，如在区内直接接触潜在消费者进而搜集消费信息，可以为企业节约市场调研成本；另一方面，可以提高消费者对产品文化价值的估值进而提高企业的利润。因此，消费者的参与将极大地提高企业经济效益，反过来又将吸引更多的企业进入区内，增加区内的商业氛围。对消费者而言，合作创造能够让消费者身临其境地体验到当地文化的魅力，这种体验反过来又会通过消费者的口碑效应为该地区带来更多的消费者。可见，消费者的合作创造是产业景象的助推器，将使得产业景象更加繁荣，加速产业景象的发展。

三、创意产业集聚区与文化产业集聚区、制造业集聚区的差异

创意产业集聚区与文化产业集聚区、制造业集聚区在形成路径和演化机理方面存在较为显著的差异。

从形成路径来看，有以下显著差异。

（1）创意产业集聚区不同于文化产业集聚区。文化产业集聚区在形成过程中主要表现为文化溢出，而创意产业集聚区除了文化溢出外，还呈现显著的经济溢出。此外，正如艺术与商业融合发展的模式所揭示，技术对文化的影响正日益彰显，创意产业集聚区的技术溢出也日趋突出。因此，如果说文化产业集聚区形成的主要是一种静态的文化景观，那么创意产业集聚区则呈现出富有文化底蕴、充满经济活力、展现现代技术的具有新奇特征的动态景观。对一种静态的文化景观，消费者很容易产生审美疲劳。但动态的创意景观，则让人们始终充满好奇与兴趣。这正是创意产业脱胎于文化产业，却不同于文化产业，又超越文化产业的魅力所在。

（2）创意产业集聚区不同于传统制造业集聚区。传统制造业集聚区主要表现为经济溢出、技术溢出，而创意产业集聚区除了经济溢出、技术溢出外，还有很重要的文化溢出。消费者可能很少会去参观制造业集聚区，但却会充满兴趣地一次次流连于创意产业集聚区，甚至参与合作创造，其行为不仅仅是经济偏好、技术偏好，更是一种文化偏好。消费者在创意产业集聚区获得的不仅是经济效用、技术效用，还获得了文化效用，即消费者通过参观、参与获得了对自身潜在的文化身份的一种追求和认同。因此，创意产业集聚区对社会和国民的发展均具有制造业集聚不可替代的重要意义和独特特征，并在国家和地区的空间分布上呈现出与制造业集聚交相辉映的价值。

（3）创意产业集聚区是文化与经济、技术的有机融合。文化与经济经历了从分离到融合的发展过程，目前正成为引领经济发展的新的引擎，并从产品、企业、产业及区域层面推动着与经济的融合发展（李海舰和王松，2010）。创意产业集聚区正是产品、企业、产业以及区域层面实现文化与经济融合发展的重要平台。技术与文化的关系也经历了从排斥到吸收的发展过程，目前正成为催生文化发展的重要动力，如 3D 技术、多媒体技术、软件技术等正在不同的文化领域产生越来越广泛的应用。创意产业集聚恰恰为文化与技术的融合提供了重要渠道和拓展平台。可见，文化与经济、技术的有机融合，是创意产业重要而独特的产业特征，也是创意产业集聚区重要而独特的空间特征。

从演化机理来看，创意产业集聚区与其他产业集聚区也具有显著差异。

（1）单元的新奇特征。在创意产业集聚区，不管文化产品或服务最后与经济、技术是以何种方式结合，是以多少价值权重出现，其本质上都体现出微观单元的新奇特征。这种新奇特征，或表现为创意单元构思的新奇理念，或表现为创意单元创造的新奇产品，或表现为创意单元的新奇行为，或表现为创意单元开拓的新奇市场。新奇成为创意产业集聚区形成的重要动力，而缺少新奇特征的创意单元必然会导致创意产业集聚区走向衰落与枯竭。

（2）界面的身份特征。身份构成了创意单元的效用函数，体现了创意界面的认同关系，是创意产业集聚区形成的独特而重要的资产性纽带。这意味着，在创意产业集聚区的界面构建中，必然伴随鼓励身份形成的宽容氛围，从而有利于创意阶层的崛起（Florida，2002）；必然伴随降低身份交易成本的知识产权保护体系，从而有利于界面身份的均衡发展。对创意单元而言，即使具有新奇的才能，如果丧失了身份的认同，最终也会导致新奇这一思想火花的熄灭。

（3）网络的合作创造特征。创意产业集聚区的合作特征与一般产业集聚区相比，更强调合作创造，因而具有更深刻的内涵。这种合作创造，不仅包括竞争单元间的合作创造、上下游单元间的合作创造、主导单元与辅助单元的合作创造，还特别重视供给单元与消费者的合作创造，甚至消费者与消费者的合作创造，最终通过合作创造实现创意产业集聚区的无边界演化。合作创造是创意产业集聚区成为一个稳定的、自我进化的高层次的网络新奇系统的重要保障。

案例观察

北京798创意区的形成

第三节　创意区与地方发展

本节主要围绕创意区与地方经济发展、地方社会发展的相关问题展开讨论。

一、创意区与地方经济

创意区的倡导者认为，文化产业对地方经济会产生积极的影响。创意区一般集聚了众多的文化企业、非签约的文化从业者和文化服务机构，对当地经济的影响是直接消费和间接消费的影响之和（Santagata，2000）。

（一）直接消费

直接消费是创意区的文化机构对商品和服务所进行的消费。此外，还包括聚集在这一地区的非签约的艺术家，因为他们也在当地进行艺术创作。

文化机构和个人的消费数据很难确定，这些数据往往需要通过相关的公共机构采用问卷调查的方式进行。另外，在统计时，有必要排除用于购买该地区以外的商品和劳务所产生的费用。例如，若一家文化机构装修所用的材料或画家购买的颜料来自于其他地区，则这部分消费不能包括在直接消费之中，应作为消费中的"漏出量"。显然，漏出量的比重越高，创意区对当地经济的影响越小。

（二）间接消费

文化机构的经济影响并不仅限于直接消费，因为其购买的商品必须要由其他企业生产出来，从而引起当地支出的进一步循环。例如，某文化机构要印刷纸质广告宣传单，对印刷厂支付的费用属于直接消费，这是对当地经济产生影响的一部分。为了印刷广告宣传单，印刷厂除需要支付房租外，还要购买纸张、油墨以及电力等。若纸张和油墨是从外地进货的，显然不属于对当地经济的影响。但印刷厂的建筑空间是当地的，若房东购买当地材料装修后出租的话，印刷厂对这部分的支出就产生了第二轮影响。若装修材料的生产商是本地企业，并且这个企业购买本地原材料进行生产的话，那么将产生第三轮影响。按此购买和生产方式，这种影响将会持续下去，但其影响强度将逐渐递减。在第一轮直接支出之后引起的消费，都属于该文化机构生产活动引起的间接消费。需要注意的是，若中间的消费漏出量比重越大，对当地经济的影响越小。

另外，文化机构支付给员工的工资属于直接消费，而员工拿到工资后在当地进行的一系列消费活动也会引发当地生产，对当地经济产生影响。这也是文化机构生产活动所起的，可以看成是另一类间接消费。

（三）乘数效应对总消费的影响

采用观察的方式，似乎更容易估算文化机构的直接消费，而更难估算文化机构的间接消费，从而无法获得总消费额。但我们可以将"乘数"应用于观察到的直接消费进而获得文化机构带来的总消费额，即总消费＝直接消费×乘数。

乘数值的变化方向与当地经济中消费的漏出量变化方向相反。我们可以观察到每次消费循环中的漏出量，漏出量越少，说明每轮中的当地再消费所占的份额越高，从而间接影响同直接影响之间的比例越大。若用 k 表示乘数值，e 表示当地再次消费的边际倾向，则 $k=1/(1-e)$，其中 $(0<e<1)$。这样，若当地再消费的边际倾向越高，即 e 越大（此时漏出量越小），则 k 越大，那么文化机构对当地的总消费额越大，对当地的经济影响也越显著。

由此，假设创意区内有 n 个文化机构和 m 个体从业者，其中第 i 个文化机构的总消费额为 CF_i，第 j 个个体从业者的总消费额为 CI_j。则该创意区总的直接消费额为 $\sum_{i=1}^{n} CF_i + \sum_{j=1}^{m} CI_j$。这样，若将创意区对当地经济产生的影响 V 用函数表达出来，其表达式为

$$V = k \left(\sum_{i=1}^{n} CF_i + \sum_{j=1}^{m} CI_j \right)$$

二、创意区与社会发展

创意区若能吸引足够多的文化机构和个体艺术家，这无疑有助于提升城市的形象。例

如，北京的798艺术区、成都的红星路35号等创意区都成为了解当地的窗口，是城市的地标。创意的存在，特别是创意区由众多文化机构和艺术家个体自发聚集而形成时，意味着当地社会的生活质量达到一定的水平，人们变得更加关注精神产品，并且当地社会也更具包容性和开放性。一项研究发现，那些关心经济发展的政府工作人员都倾向于证明，文化机构是衡量社会文明和文化总体水平的一项重要的"指示器"。它的存在意味着当地社会是进步的、富足的、自我关注的，并且是积极向上的（Cwi和Lyall，1977）。

越多的创意区出现在某地，意味着该地区越具有宽松、包容的社会氛围。这将吸引更多的创意人员来该地区工作和生活，从而促进地区的社会进步和多样性发展。但是，由于创意人员张扬的个性、叛逆的性格、无规律的作息时间、丰富的夜生活等，也会对当地社会原有的内在结构产生不同程度和不同效应的冲击。

创意区是带着意识形态的，也就与主流的新古典经济学存在着差别。从组织架构来看，新古典经济学中唯一的一种组织是利润最大化的组织。而在目前关于公司治理理论的发展中，组织正在发生着改变，许多不同类型的组织正日益凸显。比如，公民社会组织、公民社会大学，等等。这意味着社会问题和环境问题等在创意区将被严肃地考虑，不仅仅是在现有的制度安排范围内进行一种边际上的调整，而是涉及经济学、意识形态和制度安排的、有准备的、严肃考虑的方案。

作为创意区的行动者的个体和组织，既可能是市场关系中的一种，也可能是社会关系中的一种。社会关系中也存在合作或竞争，与市场关系中存在的合作与竞争一样重要。考虑到创意区的可持续发展，应该在市场和社会的关系和活动中获取一种平衡，而不仅是市场关系的平衡；应该更多考虑的是合作，而不是排他性的竞争；是社区，而不仅是市场；是共同的产权，而不仅是私人产权，使得更多空间和部门对公共进入实行开放，促进社会流动和地方进步。

专栏

埃文斯：旧瓶装新酒①

第四节　国际文化贸易

可以认为文化产品市场是最具国际化的市场之一。凡·高的画作在纽约也让人钦佩，大量的埃及艺术品在柏林展出，伊莎贝尔·阿连德（Isabel Allende）和托马斯·曼（Thomas Mann）的著作在欧洲和美国同样流行，甲壳虫乐队和麦当娜的CD在全球销售，好莱坞电影覆盖全球。然而这种现象并非一致：美国电影在欧洲的市场份额远高于欧洲电影在美国的市场份额，流行艺术对欧洲文化的影响远甚于对非洲文化的影响。原因何在？什么决定着文化产品的贸易类型？

---

① 埃文斯，伦敦城市大学教授，从事世界城市规划、文化产业和经济政策领域研究。进一步参考：Graeme Evans. Creative Cities, Creative Spaces and Urban Policy, Urban Study, 2009, 46（5&6），1003-1040.

为了理解贸易类型，我们需要知道是什么因素决定着国外艺术品的需求和供给，即什么因素决定了国外艺术品的消费以及各个文化商品在哪种条件下进行生产。从这两个层面上讲，文化商品与大多数其他商品存在显著的差异。①

一、国际市场上文化商品的需求

文化商品的需求可以用文化商品消费过程中的积极嗜好（the positive addiction）来描述。在国际背景下，积极嗜好的理解有两个方面：①由于人们对不熟悉的艺术品没有积累足够多的个人消费资本，他们很难对国外文化商品进行估价；②社会资本同样发展不足，原因在于他们缺乏相关的社会联系。与国内艺术品相比，这种文化折扣限制了贸易程度——国家文化联系越不紧密，有关消费资本的差异性越大，艺术品双边贸易越小。

文化折扣可以是不对称的。一国能够积聚另一个国家的文化消费资本；反之，则不成立。消费资本积聚的越多，消费进一步积累，直到源自国外的文化商品成为本国的一部分，贸易水平随之上升并居高不下。这也描述了文化商品贸易的滞后效应。

以上说明了艺术品贸易是文化接近性的正函数，以及当前贸易是过去贸易的正函数。然而，这并不能预测艺术品的贸易模式，我们需要考虑文化商品国际市场的供给方。

二、国际市场上文化商品的供给

文化商品具有不同类型的产品，比如雕塑、原创画作、CD、DVD、书籍、电影、电视等。从经济视角我们可以把它们划分成两类：不可复制的文化产品（如原创画作、雕塑以及古董等），以及可复制的文化产品（如录制的音乐和电影、文学作品等）。

两步就可以生产出可复制的文化产品：①创造阶段，艺术家创造出蓝图（即手稿、原始录音、电影母带）；②复制阶段，大规模工业化复制、销售。艺术家（音乐家、作者、演员）以及复制这类原作的公司（音乐唱片公司、出版商、电影制片人）不需要在同一个国家，因而可能要进行首次国际交易——国际艺术品服务，这一交易需要支付版税或专业服务费。第二次国际交易是在工业化再生产原作的公司与消费者之间进行交易。

相反，水彩画、雕塑、绘画等是在没有规模经济的单独的创作阶段进行生产。这些文化商品是独一无二的并且高度耐久，因而显得珍贵。这使得它们具有储藏价值并且创造出一个强大的"二级市场"，即连接原先消费者和未来消费者之间的市场。这些商品的可被观察到的真实价格不断上涨，表明从一级市场流入到二级市场的文化商品库存增量不能有效地满足收藏家的需求增量，因此二级市场主宰一级市场。另一部分原因是旧作和新作之间替代性低。

在我们转入探讨这两类文化商品的特征之前，我们对文化商品的国际贸易量进行观察并排序。我们很难测算文化商品和服务的实际贸易量，不但是因为这种商品难以被界定，

---

① 本小节主要参考 Gunther G.Schulze，节选自 *A handbook of cultural economics*。

而且还因为很多国际交易反映了跨国界的支付而很难找到相一致的数据,还因为很多国际贸易并没有反映文化商品的跨国交易情况。

联合国贸易和发展会议(UNCTAD)出版的《创意经济展望:创意产业国际贸易趋势(2018)》的研究报告提供了创意产业(比文化产业更宽泛的定义)的国际贸易数据。根据这个报告,创意产品的市场价值从2002年的2080亿美元增长到2015年的5090亿美元。创意产业在13年中的出口增长率超过7%,为世界经济发展做出了巨大贡献。报告将创意产品划分为艺术工艺品、视听、设计、新媒体、表演艺术、出版和视觉艺术七大领域。其中,设计在世界创意产品出口额中占54%。视觉艺术紧随设计之后,艺术工艺品也占有相当大的市场份额。然而根据产品分类,这些数据除了带有国际贸易数据的经常性缺点之外,还有其他一些不足之处:①193个联合国成员国中只有不足一半的国家有创意产业的贸易报告;②由于版权数据不能获取,因此不能得到专门针对创意产业的版税数据;③没有记录通过互联网(音乐、电影、书籍)进行贸易的数字化创意内容。这样,将远远地低估上述数据,这些数据"不能反映充满生机的全球录音制品、视听数字产品市场的现状"。因此,即使这一报告是最具综合性的且是最近出版的,但其统计也有缺陷。因为这些数据包括了与文化产业无关但与创意产业有关的诸多产品,与蓬勃发展的电影、音乐和文学市场相比还有非常大的差距。

三、互联网对国际文化贸易的影响

文化与互联网的融合正成为文化产业发展的重要趋势。互联网对国际文化贸易格局的变化、国际文化贸易模式的变革、国际文化贸易的结构和利益均产生重大影响,对国际文化贸易所涉及的文化安全与贸易监管提出了挑战[①]。

互联网所打破的时空约束、所推动的文艺生产与消费双向过程的强化,使得互联网消费人口和市场规模的优势凸显。面对当今世界文化经济强国,互联网为广大正在推进经济结构升级转型的国家和地区提供了在文化经济领域赶超的可能和途径,由此必将引发世界文化贸易格局的变化。

国际文化贸易既包括文化产品贸易,也包括文化服务贸易。一方面,互联网使文化产品贸易如同一般货物贸易那样,在跨境交付上实现了线上线下的高效对接,从而赋予了跨境交付这一贸易模式更广阔的时空范围和新的时代意义;另一方面,互联网使文艺实践在低成本、高效率的同时实现了个性化、多样化的创新,由此形成的比较优势和垄断优势成为文化服务贸易采取境外消费、商业存在等贸易模式的重要贸易动因,促进了这种贸易模式的快速发展。

互联网将对文化贸易的商品结构产生积极影响。因为互联网的直接推动,有形文化产品的国际贸易迅速增长,而具有无形性、生产与消费同时性,特别是体验性特征突出的文

---

① 王海文. "互联网+"背景下文艺生产方式变革与当代国际文化贸易发展. 社会科学,2016(8):35-42.

化服务产品也借助互联网大力发展。随着服务经济向纵深发展，国际文化服务贸易在国际文化贸易中的总体比重将持续上升。同时，国际文化贸易结构的变化将引致财富集中和分配、利益相关者的联系、新的文化贸易利益群体、文化生产雇佣关系等相关贸易利益的调整。

但是，国际文化贸易不同于一般货物贸易、服务贸易，它在创造经济价值的同时，审美价值同样十分重要，此外还涉及消费群体的社会价值观念和判断，因此承担着更为重大且复杂的责任。各国都在关注国际文化贸易的这种特殊性，从文化安全的角度加强对本国文化的保护。而互联网的介入，其市场拓展的强劲能力在一定程度上消解了文艺生产的审美属性和意识形态属性，强化了其商品属性，结果使与此相关的文化安全受到了前所未有的挑战。

不仅如此，对国际文化贸易所涉及的各个贸易相关环节的监管也面临重大挑战。这些挑战包括如何应对国际文化服务贸易的监管，如何应对国际文化贸易线上交易的监管，如何应对国际文化产品和服务在审美属性和意识形态属性方面的鉴别和引导，如何应对国际文化贸易中的知产权保护，如何解决国际文化贸易中所涉及的国际法律法规方面的冲突。

四、国际文化贸易的模式

比较优势原则认为，如果各国专门生产和出口生产成本相对低的产品，就会从贸易中获利。反过来说，如果各国进口生产成本相对高的产品，将从贸易中得利。这一简明的原理同样为国际文化贸易模式选择提供了重要基础。

在比较优势这一原则上，各国如何更好实现文化贸易，提升文化贸易的数量和质量，则需要考虑文化商品的特殊性，设计具体的模式。

以艺术品为例。艺术品的贸易是由需求驱动的，这种需求反过来是收入水平的函数，因为艺术品是奢侈品。需求取决于文化接近性，它对艺术品贸易的影响比对整体贸易的影响更大。Schulze（2002）基于引力模型比较了总的制造业贸易量和艺术品贸易量，这一模型把总的双边贸易量与用 GDP 测算的国家大小、两国地理上的距离、收入水平（人均 GDP）、边界、通用语言及同一贸易集团成员国等虚拟变量联系在一起。

Schulze 的研究结果与理论预期是一致的：人均 GDP 对一国艺术品进口的影响比对总贸易的影响更加显著，需求收入弹性更高。测算文化接近性的变量——距离以及通用语言——对不可复制品贸易的影响比对总贸易的影响更大：人们联系越紧密越能建立更多的相近文化的消费资本；通用语言（大多数与殖民地历史有关）会导致其艺术品的贸易量增加 4 倍，是总贸易额的 2.5 倍。

由以上分析可见，国际文化贸易模式具有特殊性，需要考虑产品类型、文化的接近性、收入水平等因素，以及一级市场、二级市场等的影响。

案例分析

明月村的乡村文创振兴

小结

本章围绕文化地理及其引发的相关问题进行探讨，在分析艺术的毁灭问题之后，主要从创意区的形成与文化产业景象、创意区与地方发展、国际文化贸易等方面进行介绍。

现代艺术品市场的空间分布具有一种"自我毁灭"的特性。艺术产品的发展带来了区域的商业繁荣，但商业繁荣最终引致的成本上升又将艺术生产者排挤出去，从而出现"开始是艺术，结束是商业"的生命周期演进。

从产业集聚的一般过程，基于演化经济视角，创意区即创意产业集聚区的形成一般会经历单元集聚、界面构建、网络发展三个阶段。随着三个阶段的有序推进，创意产业集聚区的演化程度不断提升。与一般集聚区相比较，创意产业集聚区除了表现为经济溢出、技术溢出外，还有很重要的文化溢出，并且消费者会充满兴趣地一次次去参观，甚至与区内企业一起合作创造，这种创意产业集聚所独有的空间表现形态我们称之为文化产业景象。

创意区一般集聚了众多的文化企业、非签约的文化从业者和文化服务机构，对当地经济发展会带来直接消费和间接消费的影响。越多的创意区出现在某地区，意味着该地区越具有宽松、包容的社会氛围，这将吸引更多的创意人员来该地区工作和生活，从而促进该地区的社会进步和多样性发展。

在国际背景下，文化折扣将限制贸易程度。国家文化联系越紧密，有关消费资本的差异性越小，艺术品双边贸易越大。文化折扣可以是不对称的。一国能够积聚另一个国家的文化消费资本；反之，则不一定成立。互联网的发展对国际文化贸易格局的变化、国际文化贸易模式的变革、国际文化贸易的结构和利益产生重大影响，对国际文化贸易所涉及的文化安全与贸易监管提出了挑战。

 思考与练习

1. 分析文化企业布点的特征。
2. 讨论消费市场和政府政策对文化企业布点的影响。
3. 做一次调查，对文化企业区位布点的决定因素进行排序。
4. 评估一家创意产业园区对当地经济的影响。
5. 分析文化企业全球布点中如何谋求比较优势。
6. 讨论中国游戏海外发行的文化折扣问题。
7. 估计一家剧本杀实体店和一家咖啡店的市场范围。
8. 如何看待"假的古镇"？

第十一章 文化市场失灵

> 版权法的经济作用，是对观点的表述提供创造和传播的激励。
> ——露丝·陶斯《文化经济学手册》

进入21世纪以来，中国文化产业取得了快速的发展。但也产生了很多的负面问题，比如物质文化遗产和非物质文化遗产在产业化冲击下面临损毁乃至绝迹的威胁，在古玩和拍卖市场中存在假货充斥、价格虚高、侵权、盗版等问题。这些问题既具有中国的特殊性，也具有市场的一般性。就一般性而言，表现为文化市场因其自然垄断、信息不对称、外部性、公共物品或准公共物品性而内生的市场失灵，因经济效益而损害社会效益。

2016年上海警方捣毁了26个不法拍卖团伙，这些拍卖公司组织的海外文物拍卖会竟然全是请演员现场举牌；组织的交易会，所谓的境外买家也是他们花钱雇来的群众演员。文物市场之所以假货泛滥，和这种拍卖公司不无关系。艺术行业"打假专家"牟建平曾直言，书画市场"只有两成是真迹，八成是赝品，尤其是署名齐白石、徐悲鸿的甚至达到了95%是赝品。"而就在不久前，有人赊账1300万元买来200件假古董，也引来社会的广泛关注。①

第一节 文化市场的失灵分析

本节探讨文化实践领域规制、获得私人支持以及公共治理的理论依据，讨论的主题涉及文化市场失灵、社会失灵问题，文化和艺术品定价的Dupuit-Samuelson困境。

一、市场失灵的问题

市场失灵为政府干预提供了理论支持。市场失灵的主要原因包括垄断、外部效应、公共产品、不完全信息等。实践证明，文化市场也存在不同程度的市场失灵（海尔布伦，2007）。

（一）垄断

当生产者或要素投入品的供给者拥有市场势力时，会产生无效率，因为拥有市场势力的垄断者可以将产品价格定在高于边际成本的水平，从而达到限制产出和获得超额利润的

---

① 文物拍卖市场为何假货多. http://art.china.cn/market/2016-07/15/content_8899389.htm.

目的。比如，在同一城市，很少会有一个以上的艺术博物馆、歌剧院等艺术机构，它们可以在当地市场上垄断经营。

根据曼昆的研究，垄断可以分为三种类型：行政垄断、自然垄断和市场垄断。[①]行政垄断是政府给予一家企业排他性地生产某种产品或劳务的权利，包括特许经营、专利权、版权等法律授予或行政授予，如政府对媒体的独家授权经营。

自然垄断是如果某种产品需要大量固定设备投资，大规模生产可以使成本大大降低，那么由一个大厂商供给全部市场需求时平均成本将最低，在这种情况下，该厂商就形成自然垄断。例如由于网络投资巨大，有线电视通常在某一区域内独家垄断经营。

市场垄断是市场竞争自发形成的，是少数公司利用其资本、技术或管理上的优势，取得具有市场势力的垄断地位。市场垄断属于结构性垄断，即企业通过正当竞争实现的市场瓜分，有提高资源的配置效率的积极作用，有的时候甚至是受消费者欢迎的，如迪士尼。只有当已经处于垄断地位的企业采用操纵价格、划分市场、价格歧视、联手抵制、非法兼并等不正当手段排斥竞争的时候，消费者的利益才会受到威胁，才构成行为垄断。

（二）外部效应

当某一生产者或他人的活动对其他生产者或个人产生影响但没有任何人对这种影响负责时，就会产生外部效应。因为这种正的或负的外部效应不受市场调节，所以价格体系不能有效地运作。外部效应是造成市场失灵的又一重要原因。比如，当某个人免费观看现场表演艺术或者参观展览时获得了某种启发，文物古迹或旅游景点可以带动周边的酒店、餐饮、交通等行业的发展，等等。事实上，文化艺术行业的兴盛已经带来了巨大的社会效益，但是没有人会因为这些外溢效应而向文化艺术产业本身付费。但如果不付费，在完全市场经济条件下，社会的文化供给量就会低于文化需求量。

福利经济学认为，如果一项活动能产生正外部效应，政府就应该对其进行补助，从而提升社会总体福利。比如公益演出、艺术节、艺术展等文化活动，可以给人带来精神愉悦、使人乐观向上，政府应该给以补助。而消极的文化和艺术可能给社会带来负外部性，比如赌博文化、低俗文化等，可以将人类本性中最颓废的一面呼唤出来，在满足个人欲望的同时逐渐毁掉个人，在给社会带来短期局部经济利益的同时造成长期整体利益的损失。因此，政府应该限制这些消极文化，从而保证社会整体福利的健康增长。

（三）公共产品

许多文化艺术品都具有公共产品或半公共产品的特性。

（1）非竞争性。早在 1844 年，Dupuit 提出了一个生动的例子，一个有许多空位的剧院和一个很少有人参观的博物馆，非常类似于一座不拥挤的桥，多增加一位消费者的边际成本是零，也就是这些座位和空间在一定范围内属于非耗竭的。但是由于排他成本并不高，

---

① 曼昆. 经济学原理（第5版）. 北京：北京大学出版社，2009：315-317.

剧院和博物馆不可能会自愿免费开放这些空间，因为这样的话他们就无法保障已付费的消费者的权益。这样就造成了社会福利的净损失。

（2）非排他性。无线广播、公共图书馆、露天影院、文化公园、文物古迹等具有更加典型的非排他性。只要愿意收听的人随时都可以免费收听无线广播而并不影响他人收听，一个人对文化公园美景的欣赏也不会影响到其他人的欣赏（在可承载的人数范围内）。也就说，它们具有非排他性。如果文化公园开发商一定要实现消费的排他，那么他需要付出很高的成本，从而使收费变得很高，以至于消费者不愿意支付如此高的价格，转而选择替代产品。由于这些产品具有非排他性，市场的投资意愿会明显不足，因此也需要政府的投入。

（四）不完全信息

如果消费者对市场价格或产品的质量没有准确的信息，市场体系就不会有效运作。这种不完全信息（incomplete information）带来诸如生产者可能生产过多的产品或者消费者可能购买到劣质商品等后果。比如，与收藏家相比，国画的普通消费者通常缺乏专业的书画知识，这样的普通消费者极有可能购买到伪劣的画作。

不完全信息中，最为典型的现象是信息不对称（asymmetric information）。信息不对称指的是某些参与人拥有但另一些参与人不拥有的信息。信息不对称将带来委托代理问题（principal-agent theory）。委托代理按照信息不对称发生在事前（签约前）或是事后（签约后），又分为逆向选择（adverse selection）和道德风险（moral hazard）两种类型。

逆向选择是指在买卖双方信息非对称的情况下，差的商品总是将好的商品驱逐出市场。或者说，拥有信息优势的一方在交易中总是趋向于做出尽可能地有利于自己而不利于别人的选择。

在古玩市场上，假定有若干件质量不同的古玩要卖。卖主知道自己要卖的古玩的质量，质量好的索价高些，质量差的索价低些。但买主不知道古玩的质量，在这种情况下，买主只能按好的古玩和差的古玩索价的加权平均价格来购买。这样，由于买主无法掌握古玩的准确信息，从而其出价并不区分古玩质量的好坏，质量好的古玩会退出市场，质量差的古玩则留在市场上。一旦发生这样的情况，质量差的古玩比例增加，买主会进一步降低出价，使质量稍好的古玩也退出市场。如此循环下去，古玩市场就会逐渐萎缩，出现所谓的"柠檬市场"。

逆向选择的存在使得文化产品的市场价格不能真实地反映市场供求关系，导致文化市场资源配置的低效率。解决逆向选择问题的方法主要有：政府对文化市场进行必要的干预和建立市场信息识别机制。

在信息不对称的情况下，当代理人为委托人工作而其工作成果同时取决于代理人所做的主观努力和不由主观意志决定的各种客观因素，并且主观原因对委托人来说难以区别时，就会产生代理人隐瞒行动而导致对委托人利益损害的"道德风险"。

道德风险发生的一个典型领域是艺术人才市场。艺术人才与文化企业订立委托—代理关系后，企业的效益是通过人才能力发挥来实现的。但是人才的能力发挥是无形的，对它的监督和控制很困难。特别是艺术的专业性和创意性，企业更是无法判断出艺术人才现在的努力程度和艺术人才行为在多大程度上符合企业的利益等。由于存在信息不对称，根据"理性人"假设，艺术人才往往倾向于做出有利于自身的决策，从而增大企业损失的可能性，由此导致艺术人才雇佣过程中的"道德风险"。

道德风险的存在不仅使得处于信息劣势的一方受到损失，而且会破坏原有的市场均衡，导致资源配置的低效率。解决道德风险的主要方法是风险分担与建立激励和约束机制。

二、社会失灵的问题

文化市场产生社会失灵的原因主要是文化产品的意识形态、消费的代际不公平性以及消费的群体不公平性。[①]

（一）文化产品的意识形态

由于文化产品的精神属性，讨论其意识形态不可避免。但谈到意识形态时，总让人觉得它与政治联系在一起。实际上，并不像有些人片面认为的，意识形态就是执政者维护统治的工具。除了少数消极的意识形态以外，如中世纪的基督教神学、法西斯主义等，大多数主流意识形态对社会都具有积极作用，如凝聚民心、制造国家和民族归属感、相信政府、避免动乱等。任何明智的政府都会非常重视主流意识形态的作用，并力求让其贴近民众、与时俱进，这样对其执政以及增进其执政的国家福利都是非常重要的。

（二）消费的代际不公平性

对部分经济学家而言，艺术是人类文明中最有价值的东西。这一价值之所以没有得到与之相匹配的市场需求，是因为公众的受教育程度不高，还有待提高欣赏美好事物的能力。现在的人们不能领悟到的价值不代表未来不能被领悟，所以我们应该让市场需求保证其当前价值的同时，用财政补贴和社会捐赠保护其未来价值，以满足后代人的精神需要。比如，有的视觉艺术品，如文物古迹，政府花巨资进行修缮，一部分原因是为了让当代人可以享受，更重要的是保护后代人享受的权利，附带扩大国家的文化影响力。

（三）消费的群体不公平性

从历史数据可以看出，文化艺术的消费群体主要集中在收入和教育都相对较高的社会群体，社会低收入群体对文化艺术的享受度较低。虽然低收入或低教育水平的人可能对文化艺术价值的领悟程度较低，但是不代表他们就没有享受文化艺术的需求。从"幸福主义"理论出发，任何社会群体不仅仅需要生存性物质保障，还需要包括享受文化艺术在内的精神性满足。但是这一享受需求却被高进入费用所遏制，并且享受性越高的文化艺术活动进入的费用越高，这就造成了社会机会的不均等。从福利经济学而言，也许艺术品带给低收

[①] 社会失灵问题与发展文化产业要把社会效益放在首位的内在要求是一致的。

入或低教育水平的人群的享受程度不低于甚至高于高收入或高教育水平群体，那么不让他们享受到文化艺术品，就是社会总福利的损失。

三、Dupuit-Samuelson 困境

文化和艺术的许多形式都具有公益的性质，其消费具有外部效应和非排他性。因此，对文化艺术品的定价显然不能沿用价格等于边际成本的经典经济学原则。针对这一问题，杜普伊特（Dupuit，1844）和萨缪尔森（Samuelson，1954）分别提出了对文化和艺术品定价的"两难困境"。

比如，放在互联网上的文化艺术资源可以在供给者不知情的情况下由消费者享受资源，可以在供给者边际成本为零的情况下无限增加消费者的数量，任何以非零的价格阻止任何潜在的消费者都是社会福利的净损失。但是零价格不是社会的最优状态，因为供给者的文化艺术生产并非零价格，并且生产某些艺术形式要承担高风险（如电影、舞台剧、新歌曲等都有可能由于得不到消费者认可而无法收回沉没成本），所以供给者必须要能获得成本和风险补偿，否则就不愿意生产和供给。这就是所谓的 Dupuit-Samuelson 困境。为解决此困境，经济学家们提出了以下思考。

（一）政府买断知识产权

Kremer（1998）提出，为了鼓励创新，政府可以授予专利，让知识产权的创造者在法律的保护下排除未授权的使用者；为了消费者以近似零价格获得文化艺术品，政府可以进行"专利收购"。这样，创造者得到了本该向使用者收取的回报，使用者可以继续无成本使用，鼓励创造的同时也实现了社会福利最优。例如 1839 年法国政府购买了达盖尔银版法照相技术，使得这种技术在世界范围内迅速推广，并得到了无数次的改进。

Kremer 的设想是一大进步，但是依然存在许多弊端：第一，政府收购专利的金钱来自于非零的税收，不可避免地扭曲了纳税人的意愿，从而导致社会的福利成本上升；第二，专利和版权是对知识产权创造者垄断权力的赋予，那么如何评判这一垄断权力的价值，政府的收购价格怎么确定才合理，也存在评估的技术问题；第三，随着文化艺术成本的不断上升和形式种类的不断增多，政府也存在是否能够维持这一消费者零价格或低价格的偿付能力。

（二）拉姆齐定价法

当按边际成本定价不可行时，拉姆齐定价法是一种次好的定价方法。拉姆齐定价法主要回答了如果文化艺术品以非零的价格向社会提供，怎样定价才是合理的。简单回顾拉姆齐定价的基本内容：价格等于边际成本并不能补偿固定成本，因此价格要适当高于边际成本才能补偿产品的总成本。价格偏离边际成本的距离应该与产品的需求弹性成反比。也就是说，需求弹性越大，价格就应该越接近于边际成本；反之，需求弹性越小，价格可以越

偏离边际成本。

文化艺术产品的沉没成本有可能很大（如电影），也有可能会不断重复产生（如舞台剧改编），如果要以非零的价格向社会提供，那么边际成本定价法就不能补偿其固定成本，所以价格应当与边际成本有所偏离。但是从社会福利的角度出发，对于替代品最少（即需求弹性最小）的文化艺术品实行最高的价格不符合社会福利的预期。但是除了拉姆齐定价法及其某些变形外，确实还没有找到更好的办法。为了兼顾社会福利的问题，政府可以允许奢侈性的、对价格不敏感的文化艺术产品定高价格（如最新 3D 大片），并对其征税，然后用这一部分税收去补贴需求弹性较大的文化艺术（如京剧、科技博物馆、农村巡回演出艺术团等）。

案例观察

马尔克斯食言了[①]

第二节 规 制

本节在分析了文化领域的规制类型之后，探讨文化领域中的规制变迁，然后对几个主要文化产业的规制实践进行讨论。

一、规制的类型

根据政府规制的特点，规制可划分为经济性规制和社会性规制两大类型（植草益，1992）。经济性规制是指在自然垄断和存在信息不对称的领域，为了防止资源配置低效率的发生和确保利用者的公平利用，政府机关用法律权限，通过许可和认可的手段，对企业的进入和退出、价格、服务的数量和质量、投资、财务会计等有关行为加以规制。社会性规制是以保障劳动者和消费者的安全、健康、卫生和保护环境、防止灾害为目的，对产品和服务的质量和伴随它们而产生的各种活动制定一定标准，并禁止、限制特定行为的规制。相较于经济性规制，社会性规制是一种较新的政府规制。

（一）经济性规制

经济性规制的领域主要涉及自然垄断领域和存在信息不对称的领域。就文化领域的经济性规制而言，其内容主要包括以下四个方面。①价格规制。和其他产品和服务一样，文化产品和服务同样要受政府价格调控的影响。例如，在"国际博物馆日"，有些地方规定博物馆要免费向公众开放。②进入和退出市场的规制。限制新的企业进入主要是为了获得规模经济性和成本弱增性，而限制企业自由退出则是为了保证供给的稳定性。我国政府对出版业、电视、广播等媒介行业以及博物馆等实施了审批、许可等方面的规制。③投资规制。例如，《国务院关于非公有资本进入文化产业的若干决定》明确将文化产业领域分成鼓励、

---

① 辕门雪，https://www.sohu.com/a/404325058_120679036?_f=index_pagefocus_5.

允许、限制和禁止类型的产业，以引导非公有资本进入文化市场。④质量规制。这一规制主要是要求文化企业生产合格的产品或提供合格的服务。在文化领域，政府衡量文化产品质量的一个重要指标就是产品的内容。比如，美国对电影实施分级制度就是典型的案例。

（二）社会性规制

社会性规制往往与外部性和信息不对称密切联系。显然，政府有必要对文化领域进行社会性规制。文化领域中，社会性规制的内容主要有消费者、健康、质量、遗产保护等内容。具体而言，一是消费者保护。文化产品和服务消费者的基本权利受到消费者权益保护法的保护，主要的规制方式是民事责任。对文化领域的广告仍要受到广告法、广告管理条例等的约束，主要的规制方式如进行内容审查、发放许可证等。二是健康。为了避免消费者世界观、人生观和道德观等受不良内容的影响，国家对产品内容会进行审批、发放经营许可证等。三是质量。文化产品往往带有某种意识形态和价值观，因此文化管理机构会对文化产品和服务的质量进行规制，避免与国家意识形态相背离、与主流价值观发生严重冲突。为此，各国政府均会对文化产品特别是进口文化产品采取必要的规制措施。四是保护。主要针对文物、历史遗产遗迹、非物质文化遗产等进行保护。例如，为使我国非物质文化遗产保护工作规范化，2005年国务院发布了《关于加强文化遗产保护的通知》，制定了国家、省、市、县四级保护体系，要求各地方和各有关部门贯彻"保护为主、抢救第一、合理利用、传承发展"的工作方针，切实做好保护、管理和合理利用非物质文化遗产。

二、规制的变迁

与规制相对应的名词有"放松规制""重新规制"[①]。在文化领域，放松规制的呼声非常强烈，这是自由观念让人们对政府干预个人和政治表达产生了焦虑的直接反映。比如，美国公共服务广播领域的放松规制主要包括对不受欢迎的私人垄断者的拆分，以及产业集中政策方面重要但又令人费解的变化。与放松规制相对应的是重新规制，这意味着，法律法规以及规制并没有因为文化领域发生了一些变化——这些变化足以构成放松规制的理由——而被废除，相反会将新的法律法规和规制引入。

规制的变迁与规制理论依据的变化密切相关。以国外广播为例，最早的广播是一种"一对一"的传播形式，它广泛应用于军事，1910—1919年间由业余的人际传播爱好者频繁使用，不受政府的规制。之后，在许多国家，私人企业开始尝试利用广播播放音乐和其他娱乐形式，但广播波段都不受规制，其收听效果并不好。当广播成为国家的有限资源——一种稀缺资源时，因为波段有限而自由地利用波段会影响收听效果，此时人们自然地认为广播波段应由国家相关部门进行分配从而使不同广播公司的波段之间不会相互重叠以达到最佳收听效果。这实际上是大众接受了对广播的规制。此外，广播作为一种信息传播媒介，

---

① 赫斯蒙德夫在《文化产业》一书中对规制的变迁进行了较为详细的论述。

其信息显然会对社会产生显著的影响，因此为了确保权利不被滥用（比如用于个人宣传政治观点），政府也有必要对其传播内容进行规制。在20世纪80年代之前，由于对广播进行规制的理论依据没有发生根本变化，各国政府都对广播进行了严格的规制。到了20世纪八九十年代，广播规制的主要理论依据遭到了攻击，尤其是来自私人公司、评论家的抨击。由于新电缆、卫星和数字技术几乎为信息和娱乐的传输提供了无限的容量，这意味着电磁谱的稀缺性走向了终结，因此放松规制的支持者认为，国家为了确保收听效果而对广播进行干预不再合理。此外，广播的传播内容会受到权利滥用的影响而不利于大众需要从严规制，似乎也难以立足，原因在于信息传播媒介的多样化，如电视、互联网等。这些规制依据的瓦解似乎足以支持政府放松对广播的规制。在这一时期，政府对广播的某些方面也确实放松了规制，比如，允许一些公共广播机构实现了私有化，放宽了对内容的限制，等等。

我们不难推断，若支持其他文化领域规制的理论依据发生了变化，政府对该文化领域的规制势必会进行相应调整：在规制、放松规制、重新规制之间进行切换，但这种切换并非只是线性的。

三、主要的行业规制

（一）文化遗产的规制

文化遗产领域的市场失灵是政府干预的理由，而各国在遗产保护方面运用最广泛的工具就是规制①。对文化遗产进行规制的目的在于从质和量上控制遗产存量，以增强国家或地方人民的身份意识、提高审美水平和促进当地的经济发展（Peacock和Rizzo，2008）。由于文化遗产一个重要的特征是，一旦遭到破坏，新创造的文化艺术资源无法将其弥补，也就是说，它是一种不可再生资源。因此，遗产保护应满足当代人的需要，并同时保证后代人需要的满足。

1. 文化遗产规制的措施

对遗产的规制措施一般包括鉴定、规定、限制、监督等。

鉴定是指政府对遗产的价值进行核定，如文物古迹、非物质文化遗产等，政府将核定有价值的遗产列入权威的名录（listing）。Rizzo（2002）指出：名录有许多名称，如清单、存货清单、目录、分类、调查表、注册簿、档案、碑文等，不同的国家和地区叫法不同，但大多数国家的名录有一个共同点，那就是私有的建筑物在名录中占相当大的比例。在有的国家，文化艺术品一旦被鉴定为遗产收入名录，就会被国有化——当然同时会给予私人一定的补偿。这种方式可以使遗产得到更好的保护，但是也有侵犯私人利益的嫌疑，因为

---

① 本小节的内容主要参考：Rizzo, I. Heritage conservation:the role of heritage authorities. In Ilde Rizzo and Ruth Towse(eds.), The economics of heritage: a study in the political economy of culture in Sicily, Cheltenham: Edward Elgar, 2002: 31-47；Rizzo, I. and Throsby, D. Cultural heritage: economic analysis and public policy. In Victor A. Ginsburgh and and David Throsby(eds.), Handbook of the Economics of Art and Culture, Amsterdam: Elsevier Science Publishers, 2006: 983-1016； 戴维·思罗斯比. 文化政策经济学. 大连：东北财经大学出版社，2013：113-135.

所得到的补偿一定是小于文物的未来总价值。

规定和限制与鉴定直接相关，政府对列入名录的文化艺术品一般都有详细的规定，如对文物古迹的修缮和开发的规定、对影响遗产的土地使用权的限制和规定、对非物质文化遗产使用和开发的规定、对相关旅游景点开发的规定、对文物流通的限制、对历史建筑使用和修缮的限制等。有时中央和地方政府一起对各种规定和规则进行解释，从而使各种保护措施具有条理性（Peacock 和 Rizzo，2008）。

监督是政府设立的一套监视和检查系统，对违反规则的行为进行惩罚，以保障鉴定、规定和限制措施的权威性和强制执行性。

以上描述的动态过程，就构成了政府对遗产的基本规制体系。此外，从学术研究角度，思罗斯比（2001）将规制分为"软"规制和"硬"规制，软规制放开了相对较大的税收激励和补贴的可能性，或简单的批准；硬规制则包括了强制的法律约束的实施、交换和转化。此外，遗产名录也是一种较为有效的规制，但进入名录要求所有者克服一系列的约束，涉及改造和拆迁的限制、公众专家的监督，以及需由认可的承办者来完成工作等多个层面。此外，在许多国家，继承税的扣除需在一个规定的期限内公开提交给公共产权部门。因此，规制创造了一项揭示遗产商品的存在和向公众提供服务的激励措施。规制产生了申请补贴的激励，这样就可能出现了道德困境，产生了一种集体倾向——去制造比一个自由市场环境下应该保存的、数量多得多的遗产。面对遗产，个体就会非对称地权衡损失和收益，因此就会自然地倾向于申请补贴。保留的社会成本也许远高于社会所需要的。

进入名录给文化遗产的价值带来了双重比较效应：源于象征意义的较高价值与由于限制和延迟带来机会成本而造成损失的较低价值。

不同个体对同样商品有自己不同的态度（Barzel，1997）。因此，在一个历史建筑的多重态度间，一些属于私人所有者，另一些则不得不与他们分享，因为它们都属于民族集体遗产的一部分。因此，将各种限制施加于所有者的行为有利于保护其他民众的权利，由于资产具有继承遗产的属性，从而公共支配权就获取了一部分产权。正如在大多数国家所观察到的，国家和所有者分担了保存古迹的责任。

2. 可能存在的风险

毋庸置疑，遗产的规制对遗产的保护和遗产所包含文化价值的保存是非常有必要的，保证了一个国家和民族历史文化的传承和可持续发展。但是如果仅从经济学角度出发，在实施遗产保护的政府规制的过程中，可能存在以下几个方面的负面影响。

（1）政府对遗产价值的鉴定往往依靠的是具有信息优势的专家。专家的鉴定对遗产除了会带来规定和限制以外，还会带来相应的经济价值和开发潜力，以及政府的税收优惠和财政补贴等，因而专家的鉴定成为一种自由裁量权，有可能会产生相关的寻租行为。

（2）政府的规制会带来相应的规制成本，并最终将这一成本转嫁给纳税人、遗产项目开发者和消费者。规制成本包括许可、授权、标准、指令等与规制行动相关的行政成本和监控规制实施的行政成本，以及被规制者（包括私人的和公共的）的遵循成本。有的成本可以被较为精确地核算，如保护和修缮文物或古建筑的材料、专业技术人员成本等；有的成本可以被相对地估算，如为保护文物古迹而限制旅游的收入损失、为保护古建筑而限制拆建的城市开发损失等；有的成本很难被估算，如由于限制开发而造成的潜在收益损失、阻止在考古遗址附近进行道路或其他建设施工的损失、由于限制性规定的威胁而诱使文化遗产所有者加快遗产开发而造成的遗产存量价值的损失，以及政府在遗产项目开发中对具体模式的要求不一定适应市场需要而造成的损失等。

（3）如果规制造成市场经济主体负担太大而相关的监管又相对薄弱，追逐利益的个人就有可能违反规制，给社会带来更大的损失。因此，过度的保护会打击市场投资的积极性，规制的过度扩张还会导致规制目标的反方向结果。

3. 需要注意的问题

为了最大限度地减少遗产规制带来的机会成本，政府应该注意以下几个方面的问题。

（1）政府在做出规制决策时需要引进公众对决策过程的参与。虽然遗产规制决策需要专业的知识和技能，但是纳税人也应该有权利知晓决策内容和程序，并有合法、有效的渠道反映自身的意见和建议（如果遗产是国有的或者集体的，就更应该如此）。只有这样，政府的规制政策才能够更好地综合专家、公众和市场经济个体的意见，使规制措施带来的机会成本能最大限度地减小。

（2）政府机构内部应尽量地放权。中央政府直接制定政策的优点在于效率高、权威性强，缺点在于对变化中的信息掌握不充分、决策主观性较强。Rizzo（2002）认为，权力下放可以增强地方政府的责任，因为地方政府与遗产存在紧密的联系。同时 Rizzo 和 Towse（2002）指出，权力下放必须伴随着公民投票等民主工具和对地方政府的考核激励，否则权力下放的正面效应会非常有限。

此外，Rizzo 和 Throsby（2006）认为，在有关遗产艺术品的国际贸易中，为了维护民族特性、荣誉和后代的利益，规制往往会限制正常的全球流通。如果这样的限制范围太广，一方面会造成政府的海关监控成本太大，另一方面有可能导致收藏家或商人脱离正规经济轨道，转而通过非法渠道进行交易。因此，规制越是影响文化艺术品市场的正常运行，规制越是趋于无效率。

（二）文化娱乐的规制

文化娱乐产业中的"贿赂"，是指为了使自身的创意产品推销出去而进行的非正当交易行为。它有时表现为对"守门人"的行贿，有时表现为"串谋"，极少时候对创新性产品的推出有利，大多数时候给文化娱乐产业造成很大的损失。因此，贿赂问题是政府规制的对象。

1. 文化娱乐产业中的贿赂问题

贿赂事实上是市场经济竞争中经常被采用的策略，只要市场卖方售出的产品价格高于边际成本，那么通过降价、折扣和贿赂的方法都能使自己获得竞争优势，从而完成超额的销售。文化娱乐产业的商品几乎都与创意有关，创意产品的典型特点是风险高、固定成本比重大而且无法回收，因此，在文化娱乐界的贿赂问题历史悠久、影响甚大，需要重点关注。

在这里，我们以音乐出版商与电台的关系来说明这一问题，当然除了音乐出版商和电台的贿赂实例之外，还有赞助商与电影剧组、电视连续剧与电视台、出版商与书店等领域都存在相似的问题。

音乐出版商的新音乐要在电台播放通常需要给电台或者电台主持人一定的贿赂，但是电台如果播放一些听众并不喜欢的音乐，其收听率就会降低从而影响节目中的广告收入。因此电台通常会列出一个能给自己带来最大利润的曲目单，这个曲目会使收受音乐出版商的贿赂减去因贿赂而损失的广告费用的值最低。但是在这个贿赂交易过程中，最有才能的艺术家和最有可能让听众喜爱的歌曲如果得不到具有实力的音乐出版商的支持，可能永远都无缘与听众见面，听众被迫听一些次优的歌曲，从而造成社会福利的损失。有的人可能会质疑，音乐出版商当然希望找到最好的音乐人和新音乐以拓展自己的市场、扩大自己的销量，但是如果某位并不是最有才华的歌星受到某个大财团的支持，这个大财团愿意给音乐出版商大笔的贿赂将他（她）捧红呢？而且大财团为什么愿意捧红这名并不是最优选择的歌星呢？这样就会形成一个不正常的链条：歌星贿赂财团—财团贿赂音乐出版商—音乐出版商贿赂电台—电台在以部分经典音乐贿赂听众的同时充斥许多次优音乐。这个贿赂链无疑会造成链条两端的、也是最弱势的艺术家和听众福利受损，而中间环节的经营商获利。此外，音乐制作商为了减少贿赂，通常会设法兼并电台、电视台、音乐网站等播放终端，从而形成超级娱乐公司。这样做确实可以减少贿赂，并在一定程度上实现了范围经济，但是却增加了企业内部的协调成本，并且促进了垄断，不利于市场竞争的发展。

此外，贿赂过程还可能滋生出更为严重的问题，如美国出现的"独立宣传者"。从1980年起，唱片公司对播放支付的酬金越来越高，每次电台将一张唱片放入其歌曲排行榜中的费用从500美元增加到3000美元，从而使单张唱片所谓的促销成本上升至15万美元。这一客观的费用吸引了一个庞大的群体进入娱乐行业，这就是"独立宣传者"。他们收取各唱片公司的贿赂，帮助唱片公司推广业务，以庞大的保镖群体作为后盾，并很有可能与黑手党有关。他们内部对电台进行分配，控制电台的节目单。这样，唱片公司不是与电台直接联系，而是与掌握了某个电台的独立宣传者进行交易。"在20世纪80年代早期，CBS每年花费800万～1000万美元用于独立宣传，整个行业花费近4000万美元。到1985年，行业宣传费用最多时达到6000万～8000万美元，而其时的税前利润最多只有2亿美元。"（凯夫斯，2004）

贿赂严重侵犯听众的独立选择权，也会阻碍艺术的健康发展。一名很有天赋却找不到后台的艺术家要成名的可能性会非常小，已经成名的艺术家也会经常被迫举办和参加赞助商要求的活动，能够真正用在艺术上的时间越来越少。或许是因为贿赂滋生出的一系列问题，所以听众才会经常感觉到排名Top20或者Top50的新音乐总是不尽如人意。

2. 政府对文化娱乐产业贿赂的规制措施

（1）完善法律法规的制定和监管，鼓励采用公开招投标的方式进行资源分配。不过所有的交易都采用招投标的形式势必会大大增加营销成本，并且招投标也存在竞标企业之间的贿赂问题（甲企业贿赂乙企业让其放弃竞标，避免恶性竞争，而甲企业中标以后可将贿赂成本转嫁到项目经费上）。

（2）政府继续推进反垄断法案和措施。竞争越是充分，贿赂的空间也就越小。如果电台之间竞争越激烈，音乐出版商对其贿赂的必要就越小，消费者也就可以放弃充斥此等音乐的电台。对音乐出版商也是一样的，竞争越是激烈，其生存的基础就越依靠最优秀的艺术家和最好的作品，他们就会通过各种可能途径寻找人才，而不是艺术家去贿赂他们。

（3）解决问题的根本是切实提高消费者的权益，完善消费者权益的维护途径。毕竟消费者是贿赂成本的最终承担者，从而也最有监督的积极性。因此，以消费者的选择作为方向指针的市场才是真正健康的市场。

（三）电视传媒的规制

1. 基于经济性规制的分析

从电视传媒产业的发展来看，随着需求扩大和技术进步，其成本劣加性不再突出，非排他性特征显著弱化，这些因素正是导致电视传媒产业放松规制的经济基础。但也必须看到，成本劣加性、非排他性只是政府规制经济基础的一部分而非全部，其他一些经济基础，我们也可以理解为政府规制的剩余经济基础，如垄断势力、非竞争性等，在电视传媒产业依然存在。因此，放松规制不等于放弃规制。①

（1）成本劣加性与规制需求。电视传媒产业具有显著的成本劣加性。规模经济层面体现在电视传媒产业随着需求增加而出现平均成本下降的趋势。范围经济层面则体现在电视传媒作为一种利用电波频道介质传输节目的产业，其内容产品可分为新闻、时事、综艺、生活服务、专题、电视剧等多种类型，同时播出可以有效降低平均成本。正是由于上述显著的成本劣加性特征，电视传媒产业在较长的时间主要实施强规制。进入20世纪80年代，由于消费需求的日益膨胀和技术进步带来的最小规模经济的下降，导致电视传媒产业的市场需求曲线超出了成本劣加性的临界点。因此，放松规制引入竞争成为必然。

放松规制后，产业组织合理性的评价基准从成本劣加性为主调整为适度规模与适度竞争兼容的有效竞争，但有效竞争并不必然实现。其一，由于电视传媒产业的网络经济特征，引入竞争后的在位企业在缺乏约束的市场环境下较之一般产业，更可能利用其接入优势阻碍新进入者的进入，从而制约竞争效率的发挥。其二，由于信息不对称，放松规制后的在位企业在利润最大化的追求下，更可能利用产品价格、产品质量的信息优势获取垄断利润，

---

① 本小节内容主要参见：杨永忠、吴昊. 电视传媒产业分析的SCPR框架：对产品黑箱的初步打开与新有效竞争理论的提出. 四川大学学报（哲学社会科学版），2013(1).

从而影响竞争效率的实现。其三，随着竞争的加剧，企业可能会合谋，也会削弱竞争效率。其四，市场也可能出现过度竞争，由此既损害了竞争效率，也抑制了规模经济。要避免以上情况，必然需要政府的合理与适度规制。

（2）公共产品性与规制需求。技术进步改变了电视传媒产业的公共产品特征，从而带来了电视传媒产业的放松规制需求。但是，就公共产品的具体内容而言，技术进步对电视传媒产业放松规制的影响主要是公共产品的非排他性，非竞争性的影响并不突出。

①非竞争性。电视传媒产品属典型的内容产品，其消费具有典型的非竞争性，即在电视传播、覆盖范围一定的前提下，增加一名消费者，对生产者来说，其成本增加极小甚至为零。同时，增加一个受众消费也不会减少其他受众消费的机会，对其他受众也不会产生效用损失。比如，电视节目可采用光盘、U盘等介质储存，原受众在看过或消费之后，将其借与或转赠他人继续观看，原受众从中所得到的效用并不会发生损失。

②非排他性。电视传媒产品消费的非排他性比非竞争性复杂。对于无线电视，如卫星电视，主要是通过微波传送电视节目的信号，在一定区域内，消费者只需要电视机这一终端设备，就可以直接收看电视节目。在这种情况下，对无线电视台而言，针对具体受众收费比较困难：一方面，电视台如果要将受众的范围锁定在某一特定范围，技术难度较大；另一方面，若真要实行排他性手段，其成本也非常高昂。鉴于此，世界上大多数国家都采用政府立法的形式，确定无线电视的收视费用。

可见，无线电视节目具有非排他性，加之其非竞争性，因此具备显著的公共产品特征。

从有线电视的传送来看，由于其节目的传送是通过线路连接到接收的电视机上，可以对具体用户收费，这样比较容易实现排他性。随着技术的进步，许多国家都开始推广数字电视，通过数字加密与内置芯片技术的运用，使得电视台播放的电视节目必须在用户付费后才能收看，因此排他性不再是技术难题。根据公共产品的划分标准，有线电视与数字电视具有排他性和非竞争性，属于准公共产品。

可见，基于技术进步的影响，电视传媒产业尽管排他性增强，但非竞争性仍非常显著，公共产品的部分特征仍明显存在。因此，电视传媒业需要特殊的规章制度以保障其充分和稳定的供给。

综上，在放松规制的背景下，电视传媒产业对规制的需求，不仅有一般竞争性产业的特征，如因为垄断势力、信息不对称而存在的有效竞争冲突；而且，还有更重要的不同于一般竞争性产业的特征，即显著的非竞争性和部分非排他性，由此使得规制这样的公共政策对电视传媒产业的作用不能等同于一般竞争性产业。以SCP框架[①]为基础的产业规制分析框架是以新古典经济学为基础，在市场结构对市场绩效的内生性影响下，主张公共政策作为市场绩效的纠偏和补充。因此，应用该范式分析电视传媒产业，就可能在"纠偏和补

---

① SCP框架是市场结构（structure）—市场行为（conduct）—市场绩效（performance）分析框架的简称，由哈佛大学产业经济学学者贝恩和谢勒等于20世纪30年代提出。其基本分析思路是，市场结构决定企业市场行为，而其行为又决定市场运行的经济绩效。在市场结构对市场绩效的内生性影响下，主张公共政策作为市场绩效的纠偏和补充。

充"导向下,仅从一般竞争性产业视角考虑其规制安排,从而削弱或忽略政府规制在传媒产业放松规制后的合理定位,诱发"放松规制"等于"放弃规制"的规制幻觉。

2. 基于社会性规制的思考

经济学一般通过外部性理论,对社会性规制给以解释(植草益,1992)。作为一种内容产品,电视传媒产业无论是正外部性还是负外部性,均对社会生活的各个层面产生巨大影响,有效控制外部性将有助于电视传媒产业的发展。

例如,一些富于教育和启发意义的电视传媒产品,有利于受众提高自身素质与修养,他们的行为可能会带来整个社会的改善与进步,使得社会收益大于电视传媒机构的私人收益。但由于生产者承担了全部成本却未得到全部收益,电视传媒产品的生产如果由私人进行,必然存在供给不足的风险。电视传媒产品这一正外部性对社会发展不可或缺,因此,一种可修正的思路是将规制变量引入,如对具有明显正外部性的电视传媒产品建立合理的补贴机制,促进经济效益和社会效益的融合。

与正外部性相反,对于很多以传播暴力、色情等不良内容为主的电视传媒产品,受众接受类似信息则可能会导致模仿行为,造成他人伤害,使得社会收益小于电视传媒机构的私人收益。特别是当电视传媒机构只为某个利益集团服务时,更可能威胁到公共利益和社会秩序,社会其他主体为抵消这种消极影响必然追加成本,从而使社会收益远远小于私人收益。同样,对于发布虚假信息、失真信息、过时信息、错位信息的电视传媒产品,也会导致社会成本大于私人成本,社会收益小于私人收益。此时,如果放任私人进行电视传媒产品的生产,必然存在供给过剩的风险,因此同样需要将规制引入。比如对具有负外部性的电视传媒产品实施明确的内容限制,将促进经济效益和社会效益的统一。

3. 放松规制下电视传媒产业的规制重构

鉴于SCP框架的局限性,我们提出了一个修正的产业组织SCPR分析框架,即市场结构(S)—市场行为(C)—市场绩效(P)—政府规制(R),用于分析放松规制时期,电视传媒产业的市场作用与规制约束。在此框架中,市场结构、市场行为、市场绩效、政府规制的逻辑关系如图11-1所示。比较SCPR框架与SCP框架,不难发现以下两点内容。

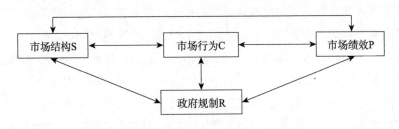

图11-1　SCPR分析框架的逻辑关系

(1) SCPR分析框架式以SCP框架为基础。即放松规制引入竞争后,市场对电视传媒产业的资源配置起着基础性的作用,电视传媒产业市场结构、市场行为、市场绩效的相互影响是市场内生的、市场主导的影响。

（2）SCPR 分析框架以 R 调整为重要保障。由于电视传媒产业存在的剩余经济基础及产品的社会属性，决定了电视传媒产业的可持续发展离不开规制。规制是电视传媒产业发展的内生性需求，而不仅是一种补充。电视传媒产业放松规制后的重新规制，是经济性规制在规制的经济基础变化后的重新调整，是社会性规制在产品社会属性上的进一步强化，是对规制结构的重新定位与修正。通过 R 的明确引入与强化，将有助于电视传媒产业在引入竞争后更好地实现经济效益和社会效益。

第三节 版权的保护

版权是法律上规定的某一单位或个人对某项著作享有印刷出版和销售的权利。任何人要复制、翻译、改编或演出等均需要得到版权所有人的许可，否则就是对他人权利的侵权行为。版权是针对文化市场的市场失灵而提供的一种特殊的保护制度和规制措施，对文化产业的生存发展至关重要，其实质是为智力成果等无形资产创造财产权利以促进经济效率。本节主要关注版权的经济学逻辑、版权保护的基本准则、版权保护的成本以及新技术对版权的影响等。

一、版权的经济学逻辑

（一）版权保护的好处

版权是保护那些有形载体中的原创成果，它涉及未被授权的拷贝、拷贝的传播、衍生作品、公共表演和展示等经济活动。这里所谓的"原创"并不代表新奇或创意，而只表示"源自作者的成果"，即作者不能从别人那里复制东西过来。这些原创作品包括但不限于书籍、照片、绘画、雕塑、音乐作品、技术图、电脑软件、情景剧、电影、地图和商业词典等。

这些原创作品除具有公共物品属性，即具有非竞争性和非排他性外，在创造这些作品的过程中需要投入大量金钱、时间和精力，而再生产现有作品的边际成本相对比较低。因此，如果没有版权保护，由于再生产的边际成本较低，生产商之间的激烈竞争极有可能导致产品的价格低于边际成本，原创者的努力将得不到补偿，从而造成供给减少。若获得版权保护，生产商可以将作品的价格定在高于边际成本，从而在一定程度上弥补生产成本，而创作者的努力也可能获得补偿，进而激励更多的创作者提供更多的作品。

诚然，在没有版权保护的情况下也能产生一些原创作品。如果创作者成为市场中的首创者，或者复制品的质量太"次"，也可能会带来持续的收益。创作者也能用合同法或其他私人办法来打击未授权的复制。比如软件商利用许可号来阻止未授权软件的拷贝或衍生品。但版权不像合同，很难强制第三方组织或原创产品的购买方遵守。简而言之，由于既定的拷贝速度和低拷贝成本，以及使用私人办法阻止拷贝的难度，如果没有版权保护，创造的新作品数量将会减少。

（二）版权与商品的分离

版权试图为无形的智力资产创造财产权，具体的实现办法就是分离版权和承载它的商品实体。通常，将所有权利集中于一件商品并给予单个的所有者，能最小化交易成本并促进经济效率，然而对版权作品来说情况是相反的。

一方面，这节省了文化衍生品生产时的交易成本。对于一件拥有很多副本的文化产品，如果版权和商品分离，潜在的版权交易就只需要通过与单一版权所有者的一次性谈判就可以实现。假设版权和商品没有分离，比如让一本漫画的每一位购买者都能获得版权。如果有人想用这本漫画拍一部电影，他就必须先获得数百万名版权所有者的同意以避免侵权。这无疑增加了交易成本，还可能引发拒不合作的问题，最终导致无法进行文化衍生产品的开发与生产。

另一方面，这也节省了原创作者的交易成本并使其获得足够的收益来激励新创作。否则，原创作者就需要与作品副本的每个购买者都商议版权交易的价格（这显然是不经济的）。如果为了让每个副本所有者都拥有版权进而能发布版权许可，副本所有者之间的竞争会使版权许可费用趋于0，副本的价格就不能反映版权的溢价，这会降低对原创作者的激励。

上面讨论的是可大量复制的作品，对于不可复制的独特作品（比如绘画和雕塑），尽管有时可能带来更高的交易成本（比如进行衍生产品生产的一方需要同时与作品版权所有者和作品实体所有者分别进行交易），分离的所有权也具有补偿效益。以绘画为例，如果版权和作品不分离，画家就很难对自己以前作品的主题进行再创作，因为可能侵犯自己以前作品的版权。类似的，侦探小说家将会被禁止创作自己被卖出的作品的续集。相关的问题还包括共同作者，比如曲作者和词作者共同创作具有版权的歌曲。版权与商品分离后，交易成本会很低，因为这两个作者之一可以不经另一个人的同意就把自己拥有的部分版权出售给第三方。

二、版权保护的基本准则

版权保护的目的是通过法律赋予无形的智力资产以财产权，促进原创者创作，最终提高经济效益。但版权是一个有代价的财产权制度，具体的版权保护措施要考虑避免或尽量降低交易成本，版权作品的财产权利往往会比有形或物质财产权利受到更多限制。下面将阐述几条重要的版权保护准则。

（一）表达结果的保护

版权作品中的很多原创想法不需要投入多少时间和精力就能够产生，但要把这些想法转化成有形的东西则需要投入大量的成本，因此有必要对其进行保护。不过，究竟是保护原创想法还是保护这些想法的表达结果，则取决于执行成本和由此获得的利益的对比。从文化活动实践中看，判断对表达结果的抄袭要比判断对想法的抄袭更简单。因而，版权保护的是这些想法的表达结果，并不是原创的想法、概念或准则等。

（二）免遭抄袭的保护

版权保护是要避免产生抄袭行为，而非独立复制行为——在没有参照原创作品的情况下创作出相当类似的作品。其原因在于：一方面，大多数作品的独立复制很少见，并且由于不存在"搭便车"行为，独立复制行为并不会显著地对新作品的创造产生消极影响；另一方面，如果法律禁止独立复制，面对众多已有作品，我们将不得不为审查作品是否侵权而支付巨大的执行成本，这一成本极有可能高于由此获得的收益。

（三）保护衍生产品版权

保护衍生产品版权是指以原创为基础，采取重做、转变、改编等任何手段，进行任何表达的衍生产品开发，必须得到版权所有者的同意，否则视为侵权。通过二次版权的保护有助于激励更多的满足市场需求的原创作品，另一方面通过将二次版权纳入原创作品的所有者将节省再生产以及交易和执行的成本。

（四）原创作品的公平使用

公平使用原则允许那些能促进经济效率的未授权的复制。比如从一本书里复制一小段可能不会损害版权所有者，但能促进复制者自己的创作。这里公平使用使复制者有收益，版权所有者也没有利益损失。特别是，戏仿（通过部分模仿而对某个作品进行讽刺）通常也作为公平使用得到保护（Posner, 1992）。但是，当公平使用原则被用于再生产性用途（即简单复制原作品的一小部分而不再加入新的内容）或者对原创作品复制得太多，从而生产出替代原创作品的产品，确实有可能对版权所有者存在损害。总之，当能够减少版权交易成本、产生利益激励或创造社会净收益时，可以允许公平使用原创作品。

三、版权保护的成本

（一）准入成本和执行成本

与传统商品不同，版权保护产生了与版权产品的公共产品属性有关的准入成本。这种成本涉及两个方面：消费者和衍生产品创造者。从消费者而言，若版权所有者不能实施完美的价格歧视，那么那些认为产品价值低于产品定价而高于产品边际成本的消费者将不会购买该产品。但对大多数其他产品来说，只有对产品估值低于其边际成本的消费者才不会购买这种产品。因此，版权保护造成了社会损失。从衍生产品创造者而言，衍生产品创造者会由于版权所有者过高的要价而拒绝在原有产品上进行再创造。这样，版权保护提高了新成果创造的社会成本。

与版权保护相关的第二个主要成本是执行成本。比如分离出作品中受保护和不受保护的成分、证明侵权行为、侦测对无形资产的盗窃行为（比如一个人可以在作者不知情的情况下复制其作品）等而引发的执行成本。这种成本一般比保护有形资产导致的执行成本更高。需要说明的是，不同行为主体在版权保护方面的执行成本是不同的，比如对潜在的盗版音乐下载行为音乐共享平台管理商可能较容易发现和跟踪，而政府法律部门却很难进行侦测。

（二）版权收集组织的成本

在版权保护的实践中，往往不是由个体的艺术家或原创作者去监督可能的侵权行为、与潜在的版权购买者讨价还价并收取版权收益，而是由各种版权收集组织来代理执行。这种组织集中了大量的版权并加以管理，从而形成规模效应，可以有效降低版权所有者维权以及购买者购买版权的成本。比如，舞厅、音乐厅、电台、电视台等类似机构通常会向表演版权协会购买一揽子音乐许可，从而被允许在一定有效期内，在公共场合任意播放协会授权范围内的任何版权歌曲。这种许可免去了与每首歌曲的版权所有者单独协商的需要，从而节省了巨大的交易成本。

四、新技术对版权的影响

新技术特别是数字化技术对版权产生了深远的影响。以文字、声音、图像等形式表现出来的文化产品均可以被转化成数字形式，然后以零成本的代价随意复制，并且任何人都可以进行复制和转发。这意味着这些版权作品可以在版权所有人不知情的情况下就被使用了，特别是互联网的普及让这种侵权现象更加常态化。

面对上述这类侵权，文化企业、个体艺术家、分销商等不同的利益相关者都会以不同的方式做出反应。比如，利益相关者会要求政府部门取缔那些提供文化共享的网站，从而能够在一定程度上遏制视听作品的非法复制。除了采取这种"堵"的方式，利益相关者也可以采取"疏"的方式弱化侵权的激励。比如，文化企业可以在自己网上以适当的价格鼓励人们购买已经数字化的、高品质的产品。此外，利益相关者还可以采取其他主动防御的策略，比如通过技术手段对数字化的作品进行加密、打上水印等，从而让侵权者复制未经授权的文化产品的成本远高于其获取的利益，或者根本不可能复制未经授权的文化产品。

技术上的突破也使版权管理的普遍化成为可能，即任何文化产品的创作者都可以有效管理自己作品的版权。例如，数字化艺术品的创作者以电子化的方式，不需要通过分销商而是直接通过互联网销售自己的作品。通过技术手段对数字化艺术品进行加密处理，可以要求消费者通过银行转账支付的形式付款后下载和消费，但不能复制该数字化艺术作品。此外，新技术使创作者与消费者直接面对面成为可能，从而减少了中间商这一环节，这有助于降低文化产品的价格，从而吸引更多消费者购买授权的文化产品。

第四节 私人支持

私人支持的主体可以是个人或者诸如营利性企业以及非营利性基金会等组织机构。本节主要讨论私人支持的几种主要方式，包括捐赠、众筹、合作等。

一、捐赠

个人捐赠者向文化产品组织机构尤其是非营利性组织捐赠源自利他主义者的动机（凯夫斯，2004）。按照经济学假设，人们极有可能为实现自己利益最大化而采取自利行为。但事实上，人们还有其他各种喜好，比如在知道别人从自己捐赠的歌剧演出获益，他们会自我感觉更好。但需要引起注意的是，若政府介入资助某个文化活动，捐赠者在觉得自己的捐赠无足轻重时，他们会撤回资助。利他主义者的动机可以解释为什么经济学所说的"理性人"、以自我为中心的个人会为某些文化机构开出支票。另外，艺术机构也会通过某些优惠措施来鼓励个人捐赠者的积极性。比如，博物馆会给予不同捐赠规模等级的支持者以不同的待遇：捐赠者都享受"会员制"待遇，可以免费参与日常展览活动，可以享受博物馆内商店的打折优惠；高额捐赠者除享受上述待遇外，还可以参观一些特殊展览，享有预订座位的优先权；等等。

企业的捐赠动机与个人捐赠动机略有不同。一个纯粹追求利润的企业向文化机构进行捐赠，其目的是为了扩大或增强其预期利润（Navarr，1988）。捐赠企业要想最终实现有利可图，要么必须降低产品生产成本，要么增加产品的需求量。而降低成本的方法之一就是降低企业招聘和雇用员工的预定工资水平。对文化机构，特别是非营利性文化机构的捐赠，可以提升该地区的文化品位，将会吸引更多的人特别是高素质的人员选择来该地区工作和定居，进而增进这个地区的劳动力市场的供给量和供给质量，间接降低企业的生产成本。此外，捐赠也可以为企业带来社会声誉，提高其社会知名度和美誉度，增强消费者对该企业的信心。通常，消费者不能确定一个企业的产品质量时会做以下推断：一个支持慈善活动的企业一般不会生产劣质产品，进而提高对这类企业产品的需求量。实证研究也表明，企业的捐赠行为很明显是为了降低成本或提高产品需求或者二者兼而有之，企业的捐赠行为最终服务于利润的需要（凯夫斯，2004）。

捐赠是否会绑架艺术？也就是说，捐赠会不会使得文化机构过度迎合重要捐赠者的偏好而偏离其原有的发展方向？这一点应引起人们的警惕，但这种理由似乎不足以支持艺术机构应避免接受他们的捐赠（海尔布伦，2007）。

二、众筹

"众筹"即大众筹资，译自于英语"crowdfunding"一词，它是一种预消费模式，是指采用"团购+预购"的形式向公众募集项目资金的筹资方式。2006年首次使用"众筹"一词的美国学者迈克尔·萨利文将其定义为：众筹是指群体性合作，人们通过互联网汇集资金，以支持由他人或组织发起的项目。利用互联网传播特性，众筹能够让小企业、艺术家或个人向公众展示其创意，以争取公众的关注和支持进而获取所需要的资金援助。现代众筹的构成元素包括：发起人即具有创意力但缺乏资金的人；支持者即对筹资项目有兴趣且有能力支持的人；平台即接连发起人和支持人的互联网平台，如国外的 Kick starter、国内的众筹网等。

众筹具有进入壁垒低、项目多样性、广泛参与性、注重创意、承诺兑现等特征。具体而言：①进入壁垒低，任何人和组织，只要有好的创意，并且认为这种创意能够说服支持者，都可以发起项目；②项目多样性，众筹的项目包罗万象，既涉及音乐、影视、漫画、游戏、出版等文化领域，也包括科技、农业、旅游等领域的其他项目；③广泛参与性，人人都可以是众筹项目的支持者，包括企业、风险投资机构等；④注重创意，众筹项目的发起人一般事先要将自己的创意（如设计图、成品、策划等）利用可展示的介质在网络平台上展示，这样才有可能通过平台的审核；⑤承诺兑现，众筹发起人一般会给项目支持人支持的金额数量给予相应的回报，众筹发起人有义务、有责任履行承诺。

众筹模式开始主要广泛存在于艺术领域。一些创意阶层如音乐家或艺术家，为了完成其作品向粉丝筹资，粉丝自愿向自己喜爱的艺术家无偿提供资金。例如，著名摇滚歌手 Amanda Palmer 就为自己的新专辑、新书和新旅行募集了 100 万美元的资金，约有 2000 名粉丝提供了资助。国内某知名众筹网站显示，2014 年 1—11 月期间，涉及文化领域的众筹项目接近 500 项，这些项目都给予了项目支持人一定的回报，支持金额越高，回报也相应更高。下面以某寿山石艺术品项目为例说明。这个项目是由一名青年雕刻家发起的，他设计了 5 个等级的支持金额和相应的支持回报，其中，最少支持金额为 1 元，随机抽取 10 名支持人，每人获得印章一方（字数限制 4 字内，字体不限，朱文白文不限，免运费），以及免费参与线下寿山石品鉴会活动；最高支持金额为 7500 元，除免费参与线下相石品鉴活动外，相应的回报还有由发起人监制、其工作室制作的最新作品一尊（附收藏证书）。

可以说，众筹是文化领域的另一种私人支持方式，并且这种筹资方式是基于给予支持者预期的回报，和个人捐赠略有差异。

三、合作

私人对文化领域的支持也可以通过合作的方式进行。

以艺术品市场为例。艺术品市场存在画商、画家和购买者（包括收藏家）。一般地，画商不仅仅是艺术作品的经营者，还可能是画家的经纪人以及画家职业发展的推动者。画商的动机在于从作品销售中赚取利润。画商可以选择只购买他认为具有市场潜力的画作，还可以与理想的画家签订合同。但要签订一份完整的合同是一件十分棘手的事情，因为双方的实际工作投入一旦达不到合同约定的水平，结果会导致双方不欢而散。

除通过合同方式对画家进行支持外，画商和画家也可以进行实际合作。比如，画商可

专栏

奈兹：非营利组织[1]

以口头承诺，他负责推广画家的作品并定期举办作品展，而画商要成为这个画家的独家代理并获得销售提成。实际合作可以避免合同所带来的双方权利和义务由于不可预知性而难以履行的问题。通过合作，双方各取所需，画家可以专心地绘画，而画商则可以通过代理画家的作品获取一定的佣金。

一般地，私人与艺术家或艺术机构之间的合作是一种以盈利为目的的行为，双方既可以签订正式的合作协议也可以达成口头协议。这种合作关系的稳固则是建立在一方对另一方工作满意程度的基础之上，一旦低于预期，这种合作关系极有可能名存实亡。

第五节 公共治理

本节在对文化产业公共治理进行界定之后，讨论文化产业公共治理主体的责任问题，最后探究文化产业公共治理的内容。

一、文化产业公共治理概述

公共治理兴起于 20 世纪 90 年代，公共治理是治理理论的一个重要研究内容，是治理理论在公共事务管理领域中的运用[2]。在公共治理理论应用之前，公共管理主要采用两种方式，一种是层级制的集权式政府管理方式，另一种是市场化的管理方式。但在资源配置的实践中，若仅采用其中一种方式，要么存在政府失灵，要么存在市场失灵，最终均很难达到资源配置的最优化。[3]而公共治理理论则弥补了上述两种管理方式的缺陷，它在综合两种管理方式的基础上引入第三部门，即由政府、市场和第三部门共同参与资源配置，最终达到资源配置的最优化。公共治理的概念至今没有统一，西方学者从不同角度对它进行定义。全球治理委员会（1995）认为，治理是各种公共的或私人的机构管理其共同事务方式的总和。它是使相互冲突的或者不同利益得以调和并且采取联合行动的持续过程[4]。公共治理理论的权威专家 Stoker（1998）在对不同治理概念进行系统梳理后指出，治理有五个核心论点，分别是：①治理关注一系列源于政府但又不限于政府的公共机构和参与者；②治理明确指出在解决社会和经济问题的过程中存在边界和责任上的模糊；③治理明确肯定了在涉及集体行动的公共机构之间存在权力依赖；④治理意味着参与者将形成一个自治性的自组织网络；⑤治理认为政府办好事情的能力并不是依赖于政府的权力与权威，而是能够利用

---

[1] 奈兹（Dick Netzer），纽约大学经济学和公共管理教授，代表作 *The Subsidized Muse*。
[2] 娄成武，谭羚雁. 西方公共治理理论研究综述. 甘肃理论学刊，2012(2).
[3] 政府失灵问题，是现代经济学关于公共选择理论的核心问题。政府失灵与前述的市场失灵和社会失灵，共同构成了文化经济实践领域的失灵体系。
[4] 转引自：任声策，陆铭，尤建新. 公共治理理论评述. 华东经济管理，2009(11).

新的工具与技术实现调控与指导。①

某种意义上，文化产业的产品和服务具有公共产品属性，若单纯依靠市场力量，企业没有足够的动力提供能够满足人们需求的产品和服务，或者企业为了获利而无视其产品和服务对社会造成的负面效应，从而产生市场失灵。为了解决市场失灵，理论上可以依靠追求公共利益的政府，但实践中，由于官僚的自利行为、利益集团的俘获、内部竞争机制的缺乏等原因极有可能使政府偏离追求公共利益最大化的目标，最终产生诸如缺位、借位、越位等政府失灵现象。公共治理理论认为，通过政府、市场、第三方组织和个人的共同管理将有助于解决公共利益上述难题。因此，有必要将公共治理理念引入文化产业管理活动实践之中。文化产业公共治理是指以文化产业为治理对象，以政府、企业、第三方组织和社会公民等为多元治理主体，在文化产业运行的整个过程中，综合运用行政、法律、经济、行业自律、自我管理等手段维持文化市场秩序，引导、控制和规范文化产业的各项活动，从而最大限度地满足文化产业的健康发展和社会公众的文化需求②。从外延来看：①文化产业公共治理的主体是多元化的；②文化产业公共治理的对象是动态化的，即随着文化产业新业态的不断出现，其公共治理范围也随之调整。

二、文化产业公共治理主体的责任

文化产业公共治理的行动主体包括政府、文化企业、第三方组织和社会公民等行动者。这些行动者之间发展成为一个多元的网络，集体行动代替了单边行动，行动者之间通过一系列博弈共同管理文化产业。政府、文化企业、第三方组织和社会公民之间通过建立广泛伙伴联系，将有助于他们之间及时进行沟通和合作，从而分担政府的管理责任。公共治理主体的多元化，必然导致治理的多中心化格局。就权力结构而言，公共治理意味着治理权威在市场、政府、第三方组织和社会公民之间的分化和扩散。多中心治理格局允许这些治理主体在具体约束条件下运用各自的知识和经验，从而有利于提升治理的责任和有效性。

在多中心治理③格局中，政府必须承担元治理角色，积极引导不同行动者发挥其在公共治理中的作用，始终维护公共利益。在制度层面上，政府应为文化产业的健康发展提供各种机制，以便整合文化企业、第三方组织和社会公民的利益诉求和政策主张，从而弥补各行动主体的利益损失，助推不同主体的生存与发展。在战略层面，政府能够促进不同行动者共同建立一致的远景，进而鼓励并及时采用不同行动者的制度创新，从而完善现有的文化产业治理模式。

文化企业是文化产业产品和服务供给的主体，文化企业在文化产业公共治理中不能只

---

① Stoker, G. Governance as theory: five proposition. International Social Science Journal, 1998, 50(1): 17-28.
② 解学芳. 网络文化产业的公共治理：一个网络生态视角. 毛泽东邓小平理论研究，2012(3).
③ 多中心公共治理理论由诺贝尔经济学奖奥斯特罗姆等人创立，这一理论突破了政府大包大揽的管理方式，强调政府、企业、第三方、公众共同参与管理公共事务，即治理的主体是多元化的。奥斯特罗姆多中心治理的思想详见：埃莉诺·奥斯特罗姆. 公共事物的治理之道：集体行动制度的演进. 上海：上海三联书店，2000.

第十一章　文化市场失灵

注重实现自身利益最大化,还应自觉承担社会责任,有效实现经济效益和社会效益的统一。首先,文化企业应充分认识到文化产品和服务具有较强的外部性这一特性,应自觉抵制生产和提供那些不健康的文化产品和服务。其次,文化企业应自觉接受政府的引导和监督,并加强企业内部部门特别是产品研发部门的监督和管理。再次,文化企业应自觉接受第三方组织的监督,及时与第三方组织进行沟通。最后,文化企业应积极引导社会公民消费内容健康的文化产品和服务。

第三方组织在文化产业公共治理中应负担起监督和引导责任。一方面,第三方组织应自觉监督文化企业活动和政府的管制,通过舆论监督揭露文化企业不合法的行为,以及政府的不作为、乱作为;另一方面,由于第三方组织拥有广泛和良好的社会基础,可以获取社会各方面的信息以及代表民众的需求,因此,第三方组织应为政府制定文化产业政策提供有益的信息,以及引导消费者树立正确的消费观念。

公民在文化产业公共治理中应承担公民责任。社会公民应关注社会公共利益,以自律、自治、参与、合作、信任、奉献等为己任。实践中,随着公民权利意识的增强,一方面,公民存在过多甚至不合理地要求公共权力提供足够多的、能够满足其精神需求的文化产品和服务;另一方面,公民对公共权力的扩张有天然的排斥。这一困境只有通过公民承担文化产业治理中的公民责任并使其认识到自身的地位才可能获得破解。

三、文化产业公共治理的内容

文化产业公共治理的目标是鼓励原创、促进内容健康的文化产品和服务的生产和提供,最终推进文化产业健康、快速地发展。为达到这一目标,文化产业公共治理的内容主要包括文化产品和服务的内容、文化产业知识产权、文化产业的运营等关键的治理问题。

文化产业公共治理首要关注的是文化产品和服务的内容。其根本原因在于文化产品和服务的意识形态和文化属性。通过对文化产品和服务的内容进行治理,将有助于维护文化产业的运行秩序、促进社会公共利益。为此,不同的公共治理主体应沟通协调,共同管理文化产品和服务的内容。作为元治理的政府部门应切实承担起对文化产品和服务的内容审查,对文化企业运营行为进行适当规制,并根据文化产业发展的变化适时调整相关政策文化企业应自觉对创新内容进行严格筛选,以多种方式生产和提供弘扬社会良好风气的产品和服务;第三方组织和社会公民应主动自觉承担对文化市场上的文化产品和服务的内容进行监督。

知识产权保护是文化产业可持续发展的基石。一方面,只有有效保护知识产权,才能切实维护版权所有者的合法权益,创造鼓励创新的社会氛围,进而从根本上促进文化产业的良性发展;另一方面,通过保护知识产权,才能使原创者切实取得原创辐射效应带来的收益,激发他们的创新热情,从而为消费者提供更丰富、更充足的文化产品和服务。因此,政府应适时实施文化产业知识产权保护法规,强化对文化产业中侵权行为的打击力度,支持文化企业维护其知识产权。文化企业应尊重他人知识产权,同时主动采取法律手段维护自己的知识产权。第三方组织应为尊重他人知识产权营造良好的社会氛围，引导文化企业保护其知识产权，培育消费者知识产权意识。社会公民应主动抵制侵权的文化产品和服务。

文化产业运营的公共治理主要针对文化产业的准入和退出机制的管理，以确保文化市场的公平、公正、开放和有序，进而提升整个社会的福利水平。文化产业运营的公共治理关键主体是政府部门。从产业业态看，政府应对不同类型的文化产业业态实施不同的运营管理策略。例如，政府显然应对博物馆和游戏企业实施不同的退出机制。从产业发展看，政府应根据产业发展态势特别是考虑新技术对产业发展的影响，在文化企业、第三方组织以及社会公民的参与下，适时修正、完善现有的文化市场的准入和退出管理制度。

案例分析

娱乐宝文化众筹

小结

市场失灵为政府干预提供了理论支持。市场失灵的主要原因包括垄断、外部效应、公共产品、不完全信息等。实践证明，文化市场也存在不同程度的市场失灵。本章首先对文化市场失灵进行了理论分析，为文化实践领域规制、私人支持以及公共治理提供了理论依据。

根据政府规制的特点，规制可划分为经济性规制和社会性规制两大类型。就文化领域的经济性规制而言，其内容主要包括价格规制、进入和退出市场的规制、投资规制、质量规制。社会性规制往往与外部性和信息不对称密切联系。文化领域中，社会性规制的内容主要有消费者、健康、质量、遗产保护等。

版权是针对文化市场的市场失灵而提供的一种特殊的保护制度和规制措施，对文化产业的生存发展至关重要，其实质是为智力成果等无形资产创造财产权以促进经济效率。由此需要关注版权的经济学逻辑、版权保护的基本准则、版权保护的成本以及新技术对版权的影响。

私人支持是弥补市场失灵的一种有益方式。私人支持的主体可以是个人或者营利性企业以及非营利性基金会等组织机构。私人支持的主要方式包括捐赠、众筹、合作等。私人支持带来了有意思的讨论，比如捐赠是否会绑架艺术？捐赠会不会使得文化机构过度迎合重要捐赠者的偏好而偏离其原有的发展方向？这一点应引起人们的警惕，但这种理由似乎不足以支持艺术机构应避免接受他们的捐赠。

根据公共治理理论，文化产业公共治理是指以文化产业为治理对象，以政府、企业、第三方组织和社会公民等为多元治理主体，在文化产业运行的整个过程中综合运用行政、法律、经济、行业自律、自我管理等手段维持文化市场秩序，引导、控制和规范文化产业的各项活动，从而最大限度地满足文化产业的健康发展和社会公众的文化需求。公共治理主体的多元化，必然导致治理的多中心化格局。在多中心治理格局中，政府必须承担多元治理角色，积极引导不同行动者发挥其在公共治理中的作用，始终维护公共利益。

 思考与练习

1. 文化市场是否存在垄断？
2. 讨论文化市场失灵出现了哪些新的现象。
3. 举例说明文化市场出现的典型规制问题。
4. 分析技术创新对版权保护的影响。
5. 如何理解"版权对艺术家而言是一种象征价值"？
6. 你认为艺术家应该从版权保护中获取多少收益才是适合的？
7. 文化市场众筹项目如何做到抛开现象看本质？
8. 比较中西艺术品捐赠制度。

第十二章 文化的福利经济学

> 经济从来不会有一般均衡的状态,而是由税收、关税、垄断、监管限制等的存在而充斥的次好状态。
>
> ——马克·布劳格《经济理论的回顾》

自 2008 年开始,中央财政开始对国家级非物质文化遗产代表性传承人开展传习活动予以补助,补助标准为每人每年 0.8 万元,2011 年补助标准提高至 1 万元。自 2016 年开始,国家级非物质文化遗产代表性传承人补助标准提高至 2 万元。

时任文化部非遗司巡视员马盛德说:"这次再度提高补助标准将有效解决部分传承人传习活动中面临的现实困难,对于提高传承人积极性、引导全社会关心重视传承人保护具有重要意义。"

我们注意到,除了效率之外,公平也是一个社会所追求的目标。效率针对的是资源的更加优化的配置,公平被理解为收入的更加平等的分配。效率与公平是福利经济学关注的核心问题,也是文化经济学不可回避的理论与现实问题。

第一节 效率与公平

一、经济效率

利用帕累托最优状态标准,可以对资源配置状态的任意变化做出"好"与"坏"的判断:如果既定的资源配置状态的改变,使得至少有一个人的状况变好,而没有使任何人的状况变坏,则认为这种资源配置状态的变化是好的,否则认为是坏的。这种以帕累托标准来衡量的好的改变,称为帕累托改进。

更进一步,如果对于某种既定的资源配置状态,所有的帕累托改进均不存在,即在该状态中,任意改变都不可能使至少有一个人的状况变好,而又不使任何人的状况变坏,则称这种资源配置状态为帕累托最优状态。换言之,如果某种既定的资源配置状态还存在有帕累托改进,即在该状态中还存在某种或某些改变,可以使至少一个人的状况变好,而不使任何人的状况变坏,则这种状态就不是帕累托最优状态。

帕累托最优状态又称作经济效率。满足帕累托最优状态,就是具有经济效率的;反之,不满足帕里托最优状态就是缺乏经济效率的。例如,如果产品在消费者之间的分配已经达到这样一种状态,即任何重新分配都会至少降低一个消费者的满足水平,那么,这种状态就是最优的或最有效率的状态。同样，如果要素在厂商之间的配置已经达到这样一种状态，即任何重新配置都会至少降低一个厂商的产量，那么，这种状态就是最优的或最有效率的状态。

二、效率与公平的矛盾

效率与公平的矛盾可以从两个方面来说明。首先，效率的提高并不一定意味着公平的增进。伴随效率的提高，收入分配的状况既可能得到改善，也可能保持不变，甚至还可能进一步恶化，存在缺乏公平的效率提高。其次，公平的增进也不一定有利于效率的提高。随着分配的改善，经济效率可能会提高，也可能会下降，出现缺乏效率的公平增进。下面，我们简要做一些说明。

如何解决效率与公平之间的矛盾？对此西方学者并无一致的答案，大体说来，他们较为普遍的一个思路是效率优先、兼顾公平。

1. 效率优先

所谓效率优先就是在决定收入分配的问题上，首先考虑效率，把效率当作决定收入分配的第一位因素。经济效率高，所得到的收入也高；反之，经济效率低，所得到的收入也低。在保证效率的基础上，再考虑兼顾公平的问题。

那么，怎样才能做到效率优先呢？那就是要让市场机制在收入分配领域里充分地发挥作用，就是要让市场的供求关系决定各种生产要素的价格、决定收入的分配，也就是要承认个人的天赋能力的差别、承认后天努力的差别、承认努力结果（这些结果可能包含了纯粹运气的作用）的差别。总之，承认一切合法的和合理的差别，并把这些差别与人们的结果及收入联系起来。在这里，所谓合理的和合法的差别，就是指上述由于个人的天赋、努力或运气之类的因素造成的差别，而不包括利用各种非法手段造成的差别。

案例观察

让陈列在广阔大地上的非遗都活起来①

2. 兼顾公平

效率优先不是不要平等，在坚持效率优先的条件下还必须兼顾公平。为了做到效率优先与兼顾公平，需要做好以下几个方面的工作。一是减少和消除不合理的收入；二是促进机会平等；三是限制某些行业、某些个人的垄断性收入；四是实现生存权利和消灭贫穷。其中，政府是实现收入分配改变的重要力量。

第二节　艺术家需要公共支持的争论

一、艺术家需要公共支持的原因

Abbing（2002）指出："艺术家的低收入是艺术高象征性价值的结果，艺术领域的贫困

---

① 来源：钱祎，浙江在线-今日早报，2015-01-15。

是体制结构性的，旨在提高艺术家收入的公共补贴是徒劳的，而且容易适得其反。"Montias（1987）、Frey 和 Pommerehne（1989）等分别指出，以往的西方艺术家们的实际收入并不低，但是随着20世纪以后艺术门槛的降低，艺术家人数激增，艺术家的收入变得越来越微薄。许多艺术家不得不依靠第二职业来养活自己，70%~90%的艺术家拥有第二职业。Throsby（2001）认为，艺术家不同于一般人的特点是具有强烈的工作偏好。Throsby 和 Rengers（2002）都从艺术工作的时间偏好模型中找到了艺术家具有强烈工作偏好的证据。Solhjell（2000）在对挪威人的数据统计中也发现了艺术家强烈的工作偏好。Frey（1997）指出，艺术家的工作不仅仅是为了挣钱，只要能保障基本收入，他们更希望在工作中获取乐趣，收获他人的欣赏和赞扬。①

从以上经济学家的已有研究中，我们可以将艺术家的工作偏好解释为：他们对艺术工作怀有强烈的兴趣，在艺术工作中能够获得快乐与满足，并且对艺术带给他们的非金钱回报更感兴趣。艺术家的第二职业仅仅是为了维持自己的艺术生涯，一旦艺术收入可以维持其基本生计，他们就会立刻停止第二职业，并用全部的时间沉迷于艺术创作或表演。当艺术家获得一些金钱收入，他们会将其用于购买艺术材料或设备，如昂贵的颜料、特殊的摄像机、专业录音设备、独特的戏服等，从而使他们的物质生活条件始终得不到大的改观。

那么，为什么艺术工作对艺术家这么有吸引力呢？第一，艺术具有让少数人获得极大声誉和关注的潜力。因此，艺术家一般会更加具有冒险性（Towse，2010）。这个原因对于政治家、军事家、运动员等也同样适用。第二，艺术家能享受到创造性和自由独立的工作乐趣。对于科学家、农场主也是一样的情况。第三，艺术具有非常高的象征性价值（Abbing，2002）。这个原因也许真的是艺术所独有的，能真正解释艺术家有强烈工作偏好的原因。

18世纪以来，艺术在西方社会一直具有非常高的象征性价值。艺术（art）以字母"a"开头赋予了艺术家一种特殊的荣耀，他们通常被认为是更加优等的人。艺术是美丽和深刻的，艺术家是充满创意和独特见解的。这些特质也许并没有或者暂时还没有商业潜质，但是绝对拥有实在的价值，即象征性价值。现在和将来的人们都会认同这一象征性价值，并且给予高度的评价和荣誉，认为这是艺术品和艺术家与一般产品和一般人的区别之所在。也许正是因为这一象征性价值，才会使得艺术对艺术家们如此具有吸引力。

但是，市场经济讲的是商品的使用价值，只有具有使用价值的商品才能够被顺利地卖出去。艺术的高象征性价值不是每个人都必需，或者说它在一定程度上属于奢侈品行列。有的人对某件艺术品的象征性价值有非常深刻的体验，他会非常看重这一价值，也许愿意花重金买下这件艺术品。但是更多的人对特定艺术品的象征性价值没有认识，或者没有体验，或者虽然认识到了却不认为自己非得占有，或者认为仿冒品也可以替代等，这使得艺术品没有商业利益可图。如果让艺术家按照商业利益，创作更多人们当前更愿意付费的象征性价值，则会成为艺术家创造性工作的威胁，因为在商业规则面前创作的艺术品是不太具有象征性价值的。因此，艺术家宁愿贫困，也要坚持艺术的本身价值，而不愿意降低艺

---

① 本节部分内容编写参考 Abbing（2002）、Towse（2011）。

术的等级,哪怕是不被社会理解或者遭到社会的排斥(如凡·高的作品)。

那么,这些沉迷于自己的艺术生涯、坚持着艺术的象征性价值的艺术家幸福吗?学术界至今对这一问题的研究还比较少。但是,我们可以很容易地想到,艺术家可以忍受贫困,但是他绝对无法忍受自己的艺术作品不被认同,他们需要在与世隔绝的生活状态中添加一点自我价值实现的"佐料",他们需要对未来充满希望。因此,政府和其他社会主体需要去帮助他们,以使艺术家能够安心地为社会创造出源源不断的象征性价值。

二、公共支持有可能损害艺术家的创作效率

基于效率与公平的争论,并非所有的社会学家或经济学家都赞成政府补助艺术。在反对以公共津贴补贴艺术的诉求中,最具有代表性的观点来自社会哲学家欧内斯特·凡·登·哈格和政治科学家艾德华·班菲尔德(马琳,2011)。

到底何种艺术才是"艺术"?何种艺术才是"好"的艺术?存在着广泛的争论。但透过政府的补助,可能导致政府来决定何种是"好"的艺术与展览,博物馆也可能因为政府的品位而偏好某些类型的展览。政府以资助形式介入文化艺术领域,将可能会因为突出政治观念和政治意识、强调艺术作品的社会责任和作用,过滤掉一些有独特个性、非大众化的艺术,从而使具有差异化特征的艺术家得不到应有的支持而被淡化或缺乏生存的力量。

或者,政府因为无法分辨艺术的好坏采取一视同仁的分配补助。如果以一视同仁的方式来分配款项,就会吸引冒充的艺术家,大笔的政府预算可能会浪费在缺乏价值的艺术创作上。更糟糕的是,当缺乏价值的艺术作品充斥市场时,将导致"柠檬市场",真正的艺术家更难成功。

三、公共支持有可能加大艺术家的贫困

由于普遍存在的艺术家的贫困,引发了财政对艺术家的直接补贴。但 Abbing(2002)等的研究发现,公共资金的支持有可能加重艺术家的贫困。

他们把艺术家分为三类。第一类是既有艺术天赋又有商业头脑的,或者自己的艺术为当时的世人所接受和喜爱的,或者有幸被商业化炒作成为名人的艺术家,这一类艺术家并不贫困,甚至收入会非常高。这类艺术家通常是少数。第二类是占大多数的贫困的艺术家。他们的总收入等于或者略高于生存线,但是通常不会超过社会平均水平。他们的时间在艺术工作和第二职业之间弹性转换,他们的金钱在生活必须和艺术开支之间弹性分配。一旦生活发生变化,如结婚、生孩子等,家庭开支大量增加,他们就不得不放弃艺术生涯。第三类也是少数,是处于绝对贫困状态的艺术家。他们坚持自己的艺术追求,几乎将所有的时间和精力都投身于艺术,他们没有稳定持续的收入,有时甚至生存都举步维艰。他们在艺术方面非常有天赋和才华,也许他们所创作的艺术作品不被多数人或者当代人理解,但是少数人或者后代人会发现他们天才的主见。

现在，假如更多的补贴资金流入艺术领域并且不被第一类艺术家占有，那么第二类和第三类艺术家就会将所有生存必须以外的资金全部用于艺术，因而生存状况并不能得到多大改观。这是短期来看的状况。而从长期来看，由于艺术工作是如此特殊而具有巨大的吸引力，以至于许多中途被迫放弃艺术的第二类艺术家和新的想要进入艺术领域的年轻人在政府的资金流向中看到了希望，他们很可能会回到或者纷纷进入艺术领域，从而使艺术家群体的总人数不断地增加。当贫困艺术家的比例等同于政府补贴资金进入之前时，进入暂时停止。结果是，由于政府资金的流入，艺术家群体的总人数增多，贫困艺术家的比例不变，但贫困艺术家的绝对人数增多了。

有的国家政府为艺术进行宣传，以鼓励公众对艺术品的消费来支援艺术。结果是在社会舆论的误导下，进入艺术领域的民间资本增多了，涌进艺术领域的人数更多了，贫困的艺术家也更多了。有的国家规定，政府定期收购达到一定标准的艺术品，也是同样的效果，并且在收购的过程中难免会产生对艺术品等级鉴定的官僚主义和贿赂，又进一步加重了艺术家的负担。正如 Menger（1989）所说："艺术劳动力市场和其成长是矛盾的，就业、不完全就业和失业都同时稳步地增长。"

此外，对艺术家的补贴还容易导致一个恶性循环。有的国家不能允许工作如此特殊而有意义的艺术家群体如此的贫困，因此就不断地补贴。结果是，补贴增加，艺术家的贫困也增加；补贴就再增加，艺术家的贫困就再一次增加。

专栏

诺特：建立有利于经济的文化变迁①

第三节 保证文化公平的设计

本节主要探讨文化的公共选择问题，进一步围绕公共财政讨论文化公共政策的具体问题。②

一、公共选择问题

在大量的一般经济学分析中，文化政策往往基于这样的假设：文化政策是由民主选举产生的、追逐公共利益的、理性明智的、目光长远的、信息充分的决策者制定的，所以只需要关注文化政策研究的科学性。事实上，这一假设将公共决策问题严重简化了。在这里，我们试图用经济学的方法系统研究政治决策过程中的社会选择（个人偏好对决策的影响）、集体行为、官僚主义、体制机制等问题。这些问题统称为"委托—代理"问题，公众是委托人，政府、社会组织等公共机构是代理人。

---

① 诺特（David Knott），经验丰富的政府治理和公共政策高级顾问，相关研究参考 Achieving Culture Change: A Policy Framework, A discussion paper by the Strategy Unit。

② 本小节内容参考：Mazza, I., Public Choice 和 Frey, B.S. Public support, In Ruth Towse, 2011.

（一）社会利益集团之间的博弈

公共决策的委托方（社会公众）并不是单个分散地存在的，而是以利益集团的形式存在的。个人利益不可能被平等地代表，公共政策往往是利益集团之间博弈的结果。利益集团可以通过为候选人提供财政支持或者有价值的信息以帮助他赢得选举。有的利益集团在非选举时间可能采取贿赂、寻租等不正当手段影响决策者。财力不足的利益集团往往会通过一些政治代价高昂的行动（如罢工）来威胁公共决策者，以对其施加压力。

Downs（1957）认为单个人对选举的影响是微不足道的，因此也没有获悉政治的积极性，他们会保持"理性的无知"。Olson（1965）认为当政策对一小撮特定群体产生巨大的可选择性福利时，也会使社会其他群体产生获悉政治的强烈动机，并由此愿意支付用于组织和游说的交易成本。由于信息的不对称，社会福利很有可能由选民向强势的利益集团转移，如果被转移的利益小于Olson所指的交易成本，人们依然会保持"理性的无知"，因为每个人在积极干预政治的过程中，只能得到一小部分边际收益。因此，从社会总体情况而言，只要公共政策不会造成利益分配的极端情况，利益集团之间都可以实现动态平衡，"搭便车"成为主流。

芝加哥学派对利益集团的影响持肯定态度，认为利益集团之间的竞争使政策制定的程序更加民主和透明，从而最终达到一个有效率的结果。弗吉尼亚学派持否定态度，认为一旦决策者成为利益集团的代理人，公共资源就可能不公平地向强势集团转移，并且这一转移往往会带来资源的浪费和配置的低效率。

在现实生活中，文化艺术团体往往是社会中较为弱势的利益团体。这就可以解释为什么一直以来，相对于农业、科技、教育、交通、国防等领域，国家对文化产业的支持力度始终是最少的，不是因为文化产业与它们相比更不重要一些，而是因为文化机构的博弈力量太弱小了。近年来，我国意识到建立自身文化强国的重大意义，这一战略意义不比农业、科技和教育等次要。

此外，国家总是倾向于支持那些已经取得很大成功和知名度的文化团体、艺术机构和艺术家，越是贫困落后的地区的文化艺术和艺术家，越可能被政府忽略，而且不到万不得已，受到较少支持的文化艺术团体和艺术家是不会主张自身的权益的。这样的分配结构可以基本保持稳定。

（二）促进文化政策科学合理的体制设计

以上问题实际上都是讨论政治决策的"委托—代理"问题。为了使代理人的行为能更接近委托人的期望，就需要将好的经验不断常态化、规范化，并用法律将它们固定下来，这一过程就是形成体制的过程。那么什么样的体制才是合理的呢？

选举可以使能代表大多数民意的代理人脱颖而出，但是在实际执政时他有可能受利益集团的影响，使得其执政行为更多地是将社会利益进行转移，而不是实现社会福利的最大化。因此，选举出的代理人需要权力的制约和监督。代理人权力的制约主要是指权力在决策制定者和执行者之间的分离。一方面，立法者具有民意方面的信息优势，但是在时间、项目专业知识、市场信息等方面都是非常有限的，因此需要将决策的执行委托给政府官僚机构。另一方面，官僚机构的自由裁量权不能太大，过度的自由裁量权会演变成对委托人意愿的随意解读。政府可以通过许多途径限制官僚机构的自由裁量权，例如，在获取资源方面实行部门之间的竞争，设计一套法律体系使立法者和人民群众可以随时监督官僚机构的行政行为，设计一套体系使民意成为除了 GDP 以外的另外一套官僚政绩考核的指标等。实际上，这些方面的改革，政府一直都在尝试，只是立法者、政府和民众都需要进一步努力，共同将我们的体制设计变得更好。

二、公共财政

公共财政主要包括中央和地方政府的税收和补贴政策。税收政策关注的是对消费者（如鼓励购买）和纳税人（如鼓励捐赠）的激励作用，补贴政策关注的是再分配和公平问题。自由主义社会学家 Gorz（1989）认为："改革是可取的，财富的生产和分配应该改革，劳动报酬的分享应该更加公平。"麦圭根（2010）认为，我们当今的社会已经被经济理性宰制，完全的自由经济已经不可能存在。

公共财政对文化艺术部门的补贴有可能被批驳为是对纳税人意愿的扭曲。对于这个问题，我们可以从两方面进行辩解。首先，实际上，数量巨大的纳税人是愿意支持文化艺术产业的。相关研究显示，不愿意参加艺术或遗产活动的人们，也愿意为这些设施付出一些代价以确保其存在或者作为以后他们自己消费的一种选择。其次，只要"委托—代理"关系存在，扭曲就在所难免。只要代理人的决策是符合大多数人意愿的，是符合社会历史发展需要的，是能增进社会总体福利的，这一代理性决策就是可行的。

具体而言，公共财政通过以下几种方法来实现对文化艺术的支持和补贴。

（一）集体所有制形式

集体所有制是中央政府或地方政府对公共产品属性特别强的、依靠市场力量可能完全不能够正常运行的文化艺术活动采取直接持有的方式。这里的政府不是资本家，而是全体人民或者地方人民利益的代表，因此叫作集体所有制。典型特点就是政府出资、政府收益、政府管理，最终实现全民受益的目的。集体所有制形式主要适用于民族文化、民族传统、民族遗产，以及影响民族身份认同感的其他产业。不过不同的国家和政府对这一问题的看法不同。

在欧洲，中央或地方政府直接拥有几乎所有文化遗产的产权，既是所有者也是开发者和管理者，与文化遗产有关的部门都是依附于政府而存在的公共部门。不过，私人拥有的历史意义重大的建筑遗产例外，政府往往采用特殊政策对其进行管理和支持。

此外，在欧洲许多国家，广播公司曾经一度完全被政府垄断。虽然后来政府实行对国有广播公司所有权和经营权的分离将其推向市场，并放宽了民间广播公司创办的条件，但是伴随着政府的直接财政支持，国有广播公司的市场竞争优势依然十分明显。

（二）税收工具

这里的税收工具主要指的是税收减免。税收减免是中央和地方政府通过降低或免除相关税收的方式支援文化艺术机构的发展。在美国和日本，政府主要通过对慈善捐赠的税收减免和文化艺术产品的增值税减免来实现对文化艺术机构的支持。英国、澳大利亚、新西兰、爱尔兰等国家慈善捐赠相对较少，因此他们采取了折中的方式，文化艺术机构在特定时期获得税收减免，其销售和捐赠收入作为税收支持的补充。

许多国家将政府支持文化艺术写进法律条文，以使议会和政府首脑的更迭不会动摇国家的文化政策。但是，实际上，这些法律条文的执行力度和效果都取决于政治家和政府官僚的素养和偏好。总体而言，他们会倾向于支持已经成熟的文化艺术形式和已经运行良好的艺术机构，而对尚不成熟或者存在争议的文化艺术避重就轻。因为文化艺术是精神性、意识形态性的产品，不成熟或有争议性的文化艺术容易给政治家的职业生涯带来风险，不利于其连任选举或竞选更高层面的职务。但我们知道实际上，新生的文化艺术往往是最需要政府支持的，因为新事物的生命力往往还比较脆弱（如创意产品通常需要一个孵化过程），新事物有可能不被当时的人们认同（如凡·高的作品），新事物有可能缺乏其他方面物质条件设施的配套（如 3D 技术的推广需要新的能支持 3D 的终端设备）。但新事物也可能引领人们到达一个划时代的新世界（如 14—16 世纪的文艺复兴）。通过税收减免的间接支持形式就可以有效地规避这一问题，因为税收政策能对社会各层面和文化艺术各领域赋予更加平等和更加广泛的惠及和关注。

税收政策的实质是社会财富的二次分配，文化艺术税收政策就是将纳税人的钱向文化艺术领域转移。Weil（1991）指出，税收政策比政府的直接补贴要好得多，因为它在实现补贴的同时更具有激励作用。O'Hagan（1998）和 Feld 等人（1983）都指出，税收政策已经促使美国的慈善捐赠和礼品捐赠成为主要形式。他们估计，就国家税收放弃部分而言，个人慈善税收减免几乎是财产税收减免的 2 倍，是企业慈善税收减免、资本收益税减免和财产税加总的 3 倍。

Feld 等人认为，无论我们认为艺术税收减免的成本是增进了社会福利还是减少了社会福利，这一财政政策都是非常重要的。这些税收减免非常被艺术界看重（仅从如将其取消会招致的反对呼声就可以得出判断），因为虽然准确计算包括内含补贴在内的具体规模很困难，但可以肯定的是每一条措施都给艺术部门带来了切实的利益。一个相关的问题是，即使内含补贴可以被精确计算，将其被直接补贴所代替也会遭到艺术团体的反对。理由很明显，一旦税收优惠政策取消，政府将很难兑现其直接补贴的承诺。

美国对文化艺术的税收减免分成三个方面：个人慈善所得税减免、企业所得税减免和资产收益所得税减免。慈善捐款所指向的主要是非营利性组织、慈善机构和文化艺术团体。慈善捐款税收减免占财政支出的绝大部分，构成美国政府援助文化艺术的基石。

欧洲国家对文化艺术主要适用增值税减免。对政府而言，增值税是财政收入的主要税种，它对市场上所有的商品和服务征收统一的税率，不会影响个人对商品的选择，也使得政府对税收的计算和管理非常便利。但实际上，实践操作中已经越来越倾向于对不同种类的商品采用不同的增值税率，比如对文化艺术行业采用低税率或者零税率，从而起到激励或补贴的作用。据统计，增值税减免部分占演艺公司总票房收入的 15%～20%，并在一定程度上演变成为文化艺术团体的主要集资工具。

（三）直接补贴

直接补贴是指中央政府和地方政府采用项目补贴或个人补贴的方式直接支援文化艺术机构和艺术家个人的行为。项目补贴的例子很多，如国家出资入股鼓励私人企业开发文化遗产项目、旅游项目等。开发成功以后，私人企业拥有在政府规定年限以内获得收益的权利，或者拥有在项目周边一定范围内开办住宿、餐饮、休闲、交通等业务的权利。再比如，国家以项目基金的形式直接补贴艺术家，规定艺术家在一定时间段内完成特定主题的、一定数量的艺术创作。个人补贴则包括国家对特定文化艺术工作进行岗位津贴、对获得一定成就的艺术家进行奖励、对贫困的艺术家进行最低生活保障补贴等。从实践结果看，总体而言，项目补贴的效果优于个人补贴，地方政府支持的项目优于中央政府支持的项目。前者可能是由于项目补贴的体制性更强、公平性更高；后者应该是因为地方性项目更加贴近具体情况、贴近当地群众心理，自由度更好，创造性也就越强。

以上三种方式并不是绝对的，国家会根据实际需要在三种方式之间进行变换，有时候针对一个项目还需要三种方式的组合。政府在实际决策过程中的情况比想象的要复杂得多，应然和实然之间往往存在巨大的鸿沟。因此，讨论文化产业的公共性就有必要首先研究文化政策制定中的公共选择问题。

如果一个国家的文化公共政策对社会干预太少，这样的政策符合自由、自治等自由主义理想，但是有可能会造成文化艺术匮乏、人情淡漠、物欲横流等消极影响。如果文化公共政策对社会干预太多，这样的政策表达了平等主义的崇高理想，但是有可能会导致国家意志凌驾于社会之上。因此，建立适度的公共政策就十分重要。

案例分析

文化价值转化铜钱模型①

小结

除了效率之外，公平也是一个社会所追求的目标。效率针对的是资源的更加优化的配置，公平被理解为收入的更加平等的分配。效率与公平是福利经济学关注的核心问题，也是文化经济学不可回避的理论与现实问题。

帕累托最优状态又称作经济效率。经济效率的提高，并不一定意味着公平的增进；公

---

① 选自杨永忠主持课题"成华区工业遗址转化利用案例研究"，2021。

平的增进，也不一定有利于效率的提高。解决效率与公平之间的矛盾的较为普遍的一个思路是效率优先、兼顾公平。这为文化经济学的福利改善提供了理论基础。

艺术是美丽和深刻的，艺术（art）以字母"a"开头赋予了艺术家一种特殊的荣耀。但是，市场经济讲的是商品的使用价值，只有具有使用价值的商品才能够被顺利地卖出去。艺术的高象征性价值不是每个人都必需，由此带来了艺术家的贫困和公共支持的必要。但是，一些研究表明，公共支持增加了艺术家的贫困。因为从长期来看，由于艺术工作是如此特殊而具有巨大的吸引力，在政府的资金流向中，想要进入艺术领域的年轻人看到了希望，从而使艺术家群体的总人数不断地增加，带来贫困艺术家的绝对人数增加。

如何有效实现对艺术家的公共支持？在现实生活中，文化艺术团体往往是社会中较为弱势的利益团体，面临公共决策中的"委托—代理"问题。为了使代理人的行为能更接近委托人的期望，就需要将好的经验不断常态化、规范化，并用法律将它们固定下来，这一过程就是形成体制的过程。那么什么样的体制才是合理的呢？具体而言，公共财政通过以下几种方法来实现对文化艺术的支持和补贴，包括集体所有制形式、税收工具、直接补贴。

从根本上来讲，要解决艺术家贫困的问题，一个可能的做法是依赖于艺术象征性价值的相对降低。艺术品的象征性价值相对降低了，需求量增大了，艺术品就越来越可能向正常商品那样获得市场份额，艺术家也就越来越可能通过市场渠道获得资金收入。

思考与练习

1. 怎样看待文化市场的效率与公平问题？
2. 分析导致艺术家劳动收入不平等的因素。
3. 讨论文化市场的机会平等与结果平等。
4. 你认为公共支持会增加艺术家的贫困吗？
5. 比较公共财政支持文化艺术发展的几种主要工具。
6. 如何理解非遗保护要逐步从政府主导到政府引导？
7. 某件非遗手工艺品定价颇高，超出了一般人的消费能力，是否应该下调价格？

参 考 文 献

[1] Abbing, H. Why are artists poor? the exceptional economy of the arts[M]. Amsterdam: Amsterdam University Press, 2002.

[2] Adler, M. Stardom and talent[J]. American Economic Reviews, 1985, 75: 208-212.

[3] Akerlof, G. and Kranton, R. Economics and identity[J]. Quarterly Journal of Economics, Aug. 2000, 115(3): 715-752.

[4] Alan, K. The economics of real superstars: the market for rock concerts in the material world[J]. Journal of Labor Economics, 2005, 23(1): 1-30.

[5] Alan, J. and Skinner, M. A statistical survey of regularly funded arts organizations 2002/3[M]. London: Arts Council of England, 2005.

[6] Armstrong M. Competition in two-sided markets[J]. RAND Journal of Economics. 2006, 3(37): 668-691.

[7] Ashenfelter, O. How auctions work for wine and art[J]. Journal of Economic Perspectives, 1989, 3(3): 23-26.

[8] Barzel, Y. Economic analysis of property rights[M]. Cambridge: Cambridge University Press, 1997.

[9] Baumol, W. J. and Bowen, W. G. Performing arts: the economic dilemma[M]. New York: Twentieth Century Fund, 1966.

[10] Baumol, W. J. Unnatural value: or art as a floating crap game[J]. American Economic Review, 1986, 76(2): 10-14.

[11] Baumol, W. J. Entrepreneurship: Productive, unproductive, and destructive[J]. Journal of Political Economy, 1990, 98(5): 893-921.

[12] Becker, G. Accounting for tastes[M]. Cambridge: Harvard University Press, 1996.

[13] Beggs, A. and Graddy, K. Declining values and the afternoon effect: evidence from art auctions[J]. Rand Journal of Economics, 1997, 28(3): 544-565.

[14] Borghans, L. and Groot, L. Superstardom and monopolistic power: Why media stars earn more than their marginal contribution to welfare[J]. Journal of Institutional and Theoretical Economics, 1998, 54, 546-571.

[15] Bourdieu, P. Distinction: a social critique of the judgement of taste[M]. London: Routledge &Keegan Paul, 1984.

[16] Burke A. E. The dynamics of product differentiation in the British record industry[J]. Journal of Cultural Economics, 1994, 20(2): 145-164.

[17] Caggianese. G, Gallo. L, Neroni. P. Evaluation of spatial interaction techniques for virtual heritage applications: A case study of an interactive holographic projection[J]. Future Generation Computer Systems, 2018, 81: 516-527.

[18] Cameron, S. On the role of critics in the culture industry[J]. Journal of Cultrual Economics, 1995, 19: 321-331.

[19] Charnes, A. , Cooper, W. W. and Rhodes, E.. Measuring the Efficiency of Decision Making Units[J]. European Journal of Operational Research, 1978, 6(2): 429-444.

[20] Cheng Sao-Wen. Cultural goods production, cultural capital formation and the provision of cul-

tural services[J]. Journal of Cultural Economics, 2006, 30: 263-286.

[21] Cwi, D. and Lyall, C.. Economic impacts of arts and cultural institutions: a model for assessment and a case study in Baltimore[Z]. Research Division, National Endowment for the Arts, Washington, DC, 1977.

[22] Davis R K. Recreation planning as an economic problem[J]. Natural Resources Journal, 1963(3): 239-249.

[23] Di Maggio, P. and Stenberg, K. Why do some theatres innovate more than others[J]. Poetics, 1985, 14: 107-122.

[24] Dowling, R. Planning for culture in Australia[J]. Australian Geographical Studies, 1997, 35(1): 23-31.

[25] Downs, A. An economic theory of democracy[M]. New York: Harper & Row, 1957.

[26] Dupuit, J. De la Mesure de l'utilite' des travaux publics. Reprinted in Jules Dupuit, De l'utilite' et de sa mesure, Torino, la Roforma sociale. 1933.

[27] Durant, A. A new day for music? digital technologies in contemporary music-making[C]. In Philip Hayward(ed.), Culture, Technology and Creativity in the late twentieth century. London: John Libbey. 1990: 175-196.

[28] Efentaki K , Dimitropoulos V. Economic Perspectives of Intangible Cultural Activities[J]. Procedia - Social and Behavioral Sciences, 2015, 175: 415-422.

[29] Ek, G. Jamforelser as teatrarnas produktivitet- en matning av institutionsteatrarnas 'inre effektivitet' via icke-parametriska produktionsfronter[M]. Stockholm: PM Statskontoret, 1991.

[30] Ellmeier, A. Cultural entrepreneurialism: on the changing relationship between the arts, culture and employment[J]. International Journal of Cultural Policy, 2003, 9(1): 3-16.

[31] Evans, D. S. and Schmalensee, R. The industrial organization of markets with two-sided platform[Z]. NBER Working Paper, No. 11603, Issued in September 2005.

[32] Farrell M J. The measurement of production efficiency[J]. Journal of Royal Statistical Society, Series A, General, 1957, 120 (3): 253-281.

[33] Feld, A. L. , O'Hare, M. and Schuster, M. Patrons despite themselves: taxpayers and cultural policy[M]. New York: New York University Press, 1983.

[34] Florida, R. The rise of the creative class: how it's transforming work, lesure, community and everyday life[M]. New York: Basic Books, 2002.

[35] Foster, P. , et al. Gatekeepers search and selection strategies: relational and network governance in a cultural market[J]. Poetics, 2011, 39(4): 247-265.

[36] Frey, B. S. and Pommerehne, W. Muses and markets: explorations in the economics of the arts[M]. Oxford: Basil Blackwell, 1989.

[37] Frey, B. S. Not just for the money[M]. Cheltenham, UK and LYME, USA: Edward Elgar, 1997.

[38] Gapinski, J. H. The production of culture[J]. The review of economics and statistics, 1979, 2: 578-586.

[39] Gibbon, F. and Heather, M. From prints to poster: the production of artistic value in a popular world[J]. Symbolic Interaction, 1987, 10(1): 111-128.

[40] Gomes L, Olga R P B, Silva L. 3D reconstruction methods for digital preservation of cultural heritage[J]. Pattern Recognition Letters, 2014, 50(C): 3-14.

[41] Gorz, A. Crique of economic reason[M]. London: Verso, 1989.

[42] Hagiu, A.. Two-sided platforms: pricing and social efficiency[Z]. RIETI discussion paper series, 2004.

[43] Hamlen, W.. Variety and superstardom in popular music[J]. Economic Inquiry, 1994, 32: 395-406.

[44] Harvey Leibenstein. Allocative Efficiency vs. "X-Efficiency"[J]. The American Economic Review, 1966, 56(3): 392-415.

[45] Hemlen, W. Superstardom in popular music: empirical evidence[J]. The Review of Economics and statistics , 1991, 73(4): 729-733.

[46] Hirshcman, E. and Pieros, A. Relationships among indicators of success in Broadway plays and motion pictures[J]. Journal of Cultural Economics, 1985, 9: 35-63.

[47] Huhtamo E. On the origins of the virtual museum[J]. Museums in a Digital Age, 2010: 121-135.

[48] Jackson, R.. A museum cost function[J]. Journal of Cultural Economics, 1988, 12: 41-50.

[49] Jade Boyd. Dance, culture, and popular film[J], Feminist Media Studies, 2004, 4(1): 67-83.

[50] Kaeppler Adrienne L. Dance. In Wolfgang Donsbach (ed.), the International Encyclopedia of Communication.[M]. John Wiley & Sons, Ltd, 2008.

[51] Kogut, B. and Singh, H.. The effect of national culture on the choice of entry mode[J]. Journal of International Business Studies, 1988, 19(3): 411-432.

[52] Koopmans, T. C. An Analysis of Production as an Efficient Combination of Activities. in: T. C. Koopmans (ED.), Activity Analysis of Production and Allocation" , Cowles Commission for Research in Economics. Monograph No. 13, Wiley , New York, 1951.

[53] Koukopoulos, D. , Koukoulis, K. A Trustworthy System with Mobile Services Facilitating the Everyday Life of a Museum. International Journal of Ambient Computing and Intelligence[J]. 2018(9): 1-18.

[54] Kremer, M. Patent buyouts: a mechanism for encouraging innovation[J]. Quarterly Journal of Economics , 1998: 1137-1167.

[55] Lehmann, E. E. and Schulze, G. G. What does it take to be a star? The role of performance and the media for German soccer player[J]. Applied Economics Quarterly, 2008, 54(1): 59-70.

[56] Lucifora, C. and Simmons, R. Superstar effects in sport: evidence from Italian soccer[J]. Journal of Sports Economics. 2003, 4: 35-55.

[57] MacDonald, G. The economics of rising stars[J]. American Economic Review, 1988, 78: 155-166.

[58] Mairesse, P. Les limites d'analyse d'efficacitè dans le secteur des musèes actes[C]. Paper presented at the fourth AIMAC conference, San Francisco, 1997.

[59] Marshall, A. Principles of economics[M]. London: Macmillan, 1962.

[60] MENGER, P. M. Rationalité et incertitude de la vie d'artiste[J]. L'Année sociologique, 1989, 39.

[61] Miranda Boorsma. A strategic logic for arts marketing: Integrating customer value and artistic objectives[J]. International Journal of cultural policy, 2006, 12(1): 73-92.

[62] Mokyr, J. Cultural entrepreneurs and the origins of modern economic growth[J]. Scandinavian Economic History Review, 2013, 61(1): 1-33.

[63] Montias, J. M. Cost and value in seventeenth-century Dutch art[J]. Art History, 1987, 10: 455-466.

[64] Mortensen, D. T. Job search, the duration of unemployment, and the Phillips curve[J]. The American Economic Review, 1970, 60(5): 847-862.

[65] Moulin, R. The French art market: a sociological view[M]. New Brunswick: Rutgers University Press, 1967.

[66]　Navarro, P. Why do corporations give to charity?[J]. Journal of Bussiness, 1988 , 61(1): 65 -93.
[67]　Newman, N. Journalism, Media, and Technology Trends and Predictions. 2018, https://reutersinstitute.politics.ox.ac.uk/journalism-media-and-technology-trends-and-predictions-2021.
[68]　O'Hagan, J. The state and the arts: an analysis of key economic policy issues in Europe and the United States[M]. Cheltenham, UK and Lyme, USA: Edward Elgar, 1998.
[69]　Olson, M. The logic of collective action: public goods and the theory of groups[M]. Cambridge: Harvard University Press, 1965.
[70]　Ottaviano G. and Thisse J. F. Intergation, agglomeration and the political economics of factor mobility[J]. Journal of Public Economics. 2002, 83(3): 429-456.
[71]　Paulus, O. Approche des couts des musees[C]. Paper presented at the second AIMAC conference, Jouyen-Josas, France, 1993.
[72]　Peacock, A. and Rizzo, I. The heritage game: economics, policy and practice[M]. Oxford: Oxford University Press, 2008.
[73]　Peltier S, Moreau F. Internet and the 'Long Tail versus superstar effect' debate: evidence from the French book market[J]. Applied Economics Letters, 2012, 19(8): 711-715.
[74]　Posner, R. A. When Is parody fair Use[J]. Journal of Legal Studies, 1992, 21(2): 67-78.
[75]　Potts, J. , Cunningham, S. , Hartley, J. and Ormerod, P. Social Network Markets: A New Definition of Creative Industries[J]. Journal of Cultural Economics, 2008, 32(3): 167-185.
[76]　Potts, J. Creative industries and economics evolution[M]. United Kingdom: Edward Elgar, 2011.
[77]　Prieto-Rodríguez and Fernández-Blanco. Optimal pricing and grant policies for museums[J]. Journal of Cultural Economics, 2006, 30(3): 169-181.
[78]　Rengers, M. Economic livers of artists[D]. Utrecht: PhD Thesis, University of Utrecht, 2002.
[79]　Richard Swedberg. The cultural entrepreneur and the creative industries: beginning in Vienna[J]. Journal of Cultural Economics, 2006, 30(4): 243-261.
[80]　Richter, W. and Schneider, K. Competition for stars and audiences: an analysis of alternative institutional settings[J]. European Journal of Political Economy, 1999, 15: 101-121.
[81]　Rochet J, Tirole J. Platform competition in two-sided markets[J]. Journal of the European Economic Association. 2003, 4(1): 990 – 1029.
[82]　Rohlfs J. A Theory of Interdependent Demand for a Communications Service[J]. The Bell Journal of Economics and Management Science. 1974, 1(5): 16-37.
[83]　Rosen, S. The economics of superstars[J]. American Economic Review, 1981, 71: 845–858.
[84]　Ross, A. Nice work if you can get it: life and labor in precarious times[M]. New York: New York University Press, 2009.
[85]　Samuelson, P. A. The pure theory of public expenditure[J]. The Review of Economics and Statistics, 1954, 36(4): 387-389.
[86]　Santagata, W. Cultural districts, property rights and sustainable economics growths[J]. International Journal of Urban and Regional Research, 2000, 26(1): 9-23.
[87]　Schulze, G. G. International trade in art: A tale of cultural proximity and secondary markets[Z]. University of Freiburg, revised manuscript, 2002.
[88]　Scott, A. J. The cultural economy of cities[M], London: SAGE Publication, 2000.
[89]　Scott, M. Cultural entrepreneurs, cultural entrepreneurship: music producers mobilizing and converting Bourdieu's alternative capitals[J]. Poetics, 2012, 40(3): 237-255.

[90] Smith, Thomas. The addiction to culture[C]. Paper presented on the biannual meeting of the Association for Cultural Economics International in Barcelona, 1998, 6: 14-17.

[91] Snowball, J. Measuring the value of culture: methods and examples in cultural economics[M]. Dordrecht: Springer, 2008.

[92] Solhjell, D. Poor artists in a welfare state: a study in the politics and economics of symbolic rewards[J]. Cultural Policy, 2000, 7(2): 319-354.

[93] Stigler, G. and Becker, G. De gustibus non est disputandum[J]. American Economic Review, 1977, 67: 76-90.

[94] Storper, M. The transition to flexible specialization in the U. S. film industry: external economies, the division of labor and the crossing of industrial divides[J]. Cambridge Journal of economics, 1989, 13: 178.

[95] TerviÖ M. Superstars and Mediocrities: Market Failure in The Discovery of Talent[J]. Review of Economic Studies, 2009, 76: 829-838.

[96] Throsby David. Economics and Culture[M]. New York: Cambridge University Press, 2001.

[97] Throsby, D. and Withers, G. A. The economics of the performing arts[M]. New York: St. Martin's, 1979.

[98] Towse, R. Creativity, copyright and the creative industries paradigm[J]. Kyklos, 2010, 63(3): 483-500.

[99] Towse, R. A handbook of cultural economics(Second edition)[M]. Cheltenham: Edward Elgar, 2011.

[100] Velthuis, O. Talking prices: symbolic meaning of price on the market for contemporary art[M]. Princeton, NJ: Princeton University Press, 2005.

[101] Weil, S. Tax policy and private giving[C]. In S. Benedict(ed.), Public Money and the Muse: Essays on Government Funding for the Arts, New York: W. W. Norton, 1991: 153-181.

[102] White, L. A. The Concept of Culture[J]. American Anthropologist, 1959, 61(2): 227-251.

[103] Williams, R. Culture[M]. New York: Schocken Books, 1981.

[104] 爱德华·伯内特·泰勒. 原始文化[M]. 桂林：广西师范大学出版社，2005.

[105] 贝拉·迪克斯. 被展示的文化：当代"可参观性"的生产[M]. 北京：北京大学出版社，2012.

[106] 别林斯基. 别林斯基选集（第一卷）[M]. 上海：上海译文出版社，1979.

[107] 陈睿，杨永忠. 互联网创意产品运营模式[M]. 北京：经济管理出版社，2016.

[108] 池建宇. 演员与导演谁更重要——中国电影票房明星效应的实证研究[J]. 新闻界，2016(21)：36-41.

[109] 大卫·赫斯蒙德夫. 文化产业[M]. 北京：中国人民大学出版社，2007.

[110] 戴安娜·克兰. 文化生产：媒体与都市艺术[M]. 南京：译林出版社，2012.

[111] 杜夫海纳. 审美经验现象学[M]. 北京：文化艺术出版社，1996.

[112] 官建文. 媒体·融媒体·智媒体[J]. 传媒，2015（8）.

[113] 郭新茹，韩顺法，李丽娜. 基于双边市场理论的众筹平台竞争行为及策略[J]. 江西社会科学，2014（7）.

[114] 郭全中. 智媒体的特点及其构建[J]. 新闻与写作，2016（3）.

[115] 马克斯·霍克海默，西奥多·阿道尔. 启蒙辩证法[M]. 上海：上海人民出版社，2006.

[116] 黄隽. 中国艺术品市场的理论体系研究[J]. 美术研究，2021（2）.

[117] 黄永林. 从资源到产业的文化创意[M]. 武汉：华中师范大学出版社，2012.

[118] 黄杰阳. 区块链创意的自生长机制及应用场景[C]. 创意管理评论, 2020: 5.

[119] 黄晓懿, 杨永忠, 钟林. 表演艺术团体成本困境与机制创新研究[M]. 北京: 经济管理出版社, 2019.

[120] 吉姆·麦圭根. 重新思考文化政策[M]. 北京: 中国人民大学出版社, 2010.

[121] 蒋三庚, 王晓红, 张杰. 创意经济概论[M]. 北京: 首都经济贸易大学出版社, 2009.

[122] 金祥荣, 朱希伟. 专业化产业区的起源与演化[J]. 经济研究, 2002 (8).

[123] 练乃瑜. 我国文化艺术产品价格策略文献综述[J]. 智库时代, 2019 (9).

[124] 李海舰, 王松. 文化与经济的融合发展研究[J]. 中国工业经济, 2010 (9).

[125] 理查德·E.凯夫斯. 创意产业经济学: 艺术的商业之道[M]. 北京: 新华出版社, 2004.

[126] 厉无畏. 创意产业导论[M]. 上海: 学林出版社, 2006.

[127] 林明华, 杨永忠. 创意产品开发模式: 以文化创意助推中国创造[M]. 北京: 经济管理出版社, 2014.

[128] 刘刚. 浅谈虚拟博物馆的技术构成[N]. 中国文物报, 2006.

[129] 马健. 艺术品金融——实践与探索[M]. 北京: 经济管理出版社, 2018.

[130] 马学东. 欧美画廊运营模式的创新[J]. 艺术管理, 2020 (2).

[131] 马琳. 政府应该补助艺术吗?[J]. 画刊, 2011 (9).

[132] 韦伯. 工业区位论[M]. 北京: 商务印书馆, 2010.

[133] 熊彼特. 经济发展理论[M]. 北京: 商务印书馆, 1990.

[134] 熊澄宇, 刘晓燕. 国际数字动漫产业现状、趋势及对我国的启示[J]. 东岳论丛, 2014 (1).

[135] 徐文燕. 基于文化产业特殊性视角的文化产业政策取向[J]. 现代经济探讨, 2013 (8).

[136] 杨永忠. 创意管理学导论[M]. 北京: 经济管理出版社, 2018.

[137] 杨永忠, 林明华. 文化经济学[M]. 北京: 经济管理出版社, 2015.

[138] 杨永忠, 黄舒怡, 林明华. 创意产业聚集区的形成路径与演化机理[J]. 中国工业经济, 2011 (8).

[139] 杨永忠. 创意产业经济学[M]. 福州: 福建人民出版社, 2009.

[140] 杨永忠. 民族文化创意的经济分析[J]. 青海社会科学, 2013 (1).

[141] 杨永忠, 蔡大海. 文化企业家的文化价值偏好: 决策模型与影响因素[J]. 财经问题研究, 2013 (12).

[142] 易华. 创意阶层理论研究述评[J]. 外国经济与管理, 2010 (3).

[143] 约翰·霍金斯. 创意经济——如何点石成金[M]. 上海: 上海三联书店, 2006.

[144] 詹姆斯·海尔布伦. 艺术文化经济学[M]. 北京: 中国人民大学出版社, 2007.

[145] 张维亚, 陶卓民. CVM 在文化遗产经济价值评估中的应用[J]. 社会科学家, 2012 (10).

[146] 赵岳峻, 贺达, 杨柳. 基于双边市场需求下的文化创意产业设计服务平台建设研究[J]. 福建论坛 (人文社会科学版), 2017 (10).

[147] 植草益. 微观规制经济学[M]. 北京: 中国发展出版社, 1992.

[148] 朱琰. 论当代中国画廊业的发展[J]. 艺术百家, 2006 (7).

后　　记

这么多年，我一直在想，如何写一部《文化经济学》，既不失经济学的一般性，又有文化经济的特殊性。这本书，算是一个初步的回答。

诚如大家所见，我们采用了微观经济学的基本架构。在市场的一般分析部分，我们尽可能融入了文化、艺术的色彩。但更重要的是，在要素分析部分，艺术家、超级明星、文化企业家……真正呈现了文化经济学的斑斓。前者是理论基础。很显然，只有掌握文化需求和供给这些基本理论，我们才可能深入多姿多彩的艺术世界。

作为教材，市场分析和市场失灵是基础，其中市场分析显然是重点，涵盖了第一章到第四章的内容。要素分析和区位分析是特色，其中要素分析又构成了全书的难点，可以根据教学的时长选择专题性的讨论。

近十年来，由于艺术生活的观念变革和技术创新的应用发展，催生了文化经济的裂变与融合，文化经济业态可谓精彩纷呈。所以，当下如何更好地理解文化经济学，如何更好地应用文化经济学，对教学方式也提出了挑战。荣幸的是，以文化经济学为基础，我建设的另外一门课程"创意与创新管理"获得首批国家级社会实践一流本科课程，这为现代文化经济学的教学改革提供了启示。让学生走出课堂、让文化企业家走进教室，在社会实践和组织体验中，切身感受文化经济的日新月异和博大精深，也许是对蝶变的文化经济学的最好理解。

这本书的形成，可以追溯到2012年我到澳大利亚昆士兰大学访学。早期的版本，得到林明华博士的协助。本次修订对全书的结构体例按文化经济的特点进行了调整，对文化的数字化、超级明星经济学等部分进行了较大幅度的修改和补充。陈睿、黄杰阳、于爱仙、刘双吉、汤韵嫣、张羽、钟琳玲、梅峥等做出了积极贡献。今天能够如愿出版，首先归功于四川大学创意管理研究团队的孜孜以求和不懈努力。

本书特别致谢 Samuelson 教授、Baumol 教授、Towse 教授。尤其是 Towse 教授的《文化经济学手册》的指引。由衷感谢澳大利亚的 Throsby 教授、Potts 教授和美国的 Caves 教授等。他们从现代经济学视角关于文化经济的研究不断激励我们，而由他们领头的关于国际文化经济学的最新研究成果更是让我们感受到其中的意蕴深长。

本书的写作过程，得到了清华大学出版社和四川大学商学院的支持。在国内外的各种学术交流和邮件交流中，一些观点得到了熊澄宇教授、雷家骕教授、金元浦教授、葛宝山教授、祁述裕教授、吴承忠教授、高长春教授、向勇教授、胡惠林教授、傅才武教授、谢明宏教授、苏勇教授、傅兆勤主任、赵红川副厅长等的启迪，在此一并致以诚挚的谢意。

本书借鉴和引用了国内外学者的诸多研究成果，由于篇幅所限未能一一注明或有疏漏之处，恳求批评指正！

落笔之际，已然是秋。望西岭而去，草树云山如锦绣，万户千门入画图。

杨永忠

2021 年 11 月于锦官驿